만인의 인문학

삶의 예술The Art of Living로서의 인문학

만인의 인문학

삶의 예술The Art of Living로서의 인문학

사무사책방
Epiphany

책머리에

　이 책은 인문학이 인문학 전공자만의 것이 아니라 우리 모두의 것이라는 생각에서 씌어진 것이다. 인문학이 의미가 있는 것은 그것이 우리네 삶과 연결되어 있기 때문이다. 삶을 대상으로 하는 인문학을 우리는 '삶의 인문학'이라 부를 수 있다. 삶의 인문학은 삶을 살아가는 기예이자 예술로서의 인문학을 의미한다. 내가 이 책에서 '시학'이란 말로 부르고자 한 것도 삶의 예술The Art of Living로서의 인문학이다.

자신의 삶을 성찰하고 창조해나가는 인간, 자기 존재의 확장을 부단히 시도하는 인간, 공생의 윤리 위에 만물을 서로 연결하는 인간을 만날 수 있게 하는 것이 시학이라는 생각을 나는 갖고 있다. 이 책에 수록된 글들은 크든 적든 이런 믿음을 바탕에 깔고 있다. 돌이켜 보면 나의 글쓰기를 이끌어온 것은 결국 그런 믿음이 아니었나 싶다.

2021년 2월

도정일

만인의 인문학
삶의 예술The Art of Living로서의 인문학

2부 만인의 인문학

3부 다시, 인간이란 무엇인가?

1부

만인의 시학

비밀을 만들어낼 뿐 아니라 그것을 부단히 증폭하는 일은 인간이 신에 맞서는 유일한 방법이다. 왜 신에 맞서야 하는가? 인간은 신이 아니고, 신이 되어서도 안 되기 때문이다. 신은 인간더러 자기처럼 되라고 요구하지만, 인간은 신이 되는 순간 인간이 아니다. 그러므로 인간으로 남기 위해 그는 신의 명령을 거역해야 하고, 거역의 방법을 고안해야 한다. 비밀 만들기는 인간이 지닌 유일한 거역의 방법이다.

시는 옷을 입어야 하고, 그 옷으로 자기를 가릴 줄 알아야 한다. 말하자면 나는 진리의 알몸을 드러내는 진술들보다는 진리를 감추는 거짓말과 허위진술에 더 흥미가 있다. 이규보가 "술 항아리 기울여 달빛을 쏟는다"라고 할 때의 그 '쏟는다'의 난센스, 랭보가 '굶주림'을 노래하면서 "나는 포식한다 / 바람, 돌멩이, 흙을 먹는다"라고 말할 때의 '포식'의 거짓말, 샤갈이 마르크스/레닌의 초상을 그리면서 그들의 머리 위로 날아다니는 말대가리, 염소대가리를 그려 넣었을 때(샤갈의 그림은 여기서 시가 된다)의 황당한 모독—이런 것은 시적 허위 진술의 형태들이다. 이것들은 플라톤을 진노하게 하고, 신을 미치게 한다. 이 허위진술들의 가능성은 무한하고, 이 무한성은 비밀의 무한 증폭을 가능하게 한다. 진리를 정면에서 맞닥뜨리는 순간 인간은 눈멀거나 죽어야 한다. 시는 죽음에 대한 방어이고, 죽음의 연기이며, 진실에 대한 간접화이다.

시가 비밀을 증폭한다면 시의 읽기도 비밀 만들기의 하나이다. 읽기는 시의 비밀을 캐기보다는 그 비밀을 더욱더 증폭하고 깊게 하며 두텁게 한다. 이것이 읽기에 임하는 나의 기본방식이다. 하나를 드러내면서 둘을 감추고, 둘을 보이면서 셋을 감추는 독법을 개발하고 실행해보자는 것이 내가 갖고 있는 읽기의 꿈이다. 나는 시의 완벽성이란 것을 믿지 않고, 시가 그 자체로 소진할 수 없는 진리의 샘이라고 생각하지 않는다. 시의 풍요성은 시 그 자체의 풍요한 비밀로부터도 나오는 것이지만, 대부분 그 풍요성은 읽기에 의해 덧붙여지고 만들어진다. 그러므로 읽기의 목표는 하나의 작품을 소진하는 데 있지 않고, 또 다른 읽기의 가능성을 촉발하는 데 있다.

　문학이 포착하는 인간의 진실은 더 많은 경우 진/위 판단보다는 인간 그 자체를 이해하기 위한 진솔한 경험의 확장에 있다. 인간의 약함과 강함, 그의 허영과 꿈과 욕망, 패배와 고통, 사랑과 배반—이 모든 것들이 엮어내는 삶의 복잡성은 진위 판단의 인식론적 요구나 선악에 대한 좁은 윤리적 제단의 요구를 넘어서서 이해되어야 할 때가 많다. 인식과 윤리의 요구가 문학에는 필요 없다는 뜻이 아니라 존재의 관용이 문학의 진실이고 윤리이며, 이것들은 어떤 협의의 진리 주장이나 도덕적 요구보다도 중요하다는 의미이다. '관용 tolerance'이란 강자가 약자에게 베푸는 자비나 허용이 아닌 '차이에 대한 존중'이다. 문학은 그 존중을 통해 인간에 대한 이해를 확장한다. 아직도 계급, 성차, 인종, 민족, 국가, 지역 등 수많은 인간 분할의 도구들이 허다한 고통과 희생을 강요하는 시대에 타자 존중의 태도로서의 관용은 참으로 중요한 윤리적 가치가 아닐 수 없다.

　삶은 이야기처럼 짜여지고, 이야기처럼 진행된다. 삶이 이야기처럼 짜여지는 것은 인생살이가 이야기의 구조를 갖고 있다는 말이기도 하다. 시학詩學은 문학에 대한 담론이지만, 삶이 마치 한 편의 이야기처럼 이야기의 구조로 짜여지고 진행되는 한 그 삶은 동시에 시학의 대상이다. 삶을 대상으로 하는 시학을 우리는 '삶의 시학poetics of living'이라 부를 수 있다. 삶의 시학은 '산다는 것의 예술the art of living'에 주목한다. 산다는 것의 예술은 예술을 하면서 사는 삶만을 의미하는 것이 아니라, 삶 자체를 예술로 보는 것을 의미한다. 시학의 눈으로 인간을 보고 삶을 말한다는 것은 그러니까 인생살이 자체의 예술, 혹은 삶이 가진 예술적·시적 차원을 중히 여기는 일이다. 테크네의 존재이기보다는 '아르스ars(예술)'의 존재일 때 인간은 가장 인간다워진다.

나는 시를 어떻게 읽는가

당신은 시를 어떻게 읽는가 하고 편집자는 내게 묻는다. 시 읽기의 방법을 공개하라는 이 요구는 "벗어라, 보여라" 하고 주문하는 누드의 장르이다. 시인이 자기 작시법의 비밀을 천하에 공표할 수 없듯, 시를 읽는 사람도 독법의 기밀을 대명천지에 내놓고 공개할 수 없다. 작시의 비밀이 이 가을 집 없는 시인, 집을 짓지 않는 시인의 유일한 재산인 것과 마찬가지로, 독법의 기밀은 독자가 이 세상에서 쌓아올린 그의 전 재산, 실명화할 수 없는 그의 내부성의 공간 전부이다. 공개했을 때 그것은 넝마 보따리이고 미친 자의 속옷 같은 것일지라도 그에게 그 내부성은 불가해제의 일급 기밀이며, 기밀로 지켜지는 동안만 재산일 수 있는 그런 재산이다. 이상도 하여라, 잘라보았자 가발로 쓸 수도 없는 삼손의 머리털처럼, 실명화해본들 유가재산 가치 제로 이하인 그 기밀을 재산으로 갖고 있는 사람들의 축재법이여! 괘씸하여라, 그 재산도 아닌 것을 꺼내어 천

만인의 인문학

하에 공개하라는 누드 시대의 외설이여.

그러나 시인의 시가 아주 사적인 놀이로 그치지 않듯, 시에 대한 비평적 읽기의 예를 세상에 내놓는 일도 아주 사사로운 작업은 아니다. 읽기의 생산은 시의 생산과 마찬가지로 공적인 측면을 갖는다. "읽기의 방법을 공개하라"는 요구 앞에서 내가 백 리 밖으로 달아나지 못하는 이유는 이 때문이다. 읽기의 사회적 생산에 조금씩 관여해 온 죄, 공적 지면을 통해 나의 읽기가 독자들을 만나고 그들의 시간을 빼앗았을지도 모른다는 죄, 모든 읽기가 그러하듯 나의 읽기도 설득의 의도를 갖고 있다는 죄—이 죄목들은 나를 구속하기에 충분하다. 독법 공개의 요구는 이 점에서 외설의 수준을 떠나 일종의 트리뷰널tribuna(재판) 같은 것이 되고, 나는 나의 방법에 대한 변명을 준비하지 않으면 안 된다. 비밀과 공개 사이에는 절묘한 긴장이 있고, 변명은 이 긴장에 대한 매혹으로부터 시작되는 비평적 장르의 하나이다. 그것은 고백의 외설을 감춤의 수사학으로 은폐하는 기술이다.

변명 1. 아주 기본적인 의미에서 나는 시(이 점에서는 문학 일반)가 이 세상에 비밀을 증폭하는 인간적 행위의 하나라는 관점을 가지고 있다. 비밀을 만들어낼 뿐 아니라, 그것을 부단히 증폭하는 일은 인간이 신에 맞서는 유일한 방법이다. 왜 신에 맞서야 하는가? 인간은 신이 아니고, 신이 되어서도 안 되기 때문이다. 신은 인간더러 자기처럼 되라고 요구하지만, 인간은 신이 되는 순간 인간이 아니다. 그러므로 인간으로 남기 위해 그는 신의 명령을 거역해야 하고, 거역의 방법을 고안해야 한다. 비밀 만들기는 인간이 지닌 유일한 거역의 방법이다. 비밀이란 무엇인가? 그것은 투명성의 차단이며, 신을 속이기이다. 신은 투명성 그 자체, 움베르토 에코식의 기호학적 정의를 원용하면 'AA' 그 자체이다. 예컨대 "나는 있는 자 그로다"라는 기독신의 자기 정의는 'AA 진술'의 백미이다. 인간은 이 진술을 교란하는 불투명의 진술을 내놓음으로써 신을 거역하고 그를 미치게 할 수 있다. 그 불투명의 진술방식은 'AA' 아닌 'AB'라는 것이다. A는 반드시 A가 아니라 B이기도 하다는 것이 'AB 진술'이다. 이 경우 A의 투명성은 B에 와서 차단되고, 이 차단막의 설치가 인간의 자기진술 방식, 신을 속이는 인간적 비밀 만들기의 방식이 된다. 시적(문학적) 진술은 'AB 진술'의 원형이며, 기독신화를 차용하자면 아담과 이브가 사용한 최초의 언어 형태이다. 아담/이브가 알몸을 가리기 위해 사용한 거적때기는 신의 투명한 시선을 차단하는 은폐 기호이다. 시는 이 가리기의 기호, 투명성의 외설에 맞서는 에로티시즘의 언어, 감춤과 속이기의 진술을 유지함으로써 인간을 인간으로 남아 있게 한다.

변명 2. 그러므로 나는 "이것이 진리이다"라고 외치거나 그 진리란 것을 알몸처럼 드러내고자 하는 진술들을 일단 시적 진술의 범주로부터 제외한다. 그 진술들이 제아무리 진리치를 갖는다 해도 시적 진술은 아니기 때문이

만인의 인문학

다. 시는 옷을 입어야 하고, 그 옷으로 자기를 가릴 줄 알아야 한다. 말하자면 나는 진리의 알몸을 드러내는 진술들보다는 진리를 감추는 거짓말과 허위진술에 더 흥미가 있다. 허위진술의 시적 형태는 부지기수이다. 이를테면 이규보가 "술 항아리 기울여 달빛을 쏟는다"라고 할 때의 그 '쏟는다'의 난센스, 랭보가 '굶주림'을 노래하면서 "나는 포식한다 / 바람, 돌멩이, 흙을 먹는다"라고 말할 때의 '포식'의 거짓말, 샤갈이 마르크스/레닌의 초상을 그리면서 그들의 머리 위로 날아다니는 말대가리, 염소대가리를 그려 넣었을 때(샤갈의 그림은 여기서 시가 된다)의 황당한 모독──이런 것은 시적 허위진술의 형태들이다. 이것들은 플라톤을 진노하게 하고, 신을 미치게 한다. 이 허위진술들의 가능성은 무한하고, 이 무한성은 비밀의 무한 증폭을 가능하게 한다. 진리를 정면에서 맞닥뜨리는 순간 인간은 눈멀거나 죽어야 한다. 시는 죽음에 대한 방어이고, 죽음의 연기이며, 진실에 대한 간접화이다. 그러므로 시는 진리를 향한 단거리 직선 코스에 설 수 없다. 시에 대한 나의 관점, 흥미, 관심은 이처럼 단순하고 어리석은 것이다. 나는 감추고 에둘러가는 시, 본 것을 "보았노라" 외치지 않고 "못 보았다"라고 말하는 시, 비밀을 증폭하는 시, 비밀 만들기로 세상을 풍요롭게 하는 시에 경의를 표한다. 나의 읽기의 대상은 주로 그런 시들이다.

변명 3. 시가 비밀을 증폭한다면 시의 읽기도 비밀 만들기의 하나이다. 읽기는 시의 비밀을 캐기보다는 그 비밀을 더욱더 증폭하고 깊게 하며 두텁게 한다. 이것이 읽기에 임하는 나의 기본방식이다. 하나를 드러내면서 둘을 감추고, 둘을 보이면서 셋을 감추는 독법을 개발하고 실행해보자는 것이 내가 갖고 있는 읽기의 꿈이다. 나는 시의 완벽성이란 것을 믿지 않고, 시가 그 자체로 소진할 수 없는 진리의 샘이라고 생각하지 않는다. 시의 풍요성은 시 그 자체의 풍요한 비밀로부터도 나오는 것이지만, 대부분 그 풍요성은 읽기에 의해 덧붙여지고 만들어진다. 그러므로 읽기의 목표는 하나의 작품을 소진하는 데 있지 않고, 또 다른 읽기의 가능성을 촉발하는 데 있다. 읽기가 이미 그 자체로 비밀 만들기가 되는 이유는 이런 데 있다. 읽기는 분석의 방식으로 비밀을 캐는 척하면서 비밀을 늘리고, 해석의 방식으로 비밀을 푸는 척하면서 또 다른 비밀의 가능성을 향해 작품을 열어놓는다. 말할 것도 없이 이것은 열린 읽기의 방식이다. 그러나 나의 열린 읽기는 무작정 모든 읽기의 가능성을 인정하는 "이것도 좋고 저것도 좋다"의 방식이 아니라 어떤 형태의 종결을 지향함으로써 열림을 보장받는 읽기이다. 나의 읽기는 종결과 열림을 동시에 지향한다. 아니, 그것은 한 작품에 대한 읽기의 종결을 시도함으로써 또 다른 읽기의 가능성을 제기하는 그런 읽기이다.

변명 4. 시 읽기가 어떤 종결지점을 가져야 하는 이유는 인간의 시야가 전방위적인 것이 아니기 때문이다. 360도의 전방위 시각은 전지자인 왕의 것이지 인간의 것은 아니다.

인간의 시각, 그의 눈은 시간과 공간이라는 두 개의 제약에 묶여 있다. 이 제약이야말로 인간의 시각을 특별히 인간의 것이게 한다. 이 제약에 붙여지는 이름이 '역사성'이라는 것이다. 역사는 인간만의 것이다. 신은 제약을 갖지 않기 때문에 역사를 만들 수 없고, 역사란 것에 흥미도 갖고 있지 않다. 그것에 흥미를 갖는 순간 그는 제약의 포로가 되고, 제약에 묶이는 유한성의 존재가 되기 때문이다. 인간에게 둘러 씌워진 이 제약으로부터 그의 모순이 발생한다. 인간은 죽을 때까지 모순의 존재이다. 'AA의 진술'이 비모순과 동질의 언어라면, 'AB의 진술'은 모순과 비동질의 언어이다. 그것은 A라고 말하면서 끊임없이 B, C, D를 의미해야 한다. 이 B, C, D가 인간의 역사이다. 이 점에서 시의 진술방식은 근본적으로 모순어법에 기초하며, 역사성에 기초한다. 나는 이 B, C, D의 형태로 제시되는 진술의 모순성과 역사성에 흥미를 갖는다. 이 모순성은 역사 너머의 것이 아니라 역사의 것이며, 특정 역사시기의 제약으로부터 나온다. 그 제약을 보는 일, 그것이 나의 읽기의 방식이다.

그러나 인간이 모순의 존재이고, 그의 진술방식이 모순어법의 것이라고 말하는 것만으로는 충분치 않다. 어찌 된 영문인지 모르지만 우리에게는 모순을 인지하고, 그 모순 때문에 괴로워해야 하며, 어떤 방식으로든 그 모순을 넘어 보려는 충동이 있다. 이것이 인간 특유의 도덕성이다. 나는 이 괴로움에 주목하려 하며, 모순인지와 그 인지로부터 발생하는 모순극복의 시도에 관심을 갖고 있다. 이런 도덕적 능력을 갖고 있지 않다면, 인간은 결코 인간이 아니기 때문이다. 나의 독법이 역사의 한순간에 어떤 종결을 지향하는 것도 이 때문이다. 모든 가능성을 동시에 품고 모든 모순의 동시적 공존을 달성하면서도 어떤 도덕적 갈등도 갖지 않는 신, 그것은 플라톤의 신과 기독교의 신이 등장하기 이전의 신—헤라클레이토스의 신이다. 헤라클레이토스의 신은 플라톤에 길들여져 죽은 지 오래이다. 근대 시 문학이 그의 회생을 도모한 것은 문학사의 중요한 사건이다. 그러나 그 모순공존의 신도 인간과는 다르다. 헤라클레이토스의 신은 모순공존의 신이면서 갈등을 갖지 않는 반면, 인간은 모순의 존재이면서 동시에 그 모순 때문에 괴로워해야 하는 존재이기 때문이다.

　이것이 나의 읽기를 지배하는 관심이다. 미리 말했듯이 관심의 공개 역시 은폐의 수사학에 근거한 것이다. 그러므로 내가 무엇을 공개했는지 나로서는 알 수 없다.

사람은 누구나 작가

인간이 가진 능력 중에 가장 놀라운 것이 무엇일까? 원숭이는 나무 타는 재주를, 표범은 시속 110킬로미터로 달리는 재주를, 독수리는 높이 날면서도 먹이를 보면 쏜살같이 내려 꽂는 재주를 갖고 있다. 이런 재주는 동물계의 모든 존재가 제각각 제 몫으로 갖고 태어난 능력이다. 옛날 그리스 사람들은 이처럼 모든 존재들이 특징적으로 갖고 있는 재주와 능력을 한마디로 표현할 말이 없을까 궁리하다가 '아레테arete'라는 말을 만들었다. 나중에 철학자 플라톤이 애용하게 된 이 아레테라는 말은 그러니까 모든 존재가 지닌 특유의 성질, 능력, 덕목을 의미한다. 이를테면 칼은 무, 배추 같은 걸 잘 썰어야 하고 가위는 종이나 천을 잘 자를 수 있어야 한다. 그러니까 '잘 써는 성질'은 칼의 아레테이고, '잘 자르는 성질'은 가위의 아레테다. 이 아레테라는 말이 철학적으로 중요해진 것은 "인간만이 갖고 있는, 그래서 인간을 다른 동물과 구별하게 하고, 인간을 특별히 인간이게 하는 능력과 덕목은 무엇일까?"라는 질문이 심각하게 제기되면서부터다. 인간의 아레테는 무엇일까? 아니, 이 질문은 지금 우리가 당장 붙들고 늘어지기에는 좀 무거운 데가 있다. 무거운 것을 좋아하는가? 바람에 날려갈까 봐? 가벼움이 걱정인 사람은 주머니에 큼직한 제주도 돌하르방 하나씩을 넣고 다녀보라. 절대로 바람에 날리지 않을 테니까. 초장부터 우리가 무겁게 출발할 필요는 없다. 그래서 "인간을 인간이게 하는 아레테는?"이라는 질문보다는 "인간을 인간이게 하는 인간 특유의 재주는?"으로 얘기를 시작하는 게 낫다.

인간 특유의 재주를 말하라면 많은 사람이 얼른 '불'을 떠올린다. 아닌 게 아니라 인간은 '불을 사용하는 동물'이고, 불을 쓸 줄 안다는 것은 인간만이 가진 재주임에 틀림없다. 고양이가 생선을 불에 '구워 먹고', 사자가 먹이를 '불고기' 해서 먹는 걸 우리는 본 적이 없다. 프로메테우스가 인간의 친구가 된 것은 그가 하늘의 불을 훔쳐다 인간에게 선물로 주었기 때문이라고 그리스 신화는 이야기한다. 이 잘 알려진 신화에 따르면, 인간을 포함해서 천지의 여러 동물을 만든 것은 프로메테우스의 동생 에피메테우스이다. 에피메테우스는 언제나 일부터 먼저 저질러놓고 나중에 생각하는 (그래서 그의 이름 에피메테우스도 '나중에 생각하다'라는 뜻이다) 덜렁이 신이어서 동물들을 하나씩 만들 때마다 특별한 능력 하나씩을 선물로 준다. 사자에게는 빠르고 튼튼한 발을, 상어에게는 날카로운 이빨을, 양에게는 따뜻한 털옷을 준다. 그러나 마지막에 인간을 만들어놓고 보니 선물이 동나 줄 것이 없었다. 그의 신중한 형 프로메테우스가 그 인간을 불쌍히 여겨 하늘의 불을 훔쳐다 준다. 그 프로메테우스의 선물 덕택에 인간은 모든 동물의 꼭대기에 올라앉게 된 것이 사실이다. 불의 사용능력은 현대적 의미로 풀면 문명과 기술을 대표한다. 그러니까 인간이 '불을 사용하는 동물'이라는 정의는, 특히 지금처럼 '기술인간'이 인간의 절정이라 여겨지는 시대에는, 인간이 가진 특유의 재주를 잘 표현해주는 것 같다. 이 관점에서 말하면 '테크네techne(기술)'는 인간의 아레테가 될 수 있고, 그 기술 아레테는 불을 사용할 줄 아는 능력에서 출발했다고 말할 수 있겠다.

그래, 기술이 인간을 지상의 지배자가 되게 했다고 치자. 그런데 문제는 그리 간단하지 않다. 일부 과학자는 화산 폭발이나 벼락이 자연계에 일으킨 화재로부터 인간이 우연히 불을 발견했다고 말한다. 그러나 사실은 인간이 불을 '발견'한 것이 아니다. 인간은 불을 발견한 최초의 동물이 아니라 불을 '만든' 최초의 동물이다. 불의 존재를 알고 그 뜨거움을 경험한 것은 다른 동물들도 마찬가지였다. 호랑이가 불을 보면 달아나는 것은 그 경험의 반증이다. 인간이 지상에 출현하기 훨씬 전인 7,000만 년 전의 공룡들도 불을 알고 있었다. 그러나 공룡은 불을 만들지 않았고, 다른 어떤 동물도 불을 만들지 않았다. 그러니까 인간은 불을 그냥 우연히 발견하고 어쩌다 또 우연히, 황소가 뒷 걸음치다 쥐 잡듯 실로 우연히, 그 불을 쓸 줄 알게 된 것이 아니다. 그가 화산 폭발이나 낙뢰가 일으킨 산불 언저리에 있다가 우연히 불을 경험하고, 뜨거운 용암에, 혹은 산불에 접근해서 불덩이를 얻고, 그런 다음 그 불씨를 꺼트리지 않고 이어갔다는 생각은 아주 틀린 것이다. 용암을 떠오는 인간을 상상할 수 있을까? 용암을 떠다가 불씨로 쓰고, 재 떨이도 만들었을까? 산불 났을 때 도망치지 않고 오로지 불씨를 얻기 위해 접근하는 '불의 특공대'를 상상할 수 있을까? 불씨를 꺼트린 인간이 다시 불을 얻기 위해 다음번 화산 폭발이나 벼락을, 산불을 손놓고 기다려야 했을까? 아니다. '불의 발견'이 의미하는 것은 '불 만드는 기술의 발견'이다. 그런데 이 불 만드는 기술의 발견은 어떻게 가능 했을까?

그 기술을 가능하게 한 것은 '연결의 능력'이다. 인간은 불을 만들기 이전부터 어떤 사실 하나를 이미 경험으로 알고 있었고, 그 경험을 불 만드는 일에 연결시킨 것이다. 그가 이미 알았던 것은 무엇이건 "부비면 뜨거워진다"라는 사실이다. 추울 때 손을 부비면 손바닥이 후끈해지고 몸과 몸을 부비면 열이 난다는 걸 그는 알고 있었다. 그러니까 인간이 두 개의 나무막대기를 부벼 불을 얻게 된 것은 우연한 기술적 돌파가 아니라 부비기와 열을 연결한 능력의 산물이다. 부비기의 에로티시즘이 기술을 선행한 것이다.

그래서 가스통 바슐라르라는 사람은 『불의 정신분석』에서 인간의 성적 경험, 그 은유적 불의 경험이 불 만들기를 가능하게 했다고 말한다. 자연계의 불을 발견하기 훨씬 전에 인간은 이미 그 자신의 내부에 있는 불을 경험하고, 그 경험을 나무막대기 부비기로 전이시킨 것이라는 생각은 인간이 어느 날 우연히 불을 만들 줄 알게 되었다는 주장보다는 훨씬 설득력 있다. "인간에게 불이 있듯, 나무에도 불이 있다. 부벼보자"—이것도 연결의 능력이다. 나무에 많은 불이 숨겨져 있다는 것을 인간은 잘 알고 있었다. 산불 났을 때 나무가 타는 걸 보았으니까. 인간이 불을 '훔쳤다'는 신화는 나무 속에 숨겨진 불을 인간이 '꺼내왔다'는 얘기이기도 하다. 신화는 과학이 아니지만, 과학보다 더 깊은 진실과 통찰을 담을 때가 많다.

연결의 능력이 기술을 선행한 것이라면, 그 연결시키기의 능력이야말로 인간이 가진 인간 특유의 재주이고 능력이라 할 수 있다. 인간은 실로 모든 것을 연결시켜 생각하고, 그 연결로부터 생존의 기술을 발전시켜온 동물이다. 그런데 이 연결을 가능하게 하는 것은 무엇일까? 그것은 '이야기'다. 이야기는 모든 것을 연결시킨다. 그것은 인간과 세계를, 인간과 인간을, 인간과 인간 이외의 것들을 연결시키고, 모든 현상을 연결시킨다. 인간은 그냥 단순히 '말하는' 동물이 아니라 '이야기하는 동물'이다. 이야기는 연결의 형식이고 연결 그 자체이다. 신화를 보라. 신화는 전설·민담 등과 함께 인간이 만들어낸 가장 오래된 이야기 형식이다. 거기서는 하늘과 땅이, 신과 인간이, 인간과 인간이, 조상과 후손이, 인간과 동식물이, 과거와 현재가 서로 연결된다. 신화에서는 어느 것도 무의미하게, 제 혼자 외톨이로 떨어져 있지 않다. 죽음조차도 제 혼자가 아니다. 삶과 나란히 어깨동무로 연결되어 있으니까. 전설과 민담도 '연결하고 연결짓는 이야기'이다. 서사(이야기)를 뜻하는 영어의 '내러티브narrative'는 라틴어 '나라레narrare'에서 나왔는데, 이 '나라레'는 '연결하다relate'라는 의미다. '연결하다'를 의미하는 영어 '릴레이트relate'는 '이야기하다'라는 뜻도 함께 갖고 있다. 인간에게 이야기는 연결의 방식이자 형식이며, 연결 그 자체다. 이야기한다는 행위 자체가 이미 사람들 사이의 연결이니까(그리고 이야기가 있는 곳에는 언제나 따스한 '불'이 있다. 그게 모닥불이건 화톳불이건, 아니면 따뜻한 차 한 잔 속의 불이건 간에).

남 얘기하듯 하지 말고 우리 자신을 보자. 우리 중에 이야기로 친구들을, 남과 나를, 나와 세상을 연결짓지 않는 사람은 없다. 우리는 이야기라는 형식의 연결끈으로 세상을 배우고 사람들을 알게 되고 살아가는 법을 익힌다. 우리는 끊임없이 이야기한다. 나 자신을 이야기하고 친구들을, 사업을, 사랑을, 꿈을 얘기하고 성공과 실패의 경험을 나눈다. 이야기할 뿐 아니라 우리는 이야기를 원하고 이야기를 요구한다. 재미난 이야기에 깔깔 웃고, 슬픈 이야기에 울고, 감동적인 이야기에는 가슴이 뭉클해지고 고약한 이

만인의 인문학

야기에는 분노한다. 세상은 온통 이야기의 그물망으로 덮여 있고, 인생살이는 이야기의 그물망 속에서 이야기를 만들며 진행된다. 인생은 이야기다. 할머니들은 "내 인생을 이야기로 쓰면 소설 10권으로는 모자라"라고 곧잘 말한다. 우리 작가들에게는 "내 얘기를 써달라"며 엄청난 분량의 이야기 소재를 들고 오는 사람들도 있다. 그게 누구의 인생이든 인생은 이미 이야기보따리다. 이렇게 보면 인생살이가 이야기라는 것은 전혀 새로운 사실도, 새로운 통찰도 아니다. 그리고 바로 그 점—인생이 한 편의 혹은 여러 편의 이야기라는 것이 너무도 당연해 보인다는 사실 때문에, 우리는 '이야기'라는 것의 중요성을 오히려 잘 인식하지 못한 채 살고 있다. 노상 공기 마시며 살면서도 그 공기의 중요성을 잘 모르듯 말이다.

지금 이 글, '만인의 시학'은 문학이 '문학하는' 사람들과 문학 '좋아하는' 사람들만의 것이 아니라 만인의 것이라는 관점에서 씌어지고 있다. 문학이 창작자, 연구자, 그리고 '문학을 아는' 독자들만의 것이라는 생각 때문에 "난 문학은 몰라"라거나 "난 문학에 소질 없어"라고 말하는 사람들이 있다. 그러나 인생이 이야기이고 이야기가 문학의 세계라면, 그 인생과 문학이 별개의 것일까? 문학 따로 있고 인생 따로 있을까? 물론 문학과 인생이 구별되어야 할 지점들도 있다. 글쓰기에 능한 사람도 있고 서툰 사람도 있을 것이다. 하지만 중요한 것은 글쓰기보다 더 근원적인 차원, 글을 잘 쓰는 사람이건 아니건 그의 삶은 근본적으로 이야기의 차원에 있다는 점이다. 영화작가들은 문자 아닌 영상으로 이야기하고, 만화작가들은 그림으로, 조형예술가들은 형태와 색깔로 이야기한다. 또 굳이 이런 표현형식을 빌리지 않더라도 우리는 누구나 이야기꾼이다. 삶은 이미 이야기이기 때문이다.

그 사람 얘기 들었어? 그 얘기 알아? 무슨 얘기야?

더욱 중요하게, 삶은 이야기처럼 짜여지고, 이야기처럼 진행된다. 삶이 이야기처럼 짜여지는 것은 인생살이가 이야기의 구조를 갖고 있다는 말이기도 하다. 시학詩學은 문학에 대한 담론이지만, 삶이 마치 한 편의 이야기처럼 이야기의 구조로 짜여지고 진행되는 한 그 삶은 동시에 시학의 대상이다. 삶을 대상으로 하는 시학을 우리는 '삶의 시학poetics of living'이라 부를 수 있다. 삶의 시학은 '산다는 것의 예술the art of living'에 주목한다. 산다는 것의 예술은 예술을 하면서 사는 삶만을 의미하는 것이 아니라, 삶 자체를 예술로 보는 것을 의미한다. 시학의 눈으로 인간을 보고 삶을 말한다는 것은 그러니까 인생살이 자체의 예술, 혹은 삶이 가진 예술적·시적 차원을 중히 여기는 일이다. 테크네의 존재이기보다는 '아르스ars'(예술)의 존재일 때 인간은 가장 인간다워진다.

시학의 눈으로 보았을 때 인간은

첫째, 무엇보다도, 자기 삶의 작가이고 창조자다. 그에게 작가는 따로 없다. 그는 작가가 이야기를 짜듯이 자기

만인의 인문학

인생의 플롯을 짜고 기획하고 써나간다. 더구나 그는 자기가 진행하는 이야기 속 주인공이다. 소설 작가는 반드시 자기 이야기의 주인공일 필요가 없지만, 삶의 작가는 작가이면서 동시에 주인공이다. 그가 세상에서 무슨 일을 하건, 무슨 조직체에서 무슨 역할을 맡고 있건 관계없이, 적어도 그는 자기 이야기의 양보할 수 없는 주체, 주인공, 프로타고니스트protagonist이다.

둘째, 시학의 눈으로 보았을 때 인생살이는 예외 없이 무언가를 얻거나 성취하고자 하는 이야기, 곧 추구서사quest narrative이다. 그 추구서사에는 주인공이 있고, 그가 추구하는 목표와 대상이 있고, 주인공을 가로막는 악당, 반대 세력, 훼방꾼이 있다. 또 그를 돕는 친구, 지원자, 조력자도 있다. 성공과 실패도 있다. 이것들은 이미 이야기의 요소이며, 우리 삶이 이런 요소로 짜여진다는 것은 인생살이가 어떻게 이야기의 구조를 갖는지 잘 보여준다. 또 우리의 인생살이, 그 추구서사는 이야기의 모든 장르와 형식을 다 안고 있다. 아주 어렸을 때 우리는 동화의 주인공이며, 조금 철이 들어 우리 속의 아이가 자라 세상을 배워갈 때의 이야기는『빌헬름 마이스터의 수업 시대』처럼 영락없는 성장소설bildungsroman이다. 젊은 날 우리의 이야기는 지배적으로 로망스이고 모험담이며, 중년을 넘으면서부터 그것은 인생의 신산과 역설과 아이러니를 잔뜩 담은 소설적 이야기이거나 혹은 대체로 성공과 좌절, 희극과 비극과 성숙이 섞이는 이야기일 것이며, 마침내 노년에 이르러 우리의 이야기는 한 편의 전기가 된다. 웅장한 삶을 산 사람의 경우라면 서사시가 되겠다.

마지막으로 시학의 눈으로 인생을 보고 삶을 살아갈 때 우리가 얻는 소득은 무엇일까? 이야기 쓰듯 인생을 살기로 하는 사람은 자기 삶을 함부로 운영하지 않을 것이다. 자신이 인생의 매 순간에 자서전을 쓴다고 생각하는 사람이라면, 그가 무엇을 목표로 어떻게 살고 무슨 일을 도모하며 어떤 사람들과 연결되고 누구를 사랑하고 미워하는지—이 모든 일들이 그냥 아무렇게 결정되고 선택되고 닥치는 대로 굴러가게 내버려두어도 되는 일이 아니라는 걸 안다. 그는 적어도 매일 잠들기 전의 짧은 한순간 자신의 삶을 돌아보는 성찰의 순간들을 가질 테니까. 우리는 돈 벌어야 살고, 돈 벌기 위해 하고 싶지 않은 일도 해야 한다. 돈을 벌기로 한 사람은 "돈을 벌자"라는 목표로 그의 이야기를 만들어나갈 수 있다. 다만 그 돈 벌기가 돈 말고는 아무것도 자랑할 것이 없는 허망하고 허전한 성취로 끝나지 않게 하는 일이 중요하다. 등산하는 사람들은 돈 때문에 산을 오르는 것이 아니다. 어디 내놓을 만한 인생은 돈만으로 그 성취가, 그 성공과 실패가 재단되지 않는 인생이다. 그러므로 삶의 시학에 관심을 가진 사람에게는 오직 돈만으로 소득을 계산하지 않는다는 것이 우선 첫 번째 큰 소득일 것이며, 세상의 흔한 기준으로 성공과 실패를 재단하지 않는다는 것은 두 번째 소득이고, 성찰의 삶을 산다는 것은 세 번째 소득일 것이다. 자기를 성찰할 줄 아는 동물

만인의 인문학

은 이 넓디넓은 우주에서 유일하게 인간밖에 없다. 성찰하는 사람은 인간의 가장 인간다운 능력을 발휘하는 사람이다. 네 번째 소득도 있다. 세상의 모든 존재가, 사람만이 아니라 별과 구름과 나무, 도깨비와 건달과 동네 바보, 진달래와 소쩍새, 당나귀, 참새, 똥개 할 것 없이 세상에 존재하는 모든 것이 인물로, 배역으로 또는 행위자로 등장할 수 있는 것이 이야기이다. 그러므로 이야기 쓰듯 인생을 살기로 할 때 우리는 세상의 모든 존재물과 이야기로 연결되고 대화하고 정을 통하고 서로 대접하며 살 수 있게 된다. 이것을 우리는 '존재의 확장'이라 부를 수 있다. 나 하나만의 또는 인간만의 이해관계에 매이지 않고 다른 존재들과 소통하기로 할 때, 그 존재들에 말 시키고 이야기할 기회를 줄 때, 그들을 존경할 때, 존재의 확장이 일어난다. 소통의 확장, 존재의 확장은 사랑의 확장이기도 하다. 이 확장은 우리를 슬프게 할 때도 있지만, 그보다는 기쁘게 하는 일이 더 많다. 그러므로 우리의 네 번째 큰 소득은 '존재의 확장이 주는 기쁨'이라 말할 수 있다. 아니, 그 기쁨을 유독 네 번째 소득이라고만 말해서는 안 된다. 앞서 말한 세 가지 소득이 결국은 기쁨이라는 하나의 큰 보상에 연결된다고 말해야 하지 않을까? 그 기쁨 말고 삶의 아름다움이 따로 있을까? 그것 말고 산다는 것의 예술이 따로 있을까?

우리의 아이들에게, 자라는 세대에게, 그들이 자기 이야기의 작가이고 주인공이라 말해주는 것도 시학의 눈으로 인생을 대하는 사람의 관심사가 아닐 수 없다. "너는 네 자서전의 작가이다"라고 아이들에게 말해준다고 해서 그 아이들이 자라 모두 위인이 된다는 보장은 없다. 위인이 안 되어도 좋다. 그가 한 사람의 아름다운 인간으로 성장한다면 그보다 더 큰 성공과 성취가 있을까? 진작부터 전기 쓰듯, 자서전 쓰듯 인생을 살아야 한다는 생각을 해보는 아이들은 반드시 삶의 '모델'을 찾아 나설 것이고, 그 모델을 찾기 위해 과거의 인물들과 자기를, 친구들과 어른과 자기를, 끊임없이 연결할 것이다. 그는 책을 읽고, 생각하고, 자신을 모델링하면서 위대함의 감각을 키우고 공존의 정의를 배우게 될 것이다. 민주주의의 시대는 영웅을 마뜩잖게 생각하지만, 성장기의 아이들에게는 영웅이 필요하다. 영국 철학자 앨프리드 노스 화이트헤드는 "위대함에 대한 감각은 모든 도덕의 초석이다"라고 말한 적이 있다. 그 위대함의 감각은 교과서로부터 얻어지는 것이 아니라 영웅담, 신화 같은 것에서 직관적으로 얻어진다는 말도 그는 덧붙였다. 영웅담·신화 말고도 전기·자서전·모험담·성장소설 등을 거기 보탤 수 있다. 세상이 나쁜 이야기들로 뒤덮이지 않도록 어른들이 신경써야 하는 것은 그런 세상에서는 아이들을 아름다운 인간으로 키워내기가 대단히 어렵기 때문이다.

일기를 써야 한다는 학교 선생님 말씀에 매번 "뜻깊었다"라는 말로 하루 일기를 마감하는 초등학교 3년생이 있었다. "오늘 이모가 아이스크림을 사주었다. 뜻깊었다"로 하루 일기가 끝나고, 다음 날은 "오늘은 친구랑 붕어빵 두 개를 사 먹었다. 뜻깊었다"로 끝나는 일기 말이다. 이모가 아이스크림 사주고 친구랑 붕어빵 사 먹은 것이 어째서 뜻깊은 일인지, 참으로 그 깊은 뜻을 어른들이 짐작하기는 어렵다. 아이스크림 사주는 이모가 있고, 붕어빵 나눠 먹을 친구가 있는 세상은 뜻깊은 세상이다? 그렇겠다. 아이스크림과 붕어빵, 그것도 이모가 사주는 아이스크림, 친구와 나눠 먹는 붕어빵이 소년을 한 없이 기쁘게 하고 즐겁게 한 것이라면, 그런 기쁨과 행복이 있었던 날은 분명 뜻깊은 날일 것도 같다. 사랑과 우정만큼 뜻깊은 것도 없을 테니까 말이다.

우리의 눈길을 끄는 것은 이 소년이 자신의 하루를 '뜻 없는' 세계보다는 '뜻깊은' 세계에 줄기차게 연결시키고 있다는 점이다. 하루 일기를 "뜻 없었다"로 끝내지 않고 "뜻 깊었다"로 마감하는 것은 그가 뜻 없는 세계보다는 뜻 있는 세계를 선택하고, 그런 세계에 살고 싶어 한다는 사실을 보여준다. 아이가 커서 장차 자기 인생을 어떻게 뜻깊게 하고, 어떤 삶을 뜻깊은 것으로 판단하게 될지는 우리로선 알 수 없는 일이다. 그것은 그의 미래에 관계된 일이기 때문이다. 어쩌면 그는 철학자 헤겔처럼 세상에 존재하는 모든 것, 일어나는 모든 일은 '뜻 있다'고 생각하는 사람으로 자랄지 모른다. 그 반대일 수도 있다. 어릴 땐 모든 것이 뜻깊었는데 살면 살수록 인생은 밤하늘 서쪽으로 기우는 슬픈 조각달처럼 허망하고 의미 없다는 판단 쪽으로 자꾸자꾸 기울게 되는 사람 말이다. 그러나 어느 쪽이건 간에 아이가 철들어 세상에 혼자 나서는 날까지는 계속 "뜻 깊었다"고 말할 수 있는 세상, 그가 혼자 골목을 돌며 울지 않아도 되는 세상, 아름다운 이야기가 있는 세상, 그리고 무엇보다도 아름다운 이야기가 어떤 것인지 가슴으로 느끼게 하는 세상을 만들어주는 것은 어른들의 일이다. 그렇다, 그가 철들 때까지.

둘러서 말하기

　어느 날 택시 안에서 들은 라디오 프로그램 얘기로 운을 뗼까? 그게 정확히 무슨 프로그램이었는지는 확실치 않지만, 필경 사람들이 살아온 이야기, 사랑하는 사람을 만나 결혼하게 된 이야기, 노래 연습—뭐 이런 것 중의 하나였다고 생각된다. 방송 진행자가 전화로 청취자들을 불러내어 이야기를 시키는 프로그램이다. "어디 사는 누구시죠?"라거나 "이름은요?" 같은 건 진행자가 전화 저쪽의 목소리 주인공을 소개시키느라 꼭 물어보는 질문들이다. 그런데 "나이는요?"라고 물으면, 어떤 식의 대답이 나오는지 잘 알 것이다. 아무도 자기 나이를 곧바로 대지 않는다. 열여섯 살, 스물두 살 하는 식의 직설법 대신 사람들은 재치 있게도 "1학년 6반이에요"라거나 "2학년 2반요" 혹은 "3학년 3반입니다"라고 대답한다.

　한번은 목소리에 나이를 느끼게 하는 청취자 한 분이 방송에 나왔다. 진행자도 "나이는요?"라고 묻기가 민망했

던지 "연세가 좀 있으신 분 같네요?"라면서 은근슬쩍 나이를 묻는 우회술을 쓴다. 그러자 저쪽에서 "계란 두 판이요!"라는 대답이 나왔다. 계란 두 판? 진행자는 얼른 숫자 계산이 안 되는지 잠시 당황하는 기미였고, 택시 안에서 방송을 듣던 기사와 손님인 나도 '계란 두 판'에 얼떨떨하기는 마찬가지였다. 요즘 달걀은 10개들이 단위로 계산하지 한 판, 두 판으로 셈하지 않는다. 그러나 달걀장수들이 동네를 돌며 한 판, 두 판으로 달걀을 팔던 시절의 '한 판'은 계란 30개다. "계란 두 판이요"를 마침내 알아들은 진행자는 깔깔대며 웃었고, 택시 안의 청취자인 우리도 킬킬거리며 웃을 수 있었다.

사람들은 어째서 뭔가를 곧바로 말하지 않고 이처럼 한 바퀴 빙 돌리고 눙치고 에둘러서 말하는 것일까? 아빠는 어린 딸에게 "얘, 너희 엄마 지금 잔뜩 화났어"라 말하지 않고 머리 위로 두 손가락을 뻗어 보이며 "얘, 네 엄마 지금 뿔이 이렇게 났어. 건드리지 마"라고 말한다. 젊은이들은 '나이 20'을 곧잘 '부러진 40'이라 말하고, "내가 스무 살이 되던 해"라 말하는 대신 "내가 스무 번째 여름을 맞던 해"라고 둘러서 말한다. 쓰레기로 뒤덮인 호수를 두고 사람들은 "호수가 잔뜩 오염되었다"라 말하기도 하지만 "호수가 몸살을 앓는다"고도 말한다. 운수 나쁜 날, 우리는 "재수 옴 올랐다"고 말한다. 혼자 힘으로 성공한 사람들은 자기들이 "맨발로 뛰었다"거나 "맨주먹으로 뛰었다"고 말한다. 그들이 문자 그대로, 신발도 없어서, '맨발'로 뛰었

만인의 인문학

다는 얘기가 아니다. 옛 소련 공산당 서기장을 지낸 니키타 흐루쇼프라는 사람은 재임 시절 미국 방문길에 "공산주의가 얼마나 갈 것 같은가?"라는 서방 기자들의 질문을 받고 "새우가 휘파람 불 때까지"라고 대답한 적이 있다. 새우가 휘파람 부는 일은 영원히 없을 테고, 공산주의가 없어지는 일도 영원히 없을 것이란 이야기다. 우리 말에도 비슷한 표현이 있다. '영원히' 또는 '아주 오래오래' 대신 "소금에 곰팡이 슬 때까지"라고 말이다. 사람들은 어째서 이처럼 둘러서 말하고, 그렇게 에둘러 말하기를 좋아할까? 이유는 아주 간단하다. 그렇게 말하는 것이 사람들을 '즐겁게' 하기 때문이다. "내 나이 60이요"라는 대답 대신 "계란 두 판이요"라는 표현을 들을 때, 우리는 깔깔대며 재미있어 한다. 재미는 한순간 우리를 즐겁게 하고, 기분을 상쾌하게 하고, 피로를 잊게 한다. 생물학에서는 이런 경우 우리 머릿속에 사람을 즐겁게 하는 엔도르핀의 분비가 한순간 촉진되기 때문에 기분이 좋아진다고 설명한다. 그러니까 재미난 표현, 둘러치기의 표현은 엔도르핀 분비 촉진제인 셈이다. 그것은 모든 일이 잘 풀렸을 때처럼, 갑자기 좋은 소식을 듣거나 보고 싶은 사람을 우연히 만났을 때처럼, 우리를 한순간 기쁘게 하고 즐겁게 한다. 더구나 즐거움은 여럿이 나눌 때 그 양이 더 커진다. 말은 혼자 하지 않고 여럿이서 함께 나눈다. 독백의 경우를 제외하고는, 말하는 사람(화자)과 듣는 사람(청자)이 함께 있는 것이 말의 환경이다. 좋은 약이나 음식은 혼자서도 먹을 수 있고, 그것들은 먹는 사람 혼자만을 기운 나게 하고 기분 좋게 한다. 그러나 재미난 표현은 말하는 사람, 듣는 사람을 다 같이 즐겁게 한다. 둘러말하기는 이처럼 여러 사람을 기운 나게 하는 말하기의 한 방식, 또는 즐거움의 한 생산방식이다.

문학에서는 이런 둘러말하기를 '은유metaphor'라기도 하고, 넓게 '비유'라기도 하고, 곧장 직접적으로 말하지 않고 빙 둘러 간접적으로 표현한다는 의미에서 '간접화indirection'라 부르기도 한다. 은유를 비롯한 모든 비유적 수사법들은 사실 둘러말하기의 여러 형태다. 그러나 이런 용어들은 당장 그리 중요하지 않다. 중요한 것은 이 둘러말하기가 시인이나 작가들처럼 이른바 '문학'에 종사하는 사람들만의 능력이 아니라 세상 모든 사람, 말을 배워서 할 줄 아는 사람이면 누구나 다 갖고 있는 능력이라는 사실이다. 시장에 나가보라. 생선장수 아저씨, 콩나물장수 아줌마—이들이 시장바닥에서 나누는 말에는 놀랍고 싱싱한 은유가, '둘러말하기'가 지천으로 깔려 있다. 그들에게 "아줌마, 은유가 놀랍네요"라고 일러줄 필요는 없다. 필시 콩나물장수 아줌마는 "머시라? 은유가 머당가?"라고 되물을 것이다. 여기서 두 가지 사실이 분명해진다. 우선 사람들은 삶 속에서 언제나 은유를 쓰고 만들고 둘러말하는 즐거움을 나눈다는 사실이다. 둘째, 사람들은 은유가 무엇인지 알 필요도 없이, "내가 지금 은유를 쓴다"는 자의식 없이도 은유를 쓴다는 점이다. 둘러말하기가 즐거움의 한 생산방식이라

만인의 인문학

고 우리는 말했다. 은유는 둘러말하기의 한 종류이고, 따라서 은유는 즐거움을 '창조'한다. 그러니까 우리는 일상생활에서 '은유 사용'이라는 자의식 없이도 아주 창조적인 행위를 하고 있다. 이 사실은 우리가 아이들을 키울 때, 말을 가르치고 책을 읽히고 이른바 '창조적 교육'이란 것을 시작할 때, 반드시 유념해야 할 아주 중요한 사항이다.

〈우편배달부Il Postino〉라는 제목의 영화가 있다. 칠레의 빼어난 시인 파블로 네루다Pablo Neruda가 이탈리아에서 망명생활을 하고 있을 때 그에게 우편물을 배달하던 마리오라는 현지 청년과 나누었던 우정을 그린 영화다. 어촌 출신의 순박한 청년 마리오는 시인 네루다가 여성들에게 인기가 높다는 사실을 알고 자기도 시인이 되고 싶어 한다. 그런데 시인이 되자면 '은유'를 잘 써야 한다는 얘길 그는 어디서 듣게 된다. 어느 날 우편물을 전하러 간 길에 그는 시인더러 "은유가 뭔가요?"라고 묻는다. 시인은 잠시 망설이다 이렇게 문답을 유도한다.

　　　　네루다: "하늘이 운다"가 무슨 소리지?
　　　　마리오: "비가 온다"지요.
　　　　네루다: 그게 은유라는 걸세.
　　　　마리오: 그렇게 쉬운 건가요, 은유가?
　　　　네루다: 그렇게 쉬운 거라네.

이 간단한 깨침 끝에 마리오는 시인이 된다. 그는 갑자기 시인의 능력을 얻게 된 것이 아니라, 그가 늘 갖고 있던 능력을 재발견했을 뿐이다. 언어능력은 모든 인간에게 고루 주어진 능력이다. 이 능력 덕분에 사람은 누구나 말을 하고, 은유를 쓴다. 누구나 은유 사용력을 갖는다는 점에서 사람들은 기본적으로 시인의 자질과 능력을 갖고 태어난다.

인간이 가진 이 시인적 자질, 그의 언어능력은 무엇 때문에 중요할까? 오로지 시인·작가가 되기 위해서? 그게 아니다. 만약 그렇다면 '문학교육'이나 '문학독서' 같은 것은 작가 지망자에게나 필요한 일로 그칠 것이다. 우리는 앞서 둘러말하기가 '즐거움의 한 생산방식'이라 말했다. 물론 인생살이에서 즐거움만큼 중요한 것은 없다. 즐거움이 중요한 이유는 인생살이가 즐거움보다는 괴로움을 더 많이 안겨주기 때문일 것이다. 만약 문학이 사람들에게 큰 즐거움을 줄 수만 있다면 이미 그것만으로도 문학은 이 세상에 존재할 충분한 이유를 갖고 있다. 그러나 동시에, "인생살이가 얼마나 힘든 건데 즐거움만 얘기해?"라는 의문이 고개를 쳐들 것이다.

그렇다. 생존의 문제—굶주리지 않고 쪼들리지 않고 길거리 노숙자가 되지 않는 일, 실제로 우리를 사로잡는 건 이런 생존에 대한 걱정들이다. 삶을 도모하는 일, 위기에서 벗어나는 일, 사업을 꾸미고 기획하는 일, 상품을 설계하고 만들고 파는 일, 뭔가 새로운 것을 발견하거나 발

만인의 인문학

명하는 일, 짝을 찾는 일—이처럼 인간의 삶은 온갖 종류의 해야 할 '일'들로 가득 차 있고, 그래서 사람들은 쉴 새 없이 일을 한다. 이런 일을 해내는 데 둘러치기나 은유의 능력, 사람들이 흔히 '문학적 능력'이라 부르는 그 능력이 무슨 소용이 있을까? 그런 능력이 '현실적으로도' 중요할까? 그렇다. 그것도 그냥 보통으로 중요한 게 아니라 아주 '결정적으로' 중요하다.

이런 실험이 있었다. 커다란 유리판 뒤에 잘 익은 바바나 한 다발을 놓아두고, 유리판 앞에 네 살짜리 원숭이 한 마리를 데려다 앉혔다. 원숭이가 바나나를 찾아갈 수 있는가 없는가를 알아보기 위한 실험이다. 원숭이는 투명 유리판 너머의 바나나를 집기 위해 끊임없이 손을 내밀지만 그 손은 번번이 유리판에 막혀 바나나를 집을 수가 없다. 정해진 시간이 지날 때까지 원숭이는 끝내 바나나를 얻지 못했다. 그날 원숭이의 좌절은 컸을 것이다. 이번에는 그 원숭이와 동갑의, 그러니까 네 살박이 소년을 유리판 앞에 데려다 놓았다. 소년은 유리판에 손을 한 번 대보고, 바나나가 유리판 뒤에 있다는 걸 알고는 사방을 한 바퀴 휘휘 둘러본 다음 유리판 뒤쪽으로 '돌아가서' 바나나를 집었다. 이것이 영리한 동물 원숭이와 그보다 더 영리한 동물인 인간의 차이다. 그런데 그 차이는 정확히 무엇일까? 그것은 '에둘러 갈 줄 아는 능력'의 유무다. 한쪽은 둘러갈 줄 모르고, 한쪽은 빙 둘러서 갈 줄 안 것이다.

감이 잡힐 것이다. 에둘러가기는 인간 지능의 한 특징

이다. 어떤 생물학자는 "지능이란 둘러 가는 능력"이라 말한다. 이 특이한 지능 덕분에 인간은 자연계의 경쟁을 뚫고 살아남을 수 있다. 그런데 그의 생존에 결정적인 힘을 발휘한 이 지능을 인간은 어떻게 해서 갖게 된 것일까? 그것은 그가 언어를 사용할 줄 아는 능력, 그것도 언어를 점점 '복잡하게' 쓸 줄 알게 된 능력 덕분에, 그리고 그 능력과 함께 이룩한 진화의 결과이다. 이것은 문학 쪽에서의 주장이 아니다. 지능 진화의 비밀을 캐기 위해 여러 가지 흥미로운 연구를 수행하는 최근의 진화생물학, 진화심리학, 두뇌학 쪽의 주장이 그러하다. 진화생물학자들의 거의 공통된 연구 결과는 인간의 언어가 그의 지능 발전에 결정적인 열쇠가 되었다는 것이다. 인간 지능은 복잡하게 생각할 줄 아는 능력, 창조적 상상력, 사물-현상의 추상적 관계를 파악할 뿐 아니라 거기에 일관성과 체계성을 부여하는 상징적 사유능력 등을 포함한다. 언어는 이런 능력의 모태이다.

둘러말하기가 어떻게 이런 둘러 가기, 또는 복잡성의 능력과 연결되느냐고? 예를 들자면 한이 없다. 송강 정철의 「산사山寺」라는 시는 지하철 역사 벽에도 붙어 있어 누구나 알 만한 작품이다. 이 시는 "남쪽 나무에 달이 걸려 있다네"라는 구절로 끝나는데, 장면을 이야기로 풀면 이렇다. 노승이 어느 날 밤 절간을 울리는 쏴아 하는 소리에 비가 오나보다 생각하고 행자를 내보내어 밖을 살피고 오

만인의 인문학

게 한다. 행자는 돌아와 "비는 오고 있지 않습니다"라 아뢰지 않고 대신 "스님, 나뭇가지에 달이 걸려 있습니다"고 말한다. 이 둘러말하기, 이 간접표현은 이미 복잡성이다. "나무에 달이 걸려 있다"가 둘러치기라는 걸 알아듣기 위해 우리는, 비록 짧은 순간이지만, 머리를 한 바퀴 회전시키고 정신 에너지를 우회운동의 회로 위에서 달리게 해야 한다. "비가 오고 있지 않다"라는 직접표현이 단순성의 수준이라면, 그것을 한 바퀴 돌린 "나무에 달이 걸려 있다"라는 우회 표현은 복잡성의 차원이다. 말하자면 둘러말하기는 '둘러 가기'의 언어적 형태이다. 발이 둘러 가자면 먼저 머리가 둘러 갈 줄 알아야 한다. 문학이 활용하는 모든 수사적 장치들(은유에서부터 아이러니, 상징에 이르기까지)은 바로 이런 고도화한 언어사용의 방법과 기술이며, 이런 사용법과 기술을 가르치고 익히고 키우는 것은 인간을 인간이게 한 바로 그 복잡한 사유능력과 창조적 상상력, 더 정확히는 그의 생존력을 유지하고 발전시키는 일이다. 진화에는 '단순성에서 복잡성으로'라는 방향이 있다. 언어의 진화나 지능 진화도 마찬가지이다.

이 복잡성complexity의 문제와 관련해서 치매(노망)에 대한 흥미로운 연구가 하나 나와 있다. 어떤 사람이 치매에 더 잘 걸리고 어떤 사람이 덜 걸리는가를 연구한 결과, 젊은 시절 단순 문장이나 단순 표현에만 주로 의지하면서 산 사람, 복잡한 문장을 쓸 줄 모르는 사람일수록 치매에 걸릴 확률이 높다는 발견이 나왔다. 이건 아직 더 많은 연구를 기다리는 문제지만, 우리가 참작할 만한 정보임에는 틀림없다. 현생인류의 조상이 네안데르탈Neanderthal인들과의 생존경쟁에서 이긴 것은 그들이 네안데르탈인의 단순한 언어능력에 비해 훨씬 복잡한 언어능력을 갖고 있었기 때문이라는 것도 생물학 쪽의 주장이다. 그 네안데르탈인과 현생인류의 조상 사이에 존재한 생물학적 차이는 0.6퍼센트인데, 이 사소한 그러나 결정적인 차이는 언어발성기관의 차이다. 쓰지 않으면 퇴화한다는 것도 진화론의 잘 알려진 결론이다. 정신능력, 언어능력은 어떨까? 지금의 젊은이들은 피씨PC 통신을 하면서 속도의 명령에 쫓겨 단순문장의 수준에도 못 미치는 토막 문장을 사용하고, 그러느라 길고 복잡한 문장은 무슨 송장 대하듯 기피한다. 어쩌면 지금부터 30년 혹은 40년 후에 우리는 전대미문의 많은 치매환자들을 무더기로 갖게 될지 모른다.

창조적 상상력이 인간 지능의 하나이자 생존능력이라면, 은유를 포함한 둘러말하기는 이 상상력과 무슨 관계가 있을까? 거기에도 깊은 관계가 있다. 서로 아무 관계도 없는 두 사물의 이름을 뚱딴지처럼 끌어다 결합시키는 것이 비유어법, 특히 은유의 일이다. "내 사랑은 붉은 장미"라는 어떤 영시의 한 구절은 너무 잘 알려진, 그래서 '청춘靑春' 만큼이나 진부해진 은유이지만, 진부해진 것일수록 곱씹어볼 필요가 있다. '사랑은 장미'라는 은유에서 '사랑'과 '장미'에는 사실 아무 관계도 없다. 관계없는 것을 서로 결합

만인의 인문학

시켰기 때문에, 둘의 결합이 어째서 성립하는가를 알기 위해 정신 에너지의 투입이 필요해진다. 그 투입과 함께 우리는 양자를 이어줄 모종의 유사성이 있다는 걸 알게 된다. 사랑의 '불꽃'(A)과 장미의 '불꽃' 같은 붉은색(B)이 둘을 이어주는 연결 포인트이다. 혹은 둘이 공유하는 '아름다움'이 연결점이라 말할 수도 있다. 이 두 지점, A와 B를 이어주기 위해 우리가 발동하는 것이 바로 '상상력'이라는 것이다. 신선하고 놀라운 은유일수록 유사성의 두 지점을 찾고 연결하기가 쉽지 않다. 많은 상상력의 투자가 필요하기 때문이다. 은유는 상상력의 산물이면서 동시에 상상력의 발동장치이고 훈련장치이다. 우리가 '시적 상상력'이라 부르는 것은 많은 경우 이런 상상력이다.

이 시적 상상력이 이를테면 발명·발견·사업·연애술과 관계있을 것 같지 않은가? 물론이다. 은유적 혹은 시적 상상력이 아니라면 과학사의 위대한 발명이나 발견은 이루어지지 않았을 것이라 말할 수 있다. "아무도 관계있다고 생각하지 않던 어떤 두 현상 사이에 모종의 관계가 있을지도 모른다. 한번 이어보자"—놀라운 발견과 발명은 대개 이런 뚱딴지 같은 '연결'에서 나온다. 또 인간이 가장 창조적일 때는 사랑하고 연애할 때라는 관점이 있다. 최근의 진화심리학은 이 관점의 과학적 근거를 대고 있다. 상대를 끌어당겨 '나'와 합치게 한다는 행위 자체가 이미 은유의 작동법과 일치한다. 그 상대를 유혹(나쁜 뜻이 아님)하기 위해 두 잠재적 연인들은 서로의 유사성을 찾고, 서로 꿈을 말하고 상대방이 좋아할 오만 가지 기술·능력·재주를 전시한다. '상대방이 좋아'할 것을 생각하고 발견하는 일은 일종의 은유적 유사성 찾기이며, 그 유사성에의 상상력 발동이기도 하다. 유사성은 발견되기도 하지만, 만드는 것이기도 하다.

자연계에도 비슷한 사정이 있다고 한다. 공작 수컷이 화려한 꼬리를 펴는 것은 암컷을 유혹하기 위해서다. 암컷은 왜 그 꼬리에 끌릴까? 암컷의 시각구조에는 수컷의 꼬리에 그려진 수많은 눈동자 모양의 무늬들에 끌리고 부합하는 어떤 성질이 있기 때문이다. 그러나 공작세계의 구애술이 본능적인 유전부호에 따른 것이라면, 인간의 경우는 다르다. 인간은 본능적 유전부호 이외에도 자의적 언어부호를 갖고 있기 때문이다. 말하자면 그는 언어부호적 능력들을 창조적으로 상상력 있게 발동하고 발휘하지 않으면 안 된다. 창조적 교육은 그래서 중요하다.

아이들을 키우다 보면 어른들이 깜짝깜짝 놀랄 언어능력의 발휘 순간을 보게 되는 때가 있다. 아이가 소풍을 가기로 한 날 아침에 일어나보니 밖에는 주룩주룩 비가 내린다. 그런데 비 오는 창밖을 내다보던 여섯 살짜리 딸아이가 싸악 웃으며 "날씨 좋다!"라고 말하는 걸 들어본 일이 있는가? 소녀는 어디서 이처럼 '거꾸로 말하는 법'을 배워왔을까? 물론 어른들의 언어사용법을 보고 듣다가 배웠을 것이다. 이 반어법irony도 거꾸로 돌려서 말하기, 곧 둘러

만인의 인문학

말하기의 한 형태이다. 반어법을 재빨리 터득한 그 아이는 이미 보통 아이가 아니다. 그의 능력을 북돋아주고 자극하고 키워주어야 한다. 아이에게 "애야, 너는 아이러니의 천재야"라고 말해줄 필요는 없다. 아이는 반어법이 무언지 모르면서도 반어적 언어사용이 그 자신을 즐겁게 하고 사람들을 기쁘게 한다는 걸 알고 있다. 그리고 사람들이 즐거워하면, 엄마 아빠가 북돋아주면, 그는 그 능력을 포기하지 않고 키울 것이다.

그뿐이 아니다. 그는 언젠가, 마침내, 문학이 수없이 사용하고 애용하는 그 거꾸로 말하기가 진리 발견의 한 방식이고 창조적 사유와 상상의 방법이라는 것을, 세상을 이해하고 타인을 관용하는 길이라는 것을 서서히 알게 된다. 그런데 그 아이에게서 책을 뺏고 참고서 몇 권 쥐여주어 학원으로 쫓을 텐가? 거꾸로 돌릴 줄 아는 아이는 커서 세상의 상식이 알지 못하고 이루지 못하는 일을 해낸다. 은유의 상상력처럼, 반어법 역시 "거꾸로 이어붙이면 뭐가 나온다"라는 창조적 상상력의 발동장치이다. 언어를 통해 이런 상상력을 키우는 아이는 결코 '멍청이'로 자라지 않는다. 그는 세상에 나가 세상과 한바탕 씨름할 힘을 키우고 있다. 그의 언어를 뺏지 마라. 그걸 뺏으면 그는 바보·멍청이가 된다.

'만인을 위한 시학'이 할 얘긴 많지만, 연이 닿으면 또 만날 기회가 있을 것이다. 이만 줄인다. 밤이 늦었다.

행복의 왕 크로이소스 이야기

반전, 아이러니, 역설

옛날 옛날 한 옛날, 그때나 지금이나 사람들이 으스대기 좋아하던 시절, 지중해 동쪽 어떤 나라에 아주 행복한 왕이 살고 있었다. 그는 너무 행복해서 아무 걱정도 두려워할 일도 없는 사람이었지만 어느 날 그에게도 걱정거리 하나가 생긴다. 너무 행복해서 걱정거리가 없다는 것이 걱정거리인 그런 걱정? 아니다. "내가 얼마나 행복한 왕인지 온 세상 사람들이 다 알고 있을까? 모른다면 큰일이다"라는 것이 그날 그의 머리에 떠오른 걱정거리였다. 특히 그는 그 시절 지중해 세계의 문명국으로 알려진 그리스의 똑똑하고 현명한 사람들이 그의 행복을 알고 있는지 어떤지, 안다면 그의 행복에 대해서 어떤 말을 할지가 궁금했다. 그러던 차에 마침 아테네의 유명한 현자賢者 한 사람이 여행길에 왕의 나라를 방문했다. 왕은 그 현자를 반긴다. 그는 자신의 행복을 자랑하고 싶었을 뿐 아니라, 무엇보다도 "그래 당신이야말로 세상에서 가장 행복한 사람"이라는 확인도장을 그 현자의 입에서 받아내고 싶었기 때문이다. 한때 한국 사람들이 미국의, 또는 똑똑한 사람들이 많다는 '선진국'의 현자들로부터 '한국인의 행복'을 확인받고 싶어 안달했던 것처럼 말이다.

헤로도토스가 『역사』에 전하고 있는 이 최고로 행복한 사나이는 리디아의 왕 크로이소스이고 그를 방문한 아테네의 현자는 솔론Solon이다(솔론, 친숙한 이름이죠? 유대민족에게 현자 솔로몬이 있다면, 그리스인들에게는 솔론이 있다). 리디아의 왕은 사흘 밤 나흘 낮 동안 솔론을 환대하고, 시종들을 시켜 금은보화가 그득한 왕궁의 재물 창고를 솔론에게 구경시킨다. 그리고는 은근슬쩍 묻는다. "솔론이여, 우리는 당신이 세상을 많이 둘러본 지혜로운 사람이라는 얘기를 듣고 있다. 자, 당신이 보기론 세상에서 가장 행복한 사람이 누구인가?" 왕이 듣고 싶었던 것은 "여기 와보니 바로 당신이군요"라는 대답이었을 것이다. 그런데 뜻밖에도 솔론은 크로이소스가 듣도 보도 못한 어떤 다른 사람의 이름을 댄다. "그럼 두 번째로 제일 행복한 사람은 누구인가?" 이번에도 솔론은 크로이소스가 원하는 답변을 내놓지 않는다. 크로이소스는 솔론이 자기를 행복열차 2등칸에도 끼워주지 않는 데 화가 나서 "우리는 당신이 현자라고 들었는데, 도대체 당신이 생각하는 행복이란 뭔가?" 솔론은 빙긋이 웃고 말한다. "왕이여, 사람이 그 생애를 다 끝낼 때까지는 아무도 그를 행복한 사람이라 말할 수 없습니다." 기대했던 행복 확인을 얻지 못한 왕은 솔론을 내쫓다시피 해서 돌려보낸다. 왕은 생각했을 것이다. "별 미친놈 다 있네. 행복을 뻔히 보면서도 행복이 뭔지 모르잖아."

그 크로이소스에게 조만간 이런 일이 일어난다. 그에게는 잘 생기고 용맹스러워 리디아의 첫째가는 청년이라 그가 자랑해 마지않는 아티스라는 이름의 아들이 있었다. 그런데 어느 날 밤 왕은 그 아들이 날카로운 창에 찔려 죽는 꿈을 꾼다. 왕은 서둘러 아들을 결혼시키고, 아들이 즐겨하는 멧돼지 사냥도 금지시킨다. 영문을 모른 아들 아티스가 항의하고 나서자 왕은 마지못해 꿈 이야기를 들려준다. 아들은 말한다. "배려해주시는 건 고맙지만 아버님의 그 꿈 해석은 잘못된 것입니다. 생각해보십시오. 저는 지금 멧돼지 사냥을 나가려고 합니다. 멧돼지가 팔이 있어 창을 쓰겠습니까, 칼을 쓰겠습니까? 멧돼지 이빨이라면 몰라도 창이라뇨, 말이 되질 않습니다." 기독교 구약성경의 요셉도 아니고 다니엘도 아니고 빈의 프로이트도 아니면서 이처럼 조리 있게 꿈을 해석해내다니, 똑똑한 아들이다. 크로이소스도 아들의 말에 압도된다. "참으로 똑똑한 해석이로다. 내가 졌도다."

독자여, '이야기'라는 것의 성질, 그것의 회돌이치기를 잘 아는 당신은 이미 이 대목에서 심상찮은 기미를 눈치챌 것이다. 이야기는 늘 뜻밖의 사건, 예상치 못했던 방향으로의 사건 진행을 준비한다. '기대의 파괴'는 아주 유구한 이야기 조직 기법의 하나이다. 그렇게 멧돼지 사냥을 나간

만인의 인문학

아티스는 죽어서 돌아온다. 멧돼지 이빨에 찔려 죽은 것이 아니라 친구의 창에 찔려 죽은 것이다. 왕자를 수행해서 사냥길에 나갔던 친구가 멧돼지를 향해 던진다며 던진 창이 잘못 날아가 아티스의 가슴을 꿰뚫은 것이다. 크로이소스의 꿈대로 말이다. 아비의 황당해 보이던 꿈은 신탁의 예언처럼 딱 들어맞고, 아들의 그 똑똑해 보이던 꿈 해석은 어이없이 빗나가버린 것이다(꿈 해석이건 무슨 다른 해석이건 간에 사람들이 '옳은 해석'이라는 것을 열심히 추구하는 이유를, 해석이라는 것이 사람과 나라와 시대의 운명을 곧잘 좌우하게 되는 까닭을 알 만하다. 더 보탤까? '해석의 권리'를 장악하는 자가 권력을 장악하고 세계를 장악한다는 것도 역사가 보여주는 진실이다. 해석이라는 것을 '권력정권'이라 부르기도 하는 것은 그 때문이다).

크로이소스의 행복을 금가게 하는 사건은 그것으로 그치지 않는다. 그는 군사를 일으켜 이웃나라 페르시아를 치기로 작정한다. 신흥 강대국 페르시아가 리디아를 위협하고 있었기 때문이다. 진격하기 전 크로이소스는 그리스의 델포이 신전으로 먼저 사람을 보내어 전쟁 결과가 어떨지에 대한 신탁을 얻어오게 한다. 델포이 신전의 신탁은 당시 지중해 세계에서 용하기로 이름나 있었기 때문이다. 크로이소스에게 내려진 신탁과 그 신탁에 대한 그의 해석은 문학사에 아주 유명한 인용거리로 남아 있다. "크로이소스는 제국을 무너뜨릴 것이다"라고 신탁은 말하고 있었다. 크로이소스는 이 신탁이 그의 승리를 예언하고 있다고 확신한다. "제국을 무너뜨릴 것이다"의 그 제국이란 틀림없이 적국 페르시아를 의미한다고 그는 해석한 것이다. 그러나 이미 당신이 짐작하듯 이 해석은 틀려나간다. 전쟁 결과 리디아는 패망하고, 크로이소스는 포로가 되어 페르시아 왕 키루스에게로 끌려가게 된다. 전쟁을 일으킨 크로이소스는 되레 자기 제국을 무너뜨리고 자신은 포로의 신세로 굴러떨어진 것이다.

세상에서 최고로 행복한 사람이라 자랑하던 크로이소스의 행복은 그렇게 해서 끝장난다. 포로로 끌려가면서 그는 자신이 한때 무시했던 그 솔론의 말을 떠올렸을까? "생애의 마지막 순간까지를 다 보지 않고는 사람의 행복 여부를 말할 수 없다. 산 자는 누구도 행복하다고 호언해서는 안 된다." 페르시아 왕 키루스는 난폭하고 무자비한 사람이었던지, 크로이소스를 불태워 죽이라고 명령한다. 그는 승리를 안겨준 페르시아의 신에게 크로이소스를 제물로 바치고 싶어 했거나, 아니면 크로이소스가 평소 신을 섬기는 자라는 것을 알고 과연 그를 구원하러 오는 어떤 신이 있을지 없을지 보고 싶었던 것인지도 모른다. 묵묵히 장작더미로 떠밀려 올라간 크로이소스는 긴 침묵을 깨고 하늘을 향해 큰 소리로 세 번 솔론의 이름을 외친다. 궁금해진 키루스는 수하를 시켜 크로이소스가 누구 이름을 외친 것인지 알아오게 한다. 크로이소스는 "모든 폭군이 반드시 경청해야 할 아테네의 현자"라고 대답한다. 더욱 궁금해하는 키루스에게 크로이소스는 솔론의 이야기를 들려준다. "솔론은 옳았다. 그는 나 크로이소스 한 사람의 운명만이 아니라 모든 인간의 운명에 관한 진실을 말한 것이다."

헤로도토스의 『역사』는 페르시아 왕 키루스가 크로이
소스를 풀어주고 자기 곁에 두면서 잘 대접했다는 것으로
이야기를 끝낸다. '모든 인간의 운명에 관한 진실'이라는
말이 키루스의 가슴을 움직였음이 틀림없다. 키루스 그 자
신도 인간이고, 솔론의 말대로 인간사 어느 것 하나 확실
하고 안전한 것이 없다면 그 또한 크로이소스와 비슷한 몰
락의 운명에 빠질 수 있다는 생각을 하게 됐다는 것이다.
솔론 덕분에 크로이소스는 살아나고, 포로를 무자비하게
죽일 뻔했던 키루스는 자기를 되돌아보는 한순간을 얻은
셈이다.

이 이야기에 나오는 사람들은 모두 역사상의 실존 인
물들이다. 솔론은 기원전 6세기 살라미스섬의 영유를 두고
메가라와 벌인 전쟁의 패배로 의기소침해 있던 아테네인
을 고무하여 승리로 이끈 시인이자 정치가이며, 크로이소
스와 키루스도 실존 인물이다. 그러나 크로이소스에 관한
헤로도토스의 이야기가 모두 실화인지 어떤지는 확실치
않다. 이야기보다 더 이야기 같은 그 기구한 사건들이 크
로이소스에게 실제로 발생한 것인지, 아니면 헤로도토스
가 실제 사건에다 전설적 요소들을 더 보태어 이야기로 가
공한 것인지 어떤지는 알 수 없다. 헤로도토스가 크로이소
스 이야기를 『역사』에 수록한 데는 솔론으로 대표되는 그
리스적 인간관("인간은 신들의 장난감일 수 있다")과 겸손("그러

므로 자만하지 말라")이 다른 어떤 인생철학보다도 인간의 삶에 대한 최상의 지혜라는 생각을 퍼뜨리고자 한 의도가 있어 보인다. 그러나 동시에 그는 "보라, 이것이 인간의 삶이다"라고 말할 만한 어떤 진실을 크로이소스 이야기에서 발견하고 그 이야기의 주인공 크로이소스를 인간 운명의 한 전형으로 후대에 제시하고자 했음이 분명하다.

우리가 지금 크로이소스 이야기에 관심을 갖는 것도 바로 그 인간의 삶에 대한 진실이라는 문제 때문이다. 그 진실이란 결국 무엇일까? 그것은 인간의 삶에 끼어드는 '부단한 반전의 가능성'이다. 크로이소스 이야기는 실로 기묘한 반전의 연속이다. 그의 아들 아티스는 누구도 예상하지 못한 사건으로 죽는다. 아티스의 친구가 던진 창은 멧돼지를 잡으려던 것이지 아티스를 죽이려 했던 것이 아니다. 창을 던진 사람의 의도는 그 의도와는 정반대 결과를 가져온다. 크로이소스가 나라를 망해 먹을 셈으로 전쟁을 일으킨 것이 아닌데 결과는 반대로 나온다. 왕이었던 자가 졸지에 포로 신세로 영락하는 것은 크로이소스 이야기를 요약하는 핵심적 반전이다. 운명의 이 급작스러운 변화는 후일 아리스토텔레스가 『시학』에서 공식화했던 '운명의 반전' 그대로이다. 아시다시피 '반전reversal'이란 운명 또는 사건의 단순한 '변화'를 의미하지 않는다. 그것은 운명이 한 상태에서 그 '정반대 상태'로 바뀌기이다. 주인이 종 되고 종이 주인되는 혁명적 변화는 반대 상황으로의 상태 변화라는 점에서 모두 반전에 속하지만, 아리스토텔레스가 강조한 비극적 반전은 주로 앞의 경우, 곧 높은 데서 낮은 데로 굴러떨어지는 반전을 의미한다. 이 의미의 반전이라는 용어는 하도 유명하고 요긴해서 문학론에서는 '페리페테이아peripeteia'라는 고전 그리스어를 그대로 쓰기도 한다.

처음 크로이소스를 화나게 했던 솔론이 후일 크로이소스를 살리는 구원의 이름이 되는 것도 일종의 반전이다. 앞 이야기에서 빠뜨렸지만, 크로이소스에게는 죽은 장남 말고도 둘째 아들이 있었는데, 이 둘째는 벙어리여서 크로이소스가 평소 탐탁잖게 여기던 아이이다. 그러나 페르시아와의 전쟁 때 적국 군사들이 리디아의 왕 크로이소스를 몰라보고 달려들어 그를 죽이려 하자 평소 벙어리였던 둘째 아들이 "죽이지 말라! 그는 리디아의 왕이다!"라고 소리쳐 일단 아비를 구한다. 심 봉사 눈 뜨듯 벙어리 아들의 입이 아비의 위기 앞에서 기적처럼 소리를, 말을 되찾은 것이다. 벙어리가 말하게 되고, 아비에게 아무 쓸모 없어 보이던 벙어리 아들이 아비를 구한 것이다. 모두 뜻밖의 사건이고, 예상치 못했던 반대 결과들의 출현이다.

사회과학에서는 인간이 도모하는 일들이 그 기획 의도에 반反하는 엉뚱한 결과들을 곧잘 산출해내는 이상한 현상을 기술하기 위해 최근 '반대효과의 원리the principle of opposite effect'라는 말을 만들어 쓰고 있다. 한 예를 들면, 정보사회는 누구나 쉽게 정보에 접근하게 함으로써 정보의 민주화, 혹은 정보접근권의 평등화를 성취한다는 사회철학적 기획을 갖고 있다. 그러나 오늘날 전자·정보매체들은 정확히 그 반대 결과, 곧 정보접근 수단의 세계적 불평등 상황 혹은 정보의 남북 현상을 심화시켜 '가진 자, 못 가진 자'의 빈부격차를 심화시키고 있다. 또 정보의 풍요화가 정보의 기근보다는 인간을 행복하게 해줄 것이라는 생각도 지금 그 정반대효과 앞에서 얼떨떨해져 있다. 정보의 풍요화는 동시에 쓰레기 정보의 풍요화를 몰아오고 있다. 인터넷의 정보 중 80퍼센트는 쓰레기, 음란물, 반사회적 반지성적 오물 정보들로 채워져 있다. 사회과학이 말하는 '반대효과의 원리'는 말하자면 현대사회의 이런 이상한 사태 발전들을 개념화하기 위한 것이다. 내 생각으로는 히브리 신화, 그리스 신화, 수메르 신화에 나오는 '대홍수' 설화들을 우리가 그냥 신화 차원의 이야기로만 대해서는 안 될 듯한다. '정보'는 미래사회를 휩쓸어 어딘가로 떠내려보낼 수 있는 무서운 '홍수'의 성질을 갖고 있기 때문이다. 지금 이미 사람들은 정보홍수에 떠밀려 무엇이 쓸만하고 귀중한 정보인지, 어느 것이 쓰레기인지, 자기가 어디에 있는 누구인지 판단력을 마비당하고 길 잃고 어리둥절 헤매는 때가 많다. 이 홍수에 대비할 방주가 있을까? 어디에, 어떤?

사회과학이 '원리'로 새삼 개념화하고 있는 그 반대 효과의 원리는 사실 문학이 3,000년 가까이 사용해온 반전의 원리, 혹은 '아이러니와 역설'의 원리이다. 오이디푸스 신화를 보면 알 수 있다. 그것은 크로이소스 이야기처럼, 그러나 그보다 훨씬 오래된, 반전과 아이러니의 이야기이다. 반대효과의 원리라는 말이 잡아내려고 하는 것이 의도와 결과 사이의 불일치라면 이것은 정확히 아이러니의 원칙에 해당한다. 반대 결과를 가져온다는 점에서 아이러니는 늘 반전을 따라다니고, 반전과 함께 있는 원리이다. '아이러니한 결과'란 의도하지 않은 결과, 곧 반대 결과를 말한다. 사람을 만들고자 시도한 곳에서 고구마가 나온다면 이 결과는 의도를 배반하고 조롱하는 반대효과의 산출이 된다. 어법으로서의 아이러니는 '반대로 말하기' 또는 '거꾸로 말하기'이다. 어렸을 때부터 이미 우리는 이 어법에 익숙해져 있다. 으스대다 자빠진 사람을 두고 "꼴 좋다"라고 말하고, 잘못된 일에다 "잘됐군"이라 말하는 것은 우리가 여섯 살 이후 배워 알게 된 거꾸로 말하기의 방식, 곧 반어법이다. "그 사람 잘났어"는 이미 우리의 상투화한 반어법이다. 신경림처럼, 어떤 시인이 20세기 말의 한국을 두고 "오, 거인의 나라여"라고 말하면 우리는 그 어조tone에서 본능적으로 반어법의 가능성("오, 난쟁이의 나라여")을 살피게 된다.

역설paradox도 반전과 관계 깊은 모순어법이자 수사장치이다. 밀란 쿤데라의 소설 제목 『존재의 견딜 수 없는 가벼움』은 '견딜 수 없는'과 '가벼움' 사이의 기이한 모순에서 그 효과를 얻고 있다. 원제목에 사용된 '견딜 수 없는'이라는 형용사는 원래 '너무 무거워서 견딜 수 없는'이라는 의미의 것인데, 그것으로 무거움 대신 가벼움을 형용하게 한 것이다. 정상적으로는 어울리지 않거나 반대관계의 수식어로 대상을 묘사하는 이런 어법을 아시다시피 문학에서는 '형용모순oxymoron'이라 부른다. 검은 태양, 차가운 불, 뜨거운 얼음, 잔인한 친절―이런 것은 우리 입에 붙은 형용모순들이다. 푸치니 가극 〈투란도트〉에는 마치 스핑크스의 질문처럼 "그대에게 불을 주는 얼음은?"이라는 형용모순적 수수께끼가 나온다. 『로미오와 줄리엣』에서는 사랑에 빠진 로미오가 "오, 무거운 가벼움이여"라는 말로 사랑의 병통을 형용한다. 쿤데라의 '견딜 수 없는 가벼움'은 이 로미오 대사의 형용모순을 재가공한 것이다. 역설을 압축하면 형용모순이 되고, 형용모순을 확장하면 역설이 된다. "지금 우리에게 낮은 밤이다"라는 역설을 압축하면 "오, 한낮의 어둠이여" 같은 형용모순이 나오고, '가까운 멈'이라는 형용모순을 확장하면 "너무 가까워서 너무 멀구나"라는 식의 역설적 진술이 나온다. "내 풍요가 나를 가난하게 하는구나"라는 우리 시대의 역설은 '풍요한 거지'라는 형용모순으로 압축된다.

어법으로서나 원리로서의 아이러니, 역설, 형용모순 같은 것이 우리의 삶에 기여하는 바가 없다면 우리는 그것들을 진작 쓰레기통에 처박고 잊어버렸을 것이다. 그런데 무슨 기여? 우선 그 어법들이 인간의 언어능력을 고도화한다는 것은 참으로 중요한 기여이다. 언어능력의 고도화는 현실인식의 가장 중요한 방법이고 수단이기 때문이다. 우리에게 문제가 되는 현실인식의 어려움은 현실이 간단하

만인의 인문학

지 않고 복잡하다는 데 있다. "세계는 우리가 생각하는 것처럼 간단하지 않다"고 쿤데라는 그의 소설론에서 말한다. 간단하지 않은 세계를 파악하고 인식하는 능력은 곧 복잡성complexity 인식의 능력이다. 이 능력은 언어사용 능력과 직결되어 있고, 그 사용력의 고도화를 요구한다. 물론 그 역도 성립한다. 복잡한 현실이 복잡한 언어사용을 낳게 했다고 말이다. 그러나 현실인식과 언어의 관계는 상호적이다. 마르크스는 19세기 산업자본주의 사회에서의 노동자의 현실을 관찰한 끝에 "노동자는 일하면 일할수록 가난해진다"라는 유명한 역설을 내놓았다. 그러나 우리는 동시에 역설어법이 현실의 복잡성, 은폐성, 기만성을 꿰뚫는 인식의 수단이라는 것을 알고 있다.

현실인식은 진실 또는 진리의 인식이기도 하다. 현실인식의 능력은 현실의 복잡성만을 인식하는 능력이 아니라 그 인식의 옳고 그름, 곧 그것의 진리성 여부를 아는 능력이기도 하다. 의도와 결과, 보이는 것과 보이지 않는 것, 표현된 것과 의미, 의식과 무의식 사이의 괴리를 파악하는 일은 진/위 인식의 불가결한 방법이고 절차이다. 아이러니는 그 괴리의 크기, 거리, 공간에 주목하게 함으로써 진실을 파악하게 하고 역설은 모순되는 두 진술이 충돌하면서 일으키는 섬광으로부터 반짝 드러나는 진리의 순간들을 포착하게 한다. 이렇게 얻어진 진실과 진리, 그것은 복잡한 언어사용 능력이 인간에게 주는 뜻밖의 선물이며 그가 기대하지 않았던 돌연한 영광이다.

그뿐이 아니다. 돌연한 영광으로 치면 반어법과 역설이 발휘하게 하는 상상력보다 더 돌연한 인간의 영광이 있을까? 우리가 언젠가 '반대로 말하고 거꾸로 이어 붙이면' 뭔가 나온다고 말한 것은 그런 영광을 두고 한 말이다. 이것은 문학을 포함한 예술 일반, 그리고 과학의 영광이기도 하다. 많은 사람이 잘못 알고 있는 것과는 다르게, 과학은 "그럴까? 그 반대가 진眞이 아닐까?"라는 엉뚱한 상상력—바로 그 반어적이고 역설적이며 문학적인 상상력의 발휘에서 가장 많은 수확을 거두고 있다. 여기서 우리는 반어법이며 역설어법 같은 것이 빛나는 '창조의 기제'라는 관찰을 덧붙이지 않을 수 없다. 그러므로 우리의 아이들에게 늘, 부단히, 거꾸로 생각하고 반대로 말하기를 연습시킬 필요가 있다. 창조적 사유와 관찰을 위한 교육, 새로운 눈으로 세상을 보고 새로운 것을 만들어내게 하는 교육은 거기서부터 시작될 수 있기 때문이다. 문학교육이 어째서 그 자체로 창조적 교육이 되는지 더 설명할 필요가 없다. 고성능 카메라 촬영기술을 백번 익혀도 세상을 새롭게 보는 눈 없이는 아무것도 나오지 않는다. 어떤 대학 영상 관계 학과에서 캠코더 사용법을 한참 익힌 학생들에게 교수가 "자, 이제 나가서 찍어오라"고 주문하자 학생들이 멍하니 손 놓고 어쩔 줄 몰라 했다는 얘기가 있다. 찍는 기술은 있는데 무엇을 어떻게 보고 찍을 것인지는 막막했기 때문이다.

문학은 삶의 진실과 결코 떨어질 수 없지만, 문학 자체가 어떤 객관적 진리 인식을 위한 지배적 수단인 것은 아니다. 문학이 포착하는 인간의 진실은 더 많은 경우 진/위 판단보다는 인간 그 자체를 이해하기 위한 진솔한 경험의 확장에 있다. 인간의 약함과 강함, 그의 허영과 꿈과 욕망, 패배와 고통, 사랑과 배반—이 모든 것들이 엮어내는 삶의 복잡성은 진위 판단의 인식론적 요구나 선악에 대한 좁은 윤리적 재단의 요구를 넘어서서 이해되어야 할 때가 많다. 인식과 윤리의 요구가 문학에는 필요 없다는 뜻이 아니라 존재의 관용이 문학의 진실이고 윤리이며, 이것들은 어떤 협의의 진리 주장이나 도덕적 요구보다도 중요하다는 의미이다. '관용tolerance'이란 강자가 약자에게 베푸는 자비나 허용이 아닌 '차이에 대한 존중'이다. 문학은 그 존중을 통해 인간에 대한 이해를 확장한다. 아직도 계급, 성차, 인종, 민족, 국가, 지역 등 수많은 인간 분할의 도구들이 허다한 고통과 희생을 강요하는 시대에 타자 존중의 태도로서의 관용은 참으로 중요한 윤리적 가치가 아닐 수 없다. 그것은 21세기의 세계 모든 곳에서, 그러니까 우리 사회에서도 절실히 필요한 가치가 될 것이다.

반전, 아이러니, 역설을 아는 사람은 관용의 인간일 수 있는 더 많은 기회를 갖게 되지 않을까? 아일랜드 시인 세이머스 히니는 시를 "인간 상황의 복잡성에 대한 찬사"라고 말한 적이 있다. 나는 히니가 말한 그 '인간 상황의 복잡성'이라는 것을 지금 우리 문맥을 위해 인간 상황의 '역설적 반전의 가능성'이라는 의미로 이해하고 싶다. 시는, 그리고 소설은, 인간 실존의 반어적 상황에 대한 찬사이고 관용일 수 있다. 키루스가 크로이소스를 죽이지 않는 것은 단순한 강자의 자비가 아니라 그 자신에게서 크로이소스적 반전의 가능성을 보는 겸허의 결과이다. 물론 이 말이 "모든 것은 허용된다"의 의미가 아니라는 것을 독자여, 당신은 알고 있다.

이야기의 교역, 전승, 활용

1281년에 나온 일연 스님의『삼국유사Stories from the Three Kingdoms』는 한국인들에게 아주 친숙한 책이다. 여기서 '삼국'은 고구려, 백제, 신라 등 서력기원 직전과 직후 한반도에 창건되었던 세 왕국을 가리키는데,『삼국유사』는 그 세 나라 말고도 고대 한국의 여러 왕국에 관한 이야기를 담고 있다. 고대 3국에 대한 역사 기록을 담은 책은 방금 이야기한『삼국유사』와 그보다 100여 년 전에 나온 김부식의『삼국사기History of the Three Kingdoms』(1145)가 사실상 거의 전부이다. 이 두 책 가운데 일연 스님의『삼국유사』가 김부식의『삼국사기』보다 대중적으로 좀 더 친근한데, 주로 두 가지이유 때문에 그러한 듯하다. 하나는『삼국유사』가 역사적사건들 외에 다수의 전승 설화, 민담, 노래 등을 담고 있어훨씬 재미가 있고, 또 다른 이유는 위에 말한 3국 외에 한국의 다른 고대 왕국들에 대한 이야기도 그 책에 실려 있기 때문이다.

인도에서 배를 타고 건너온 한 처녀가 고대 가야 왕국의 시조 수로왕의 왕비가 되었다는 이야기도 그『삼국유사』에 나온다. 물론『삼국유사』는 그 여성이 '아유타'국에서 왔다고만 기록했을 뿐 '인도'라고 명시하지는 않는다. 가야 왕국 시대는 물론 일연 스님이『삼국유사』를 쓴 13세기까지도 '인도'라는 이름은 한국에 알려지지 않았다. 아유타가 고대 인도의 '아요디아'를 지칭한 것일 수 있다는 주장이 나온 것은 훨씬 후대의 일이다. 남부 인도의 유사 지명을 가리킨 것이라는 설도 있다. 그러나 지금 한국인들은 거의 대부분 그 여성이 "인도에서 왔다"고 믿고 있다. 그렇게 믿을 만한 몇 가지 증거물이 있기 때문이다.『삼국유사』에 전해지는 그녀의 이름은 한자 표기로 '허황옥'이다.

내가 지금 그 인도 처녀 얘기를 꺼내는 것은 그녀의 출신지를 다시 확인하기 위해서가 아니라 고대 한반도 남단 지역과 인도를 포함한 동남아시아 및 근동 지역 사이에 있었을 법한 '이야기의 교역story trade'이라는 가능성에 주목하고 싶어서이다. 가야, 신라, 백제 등 한반도 남단에 위치했던 고대 왕국들과 인도, 인도네시아를 포함한 동남아시아 지역 사이에는 현대인이 생각하는 것보다 훨씬 왕성한 '국제무역'이 진행되고 있었다는 믿을 만한 학문적 연구 결과들이 나와 있다. 내가 이야기하고 싶은 것은 물자교역만이 아니라 동남아시아로부터 한반도로 상당수의 '이야기'들이 전파되고 교역되고 또 그 이야기들이 서로 혼합되었을 가능성이 있다는 부분이다. 물자교역은 사람들 사이에

만인의 인문학

서 이루어진다. 사람들이 왕래하는 곳에는 반드시 이야기의 왕래, 교역, 혼합이 있다. 가야 왕비의 경우도 남방계 이야기와 북방계 이야기의 혼합이라는 흔적을 갖고 있다. 어느 날 바다에서 배 한 척이 가야 해안에 와닿았고 그 배에서 내린 아리따운 아가씨를 가야 왕이 아내로 맞았다고 되어 있지만, 전후 문맥을 잘 따져보면 '처녀의 도착'이 우연한 사건이 아니라 미리 준비된arranged 사건이었다는 것을 추정하기 어렵지 않다. "가야 왕이 여자를 맞기 위해 바닷가로 나갔다"는 『삼국유사』의 기록이 그런 추정을 가능하게 한다. 남자가 우연히 나갔다가 여자를 만난 것이 아니라 올 것을 미리 알고 나갔던 것이다. 이런 식의 혼인 준비는 가야 측과 상대방 사이의 사전 협의와 합의, 그리고 준비 없이는 불가능하다. 그러나 결정적으로 흥미로운 부분은 여자가 자신을 아유타의 공주라 소개했고, "동쪽 나라로 가서 왕비가 되어라"는 아버지의 지시를 받고 왔노라 말했다는 대목이다. 왕과 왕비에 관한 이야기는 종종 신성한 설화로 짜여진다. 수로왕이 신성한 '하늘에서' 내려왔다는 이야기는 전형적인 북방설화군에 속한다. 어떤 신성한 존재가 '바다에서' 왔다는 것은 전형적인 남방설화군에 속한다. 그러니까 우리는 가야 왕과 왕비의 이야기에서 북방설화와 남방설화의 한 혼합 사례를 보게 된다.

『삼국유사』에는 후일 신라의 제4대왕이 되는 '석탈해'라는 인물의 이야기도 전해지고 있다. 석탈해도 '바다에서' 온 사람이다. 어느 날 남쪽의 한 포구에 어디선지 배 한 척이 와 닿는데, 까마귀들이 날아와 배 위를 맴돌면서 요란하게 우짖었다고 한다. 한 동네 노파가 가서 배 안을 들여다보니 바구니에 아기가 담겨 있었고, 노파는 그 아기를 데려다 키운다. 그 아기가 커서 석탈해 왕이 된다. 이 이야기에는 두 개의 흥미로운 설화적 모티프가 들어 있다. 하나는 '버려진 아이exposed child'의 모티프이고 다른 하나는 '돕는 자helper'로서의 '까마귀의 등장'이다. 인도의 설화 연구자들에게라면 너무도 익숙한 모티프들이다. 고대 인도의 대서사시 『라마야나Ramayana』에도 "어디서 왔는지 모를" 한 여자 아기가 밭고랑furrow에서 발견된다는 대목이 있다. 그 여자 아기가 후일 라마 왕의 왕비가 되는 시타이다. '버려진 아이'가 나중 큰 인물이 되고 신성한 존재가 된다는 이야기는 물론 인도에만 있는 것은 아니다. 그러나 『삼국유사』에 나오는 석탈해 이야기의 '버려진 아이' 모티프는 인도로부터 한반도 남단으로 들어온 것이 확실해 보인다. 왜냐면 석탈해라는 인물 자체가 인도에서 왔다고 추정할 만한 상당한 증거가 있기 때문이다.

그 석탈해가 가야의 수로왕과 '변신술 경쟁'을 벌였다는 이야기도 한국의 자생 설화는 아니다. 외부로부터의 영향이고 유입이다. 변신술transformation, changing bodily shapes 경쟁이란 다툼을 벌이는 두 사람이 각각 변신술을 부려 순간순간 형체를 바꾸어가면서 싸우는 이야기이다. 석탈해가 참새로 형체를 바꾸면 수로왕은 독수리로 형체를 바꾸고,

석탈해가 또 다른 것으로 변신하면 수로왕도 다른 것으로 몸을 바꾸었다. 이런 식이다. 흥미롭게도 이 변신술 경쟁의 모티프는 고대 한반도 북방왕국이었던 고구려의 시조왕 주몽 이야기에도 등장한다. 이것은 무엇을 의미할까? 내 생각에 그 이야기는 고대 해상교역의 루트를 따라 한반도 남쪽으로 들어오고, 그것이 북방왕국으로까지 전파된 것이 아닌가 싶다. 내가 알기로는 그 변신술 경쟁 이야기의 오래된 버전은 『아라비안나이트』에 있고, 그보다 더 오래된 버전은 바로 『라마야나』 서사시에 있다. 인도 기원의 모티프가 중동으로 퍼지고 한반도로도 들어온 것이 아닐까? 이는 '이야기의 전승과 교역'을 말해주는 좋은 사례 같아 보인다.

한반도 설화에는 이처럼 외부로부터 전해지고 서사교역narrative trade을 통해 들어와 정착한 이야기들이 상당수 있다. 「임금님 귀는 당나귀 귀」 이야기는 한국인이면 누구나 아는 친숙한 설화이다. 그러나 짐작하시겠지만 이것은 한국의 자생 설화가 아니라 고대 중동의 리디아 왕국 설화이다. 리디아의 왕 미다스/마이다스가 아폴론의 미움을 사 당나귀 귀를 갖게 되었다는 것은 중동 설화와 그리스 신화의 혼합이다. 한반도에서 멀리 떨어진 지역으로부터의 이야기가 고대 왕국 신라에 들어와 토착설화indigenous tale가 되고 신라 왕의 이야기로 전승되는 것은 무엇을 의미할까? 이것도 이야기의 전승과 활용의 한 사례이다. 토착화는 그 자체로 '변형'을 수반한 '활용'의 한 형태이다. 『라마야나』

서사시가 인도네시아, 태국, 캄보디아 등지에서 토착화한 것도 그런 변용과 활용의 예가 아닐 수 없다.

한국 어린이들은 「나무꾼과 선녀Woodcutter and His Fairy Wife」 이야기를 들으며 자란다. 나쁜 형과 착한 동생의 이 야기The Big Bad Brother(놀부와 흥부)도 한국인에게는 너무나 친숙한 설화이다. 토끼가 간을 빼앗길 뻔했다가 기지로 위 기를 넘긴다는 이야기도 유명한 한국 설화이다. 그런데 그 런 이야기들은 한국 설화이면서 한국에만 있는 것이 아니 라는 사실이 흥미롭다. 「나무꾼과 선녀」 이야기는 인도네 시아에도 있다. 놀부와 흥부 이야기를 판에 박아낸 듯한 설화가 베트남에 있다. 토끼의 간 이야기는 아프리카에도 있다. 어느 쪽이 어느 쪽으로 이야기를 전파했는지, 어느 쪽이 발신자sender이고 어느 쪽이 수신자receiver인지, 그 기 원이나 원판을 잘라 말하기는 어렵다. 그러나 확실한 것이 있다. 유사 설화들이 여기저기 분포해 있다는 것은 이야기 의 전파, 확산, 전승, 공유의 결과로밖에 설명할 길이 없다 는 사실이다.

지금의 세계에서 기원이나 원판을 따지는 일보다 더 중 요하고 의미 있는 것은 한 지역에서 생성된 고유한 문화 유산으로서의 어떤 이야기가 다른 많은 지역에 전해지면 서 새로운 창조를 가능하게 하는 다양성의 자원으로 활용 되는 일이다. 오늘 이 『라마야나』 워크숍은 바로 그런 자원 공유가 어떻게 아시아의, 더 넓게는 세계의 문화 다양성을 확장하고 창조의 가능성을 풍요화할 수 있는지를 토론하는 자리일 것이다. '아바타'라는 말은 오늘날 세계의 일상어household language가 되어 있을 뿐 아니라 창조의 상상력을 자극하고 있다. 주인공 라마는 비쉬누 신의 아바타이다. 이 아바타 이야기에서 충격적인 것으로는 신이 악마 라마나를 처치하기 위해 인간으로 태어난다는 대목과, 신이 인간의 몸으로 '육화incarnation'하는 것은 오로지 유한한 인간만이 악마 라마나를 처치할 수 있기 때문이라는 대목 같은 것을 들 수 있다. 이런 이야기는 재능 있는 문화 생산자의 상상력을 강하게 자극한다. 또 『라마야나』를 활용한 연극에서 주연 배우가 악마의 얼굴 아홉 개를 좌우로 펼치고 있는 영상을 본 일이 있는데, 그 역시 참으로 놀라운 이미지였다. 나는 한국의 유능한 영화작가라면 조만간 그 이미지를 어떤 식으로건 활용하지 않고는 배기지 못할 것이라고 생각한다.

은유의 에로스

아이들은 은유 사용의 대가다. 아주 어려서부터 아이들은 '은유적 말놀이'를 시작한다. 사물 A를 A라 부르지 않고 B라 바꿔 부르는 것이다. 보름달을 보며 네 살짜리가 말한다. "엄마, 저게 뭔지 알아?" "달이지, 보름달." "아냐, 접시야, 접시." 아이들은 은유가 무엇인지 알 바 없고 알 필요도 없다. 누가 가르쳐준 것도 아닌데 마치 본능처럼 대상의 이름을 이리저리 바꿔 부르면서 낄낄대고 좋아한다. 모든 사물에는 원래의 이름 말고도 무수히 많은 다른 이름들이 붙을 수 있다는 언어적 무의식은 그렇게 형성된다. 조금 더 자라면 아이들은 주변 사람들에게 사정없이 별명을 붙이기 시작한다. 동철이는 물개, 산수 선생님은 염소, 보기 싫은 두 살 위의 형은 사냥개, 그리고 자기는 마징가다. 별명 붙이기도 즐거움의 소스다. 인간이 평생 은유의 동물로 살아가는 것은 은유의 이런 무의식적 쾌락원칙 때문일지 모른다.

　　　　　　　　　　　　　　만인의 인문학

문학은 은유의 예술이다. 문학에는 은유 사용의 기술이 넘쳐난다. 은유는 빙 둘러말하고 슬쩍 감추고 지연시킨다. 장미는 장미가 아니라 '땅에서 올라온 요정들'(신경림)이다. 고비 사막의 물결치는 듯한 모래언덕은 모래언덕이 아니라 '바다를 잃어버린 파도'(이승우)다. 잠을 잠이라 말하고 않고 '죽음의 위폐여'라고 표현한 것은 호메로스의 유명한 은유 가운데 하나다. 서로 관계없는 두 사물을 "A는 B"(장미는 요정)라는 식으로 이어붙이는 것이 은유다. 상식적으로는 잘 연결되지 않는 사물들을 갑자기 결합시켜 둘 사이에 돌연한 유사성이 드러나게 하는 것이 은유다. 이 결합은 새로운 진실, 몰랐던 아름다움, 감추어진 비밀을 알게 한다. 감춤과 지연이 은유의 에로스라면, 연결은 은유의 발견적 상상력이다. 이 때문에 조지프 브로노프스키 같은 과학자는 과학적 발견과 은유적 상상력 사이에는 깊은 관계가 있다고 말한다.

　　그런데 진실 발견은 지각하는 애인처럼 천천히, 느리게, 기다림의 끝에 온다. 은유는 한눈에 분명하지 않은 관계를 천천히 드러내기, 발견의 지연, 만족의 연기다. 우리 문화에서 흔히 '풍류'라 여겨졌던 것은 에둘러가기의 은유적 기술을 가리키는 경우가 많았다고 말해도 된다. 정철의 시 「산사」에는 스님과 동자승의 대화 한 토막을 에둘러가기의 기법으로 표현한 유명한 대목이 나온다. 스님은 밖에 비가 오는 듯한 소리를 듣고 동자승에게 나가서 확인해보게 한다. 동자가 들어와 고하기를 "스님, 남쪽 나무에 달이 걸려 있습니다." 이것이 말하자면 간접화 풍류다. "스님, 비는 무슨 비, 달이 휘영청 밝습니다"라는 식의 직설어법을 물리치는 것이 풍류다. 고려조 시인 이규보도 간접화 표현들의 명수다. 술병의 술을 잔에 따르는데 마침 달이 밝아 술이 흰색으로 빛난다. 그런데 이렇게 쓰면 시가 사라진다. 이규보의 표현: "술병 기울여 달을 붓네."

사물 A/B 사이의 유사성을 직접 드러내는 것이 직유直喩, similes다. 직유에서는 유사성을 지시하기 위해 '같이'나 '처럼' 같은 말이 따라다닌다. 내 마음은 '갈대 같다', '촛불 같다'라거나 '태양 같은 그대' 등이 직유법이다. 여기서 '같다' '처럼' 등을 삭제하면 은유법이 탄생한다. 직유가 직선이라면, 은유는 굴곡이다. 둘 다 강력하지만 어디에 무슨 비유법을 쓰느냐에 따라 효과는 달라진다. 신약성경에서 나자렛 예수는 제자들에게 빵과 포도주를 나누어 주면서 "이것은 내 몸과 같다" "이것은 내 피와 같다"고 말하지 않고 "이것은 내 몸이다" "이것은 내 피다"라고 말한다. 앞의 것과 뒤의 것 사이에는 하늘과 땅의 차이가 있다.

한국인의 '마음먹기'

한국 사람은 밥 말고도 '먹는 것'이 많다. 한국인은 밥, 떡, 과일처럼 실제로 입에 넣어 이빨로 씹고 혀를 움직여 먹는 것만이 아니라 입에 넣을 수 없는 것들도 먹는다. 한국인은 욕도 먹고 겁도 먹는다. 욕이나 겁은 물질성이 없는 순수 추상이지만 한국인은 그런 보이지 않고 만져지지 않는 대상들도 무슨 먹거리인 양 과감히 '먹는다'고 말한다. 추상적인 것만이 아니다. 한국인은 돈도 먹고, 메달도 먹고, 심지어 챔피언도 먹는다. 운동경기에 나가 금메달을 딴 한국 선수는 "나 금메달 먹었어!"라 말하고, 챔피언이 되면 "엄마, 나 챔피언 먹었어!"라고 외친다. 이 먹는 한국인에게는 "1등 했다"도 "1등 먹었다"라고 표현해야 훨씬 더 실감 난다.

이 '먹다'의 한국어 표현들은 다른 나라 언어로 곧장 직역되지 않는다는 점에서 한국어 고유의 이디엄idiom(관용구)이다. 문자 그대로 번역해놓으면 상대방이 알아들을 수 없는 표현이거나 난센스가 될 것이기 때문이다. 번역하면 난센스가 되는 말도 전혀 난센스일 수 없는 것이 자연언어의 자연성이다. 한국인에게는 욕먹다, 돈 먹다, 금메달 먹다가 전혀 이상한 표현이 아니다. 그러나 그런 말들을 다른 언어로 직역하면 한참 설명이 필요한 기이한 표현, 저녁 밥상의 화젯거리, 혹은 놀라운 발견 같은 것이 된다. "여보, 한국 사람들은 뇌물로 돈 받는 것을 'eat money'라고 말한대요. 금메달 받으면 'eat the gold medal'이구요." 여자가 깔깔대고 말하면 남자는 한 술 더 뜬다. "한국인들은 상어 이빨을 갖고 있어."

하지만 "돈 먹었다"라고 한마디하면 될 것을 "뇌물로 돈을 받았다"고 말하면 한국인에게는 그게 더 이상하다. 그렇게 말하는 한국인은 공문서 작성자, 법정의 검사, 통역사 말고는 없다. 물론 영어에도 '돈 먹다'에 해당하는 짧은 관용표현('take money')이 있다. 그런데 이 영어 표현도 한국어로 직역해놓으면 바보의 어법이거나, 번역이라는 것이 문화번역이기도 하다는 사실을 미처 익히지 못한 통역 초년생의 말실수 같은 것이 된다. 돈을 취하다? 말이 안 되는 것은 아니지만 한국어 관습을 자연화한 사람은 그렇게 말하지 않는다. 통번역을 포함한 모든 문화번역에는 한쪽의 관습적 이디엄을 다른 쪽의 관습적 이디엄으로 이동시키는 작업이 포함된다.

이왕 말이 나왔으니 말인데, 이런 이디엄의 이동은 그

자체로 훌륭한 문화자원이자 관광자원이 될 수 있다. "한국인과 한국어로 대화할 때는 '물먹다'라는 말을 조심하셔야 합니다." 한국말을 좀 할 줄 아는 외국인에게는 이런 귀띔이 요긴한 문화정보이다. "한국 사람들은 물 마시는 것을 물먹다라고도 말하지만, 물먹다라는 표현은 상황에 따라 전혀 다른 뜻을 가지고 있습니다." "무슨 뜻 말인가?" "당신이 회사에서 부장 진급을 기대하고 있다고 칩시다. 그런데 오늘 인사발령을 보니 당신은 빠졌어요. 그러면 당신은 '물먹은' 겁니다." 물먹은 사람에게 '엿 먹이는' 수도 있다. 진급은커녕 되레 외지로 이동발령을 받은 사람은 하루 사이에 물먹고 동시에 엿 먹은 것이다. "당신의 한국인 친구가 '나 오늘 물먹고 엿까지 먹었어'라고 말하면 당신은 그를 얼른 맥줏집으로 데려가야 합니다." 이런 것이 '먹는 한국인'의 언어이고 문화다.

한국인의 많은 '먹다' 표현 중에 '마음먹다'라는 것이 있다. 한국인은 금메달 먹고 챔피언 먹고 1등을 먹지만, 동시에 '마음mind'도 먹는다. 작정하다, 결심하다, 작심하다, 뜻을 세우다 등이 '마음먹다'라는 말의 의미 속에 들어간다. 그러나 작정, 결심, 작심 등 한자어 표현의 그 어느 것도 '마음먹다'에 담기는 속내 마음의 광역 함의들을 다 포착해주지 않는다. '마음먹다'에는 마음이라는 것의 품질(나쁜 마음, 좋은 마음), 그것의 미묘한 움직임과 향방까지도 포함되기 때문이다. "그 사람 마음은 딴 데 있다"라고 말하면 이는 그 사람이 '마음을 딴 데 두기로 마음먹은' 경우이며 그 마음 둔 곳이 어딘가에 따라 마음의 품질도 달라진다. 영어의 'mind'도 그러하지만, 한국어에서도 가장 넓은 의미공간을 가진 말의 하나가 바로 마음이다. 그러나 마음을 밥 먹듯 '먹다'의 목적어로 표현하는 언어는, 충분치 못한 견문이긴 하지만, 한국어뿐일지 모른다. 한자로 표현했을 때 결심決心은 마음을 '정하는' 것이고 작심作心은 마음을 '세우는' 것이지 '먹는' 것은 아니다. 한자로 쓰면 '마음먹다'는 '식심食心'이 되겠지만 한국어 사전에 식심이란 말은 없다. '마음먹다'는 순수 토종 한국어다. 영어의 'make up one's mind'라는 이디엄은 '작심하다'에 가까운 표현이지 '마음먹다'는 아니다. '마음먹다'를 영어로 곧장 번역했을 때(eat one's mind, 또는 eat the mind), 그 어구는 영어 사용자들이 머리털 나고 한 번도 들어본 적 없는 기이한 표현일 것이다.

그런데 이 기이한 표현을 한국인은 전혀 기이한 줄 모르고 쓰고, 즐겨 쓰고, 아무 때나 쓴다. "내가 마음만 먹으면" 하고 그는 말한다. "내가 마음만 먹으면 그깐 일 못 해내겠어?" "그래, 자네 마음먹기에 달렸어." 그 '내'가 마음만 먹으면 무슨 일이건 할 수 있다는 듯이, 마음만 먹으면 안 될 일도 되게 하고 될 일도 안 되게 할 수 있다는 듯이, 내가 마음을 어떻게 먹느냐에 동서남북 모든 일의 성패가 좌우된다는 듯이, 내 마음먹기에 따라 아침 해가 뜨기도 하고 안 뜨기도 한다는 듯이. 그러므로 이 관용구도 대단

만인의 인문학

한 문화자원이다. "여보, 한국 사람들은 스파게티 먹듯 마음을 먹는대요." 천하에 그런 이상한 일도 다 있냐는 듯이 여자가 또 깔깔대고 말하면 남자는 이번에도 한술 더 뜬다. "한국 사람들은 못 먹는 것이 없어."

　하지만 한국인이라고 해서 세상일이 반드시 자기 마음먹은 대로 되지 않는다는 것, 그리고 꼭 그렇게 되라는 법도 없다는 것을 모를 리 없다. 다른 나라 사람들과 마찬가지로 그는 개인의 힘이 얼마나 미약한 것인지 알고 있다. 더구나 사람들에게 좌절의 경험을 안겨주는 일에 관한 한 한국과 그 주변 환경은 단연 빼어난 실적을 갖고 있다. 좌절과 실패의 경험이 많은 나라에서 태어나고 자란 사람들은 흔히 두 방향의 상반된 반응양식 혹은 대응방식을 발전시킨다. 하나는 산천의 초목처럼 소리·소문 없이 바람 부는 대로 물결치는 대로 사는 방식이고, 다른 하나는 시끄럽게 바람에 맞서고 물결을 거스르면서 사는 방식이다. 한국인들은 이 두 가지 방식을 다 가지고 있다. 앞의 방식에 기우는 사람은 세상일이 마음먹은 대로 되지 않기 때문에 마음을 '비우는' 것이 지혜로운 처세법이라 생각하고, 뒤의 방식을 선호하는 사람은 세상일이 반드시 마음먹은 대로 되라는 법이 없기 때문에 오히려 마음을 '먹는' 일이 더 필요한 운신법이라 생각한다. 이렇게 보면 "내 마음먹기에 달렸다"고 말할 때의 한국인의 마음은 천진한 과대망상의 솜뭉치이기보다는 좌절 가능성에 맞서는 '의지'의 보따리라 말하는 편이 더 옳을지 모른다. 일이 마음먹은 대로 되라는 법 없다는 것을 알면서도 계속해서, 여전히 뭔가 마음먹기를 중단하지 않는 마음은 단연 의지의 보따리다. 그런 의지를 가진 한국인은 어려운 일을 만났을 때일수록 단단히 마음먹을 것을 다짐한다. 그에게 마음을 먹는 일은 떡 먹듯 쉬운 일이 아니다. 역설적이게도, 마음을 비우기로 하는 경우에도 한국인은 마음 비울 것을 마음먹는다. 마음 비우는 일도 쉽지 않기 때문이다.

마음먹기가 의지에 더 많이 관계되어 있다는 것은 '밥 먹다'와 '마음먹다'의 차이에서 드러난다. 밥과 마음은 모두 '먹다' 동사의 문법적 목적어 자리에 있지만, 먹는 행위의 성질은 두 경우가 아주 다르다. 밥을 먹는 것은 오줌 누는 행위처럼 인체의 생물학적 기능이다. 그것은 특정의 의지를 전제하는 목적적 행위가 아니다. 오줌은 나오는 것이지, 우리 의지에 따라 나오기도 하고 나오지 않기도 하는 것이 아니다. 밥을 먹는 것도 아기가 본능적으로 젖꼭지를 물고 배고픈 아이들이 먹을 것을 찾을 때처럼 몸의 시스템 보존에 필요한 자연스러운 기능이다. 밥을 먹는 일은 반드시 의지의 발동 여하에 좌우되지 않는다. 배는 우리가 어떤 마음을 먹느냐에 따라 고프기도 하고 고프지 않을 수도 있는 통제 대상이 아니다. 오줌은 누어야 하고 밥은 먹어야 하지만, 마음은 그렇지 않다. 마음은 먹을 수도 있고 먹지 않을 수도 있다. 그것은 생물학적 기능이 아니라 목적과 계획을 가진 의지적 행위이거나 특정 동기를 가진 욕망

만인의 인문학

의 행위이다.

사람이 굶어 오랫동안 밥통을 비우면 죽지만, 마음을 비운다고 해서 꼭 죽는 것은 아니다. 그러나 마음을 비웠기 때문에 죽는 일은 없을지 몰라도, 어떤 마음을 먹었기 때문에 죽는 수는 있다. 무언가에 저항하기 위해 단식하는 사람은 밥통을 비우기로 '마음먹은' 경우이고, 수양산 백이·숙제처럼 굶다가 죽는 사람들은 죽기로 '마음먹은'경우이다. 밥을 먹으면 최소한 죽지는 않는데, 마음은 먹으면 죽는 수가 있다니 기이하지 않은가. 이것은 밥 먹기와 마음먹기의 결정적 차이가 어디에 있는지를 잘 보여준다. 밥을 먹는 것은 생물학적 기능에 속하고, 마음을 먹는 것은 대부분 목적적 행위범주에 속한다. 마찬가지로 밥 먹기의 고의적 거부는 생물학적 행위가 아니라 죽음을 마다하지 않기로 마음먹은 사람의 목적적 행위이다.

밥 먹기와 마음먹기의 차이는 또 있다. 밥은 몸의 밥통에 담기지만, 마음은 밥통에 담기지 않는다. 밥은 입으로 들어오지만, 마음은 입으로 들어오지 않는다. 마음은 어디로 들어와 어디에 담기는가? 아일랜드 시인 윌리엄 버틀러 예이츠는 「술노래Drinking Song」에서 "술은 입으로 들고 / 사랑은 눈으로 드네"라고 읊은 적이 있다. 마음도 눈으로 드는가, 예이츠의 사랑처럼? 입으로 들지 않고 밥통에 담기지 않는 마음을 밥, 떡, 술, 과일처럼 '먹는다'고 표현하는 것이 한국어의 독특하고 흥미로운 어법의 하나다. 언어 관습은 어떤 합리적 동기에 의해 결정되는 것이 아니라 사람들이 오랫동안 그렇게 쓰다 보니까 쓰이게 된 경우가 더 많다. 한국인의 '마음먹다'도 그런 관습적 표현의 하나임이 틀림없다. 그러나 관습적인 것이라 해서 아무 의미도 없고, 이유와 까닭이 전혀 없는 것도 아니다. 또 관습적인 것을 관습 이상의 것과 연결지어보다가 뜻밖의 의미 있는 질문을 만나기도 한다. 한국인은 왜 먹거리 아닌 것을 '먹는다'고 말하는가? 한국인의 무의식은 젖 먹던 시절의, 무엇이건 입으로 가져가던 단계의 구순기문화에서 벗어나지 못했기 때문인가? 구순기적 특성이라면 '마음먹다'를 목적적 행위라고 잔뜩 치장한 앞서의 우리 해석은 해석의 과잉인가?

답변이 무엇이건 간에, 내가 이 글을 쓰면서 생성시킨, 내 딴에는 아주 매혹적이고 신명 나는 질문들이 있다. 앞서 소개했듯, 밥은 입으로 들어와 밥통에 담기지만, 마음은 어디로 들어와 어디에 담기는가? 그게 어디서 오는 것이라면 그 '어디'는 어디인가? 그 어디는 어디 따로 있는 것이 아니라 그 자체가 '마음' 안에서 스스로 나오는 것, 마음 안에 거주하는 마음인가? '마음먹다'라는 표현을 즐기면서도 우리는 그 마음의 품질에 대해서, 밥 먹다와 마음먹다의 차이에 대해서 가끔이라도 생각해보는가? 지금 한국인은 대체 어떤 정신으로 무슨 마음을 먹으며 살고 있는가? 우리의 '마음먹다'처럼 중국 사람들은 고생, 어려움, 쓰디쓴 일을 '먹는다'로 표현하는 '치쿠chi ku, 食苦'라는 말을 갖고 있다. 이 말은 소가죽처럼 질기게 어려움을 참고 견디는

만인의 인문학

중국인의 인내를 생각하게 한다. 요즘 한국인이 무슨 마음을 먹을食心 때, 그 마음은 주로 무슨 마음일까? 그 마음은 무엇을 생각하는 마음이며, 또 생각하게 하는 마음일까?

인간은 왜 그림을 그리기 시작했는가?

　　장-마리 쇼베라는 프랑스의 한 지방 관리는 우연히 아비뇽 근처에서 동굴 하나를 발견한다. 그것은 예사 동굴이 아니었다. 간신히 입구를 비집고 동굴 안으로 들어간 그에게는 찬란한 채색벽화들이 기다리고 있었다. 조사 결과 그것은 약 2만 년 전 구석기 시대 신인류 크로마뇽인들의 손으로 그려진 동굴벽화임이 판명되었다. 동굴벽에는 탁월한 재현기술로 그려진 사자, 들소, 코뿔소, 하이에나, 부엉이 등의 동물 그림과 양각이 모두 300점가량 조성되어 있었다. 발견자 쇼베는 말하자면 긴 세월 어둠과 망각 속에 묻혔던 '구석기 미술관'을 열고 들어간 2만 년 만의 첫 관람자가 된 것이다. 동굴도 이 첫 관람자의 이름을 따 '쇼베 동굴'로 명명되었다.

　　유럽 일원과 러시아 등지에서 지금까지 발견된 크고 작은 구석기 유적 동굴은 약 2만 개에 달한다. 이들 중 벽화 규모와 그림의 채색, 재현, 조형기술상 학계를 흥분시킨 것은 알타미라 동굴, 라스코 동굴, 그리고 이번의 쇼베 동굴이다. 이 벽화동굴들이 현대인에게 일으키는 궁금증은 크게 두 가지이다. 하나는 구석기인들이 왜 동굴벽에 그림을 그리기 시작했는가라는 것이고, 또 하나는 그 그림들이 궁극적으로 무엇을 의미하는가 하는 질문이다. 전자가 동기에 대한 질문이라면, 후자는 구석기인이 벽화에 부여했을 의미틀에 대한 질문이다.

크로마뇽인들은 왜 그림을 시작했는가? 미술관을 차리기 위해서, 굶주림을 견디기 위해서, 아니면 먹고살기 위해서? 구석기 인간의 생존이 끊임없는 위협 앞에 노출되어 있었다는 사실은 짐작하기 어렵지 않다. 그러나 동굴벽화가 먹고사는 문제에 직접 관계된 것이라는 해석은 일찌감치 배제된다. 왜냐면 벽화의 소재가 된 동물들이 반드시 '먹을 수 있는' 동물들은 아니기 때문이다. '예술론'도 배제된다. 2만 년 전의 크로마뇽인들에게는 예술의 개념도, 예술행위의 사회적 제도화도 존재하지 않았기 때문이다. 현대인에게 벽화동굴은 구석기 인간의 삶을 엿보게 하는 '미술관'일 수 있지만 구석기인에게 그것은 예술도, 미술관도 아니었다. '화가'라는 이름의 근대적 독립 직종이 있었던 것이 아니므로 벽화 그리기가 구석기 시대 그 이름 없는 그림꾼들의 생계수단이었을 턱도 없다. 더구나 대부분 동굴은 구석기인의 집단 거주지가 아니었다. 이번 발견된 쇼베 동굴도 그 입구가 좁아 대중적 접근이 어렵고, 동굴 내부는 자연채광이 가능한 조건도 아니다. 그 벽화는 소수의 사람이 일부러 동굴로 들어가 횃불을 켜고 그렸을 것이 확실하다. 그렇다면 그들은 왜, 무엇을 위해 어둔 동굴 안에 며칠씩 머물며 그림을 그렸을까?

벽화 제작의 동기에 대한 질문은 구석기 연구자, 인류학자, 미술사가들에게만 흥미로운 문제가 아니라 인문학도들 모두에게 중요한 근원적 물음이다. 벽화가 식생활과 직접 관계된 것이 아닌 한 구석기인들이 왜 그림을 그리기 시작했을까라는 질문은 결국 인간이 왜 노래를 부르게 되었는가, 왜 시를 읊조리고 이야기를 갖게 되었는가 등등의 질문처럼 '예술의 기원'을 묻는 일이기 때문이다. 또 그것은 "그림 그리기와 인간의 진화 사이에 무슨 관계가 있는가?"라는 궁극적 문제와 연결된다는 점에서 더욱 근원적이다. 인간이 지금의 인간으로 진화하게 된 데에는 그림 그리기, 또는 어떤 상징적 행위에 의한 모종의 중대하고도 불가결한 기여가 있었던 것일까?

첫 번째 질문, 그림의 동기 부분에 대해서는 현재 몇 가지 해석이 나와 있다. 그중 가장 강력한 것은 벽화가 굶주림을 해결하기 위한 실리적 목적에서가 아니라 어떤 상징적, 제의적 목적으로 제작되었다는 해석이다. 벽화가 반드시 먹을 수 있는 동물들을 소재로 하고 있지 않다는 사실은 무엇보다도 이 동기 해석을 뒷받침한다. 그러나 이 해석은 벽화의 그림들이 '무엇을' 상징하는가라는 두 번째 질문에 대해서는 아무것도 제시하지 않는다. 벽화의 동물들이 실용성이나 실리성 아닌 상징성에 연결되고 있다면 그

만인의 인문학

상징적 의미는 무엇이며 그 의미의 틀은 어떻게, 어떤 문법으로 짜여진 것인가? 쇼베 동굴의 경우 왜 하고많은 동물 중에서 특정의 동물들만이 소재로 선택된 것일까? 이 선택을 지배한 문법은 무엇인가? 동굴벽화에 그려진 코뿔소, 들소, 하이에나 같은 동물 표현을 현대인이 알아보는 데는 아무 어려움이 없다. 문제는 그 그림들의 배후에 있음직한 상징의 의미틀을 파악할 열쇠가 없다는 점이다. 상징동기론을 받아들인다 해도 상징성("무엇의 상징인가?") 그 자체는 여전히 알 수 없는 미스터리로 남는다.

이 실종된 상징의 의미틀을 추적하는 작업은 학계의 지속적 관심사항이지만, 일단 이 대목에서 우리가 주목할 것은 모든 상징행위가 인간의 연상association능력에서 출발하고, 이 능력은 동시에 예술의 출발점이기도 하다는 사실이다. 상징은 연상에 의한 사물의 연결이기 때문에 연상능력이 없다면 상징은 애당초 불가능하다. 사실적 차원에서 하이에나는 하이에나지만, 상징의 차원에서 하이에나는 하이에나가 아니고 코뿔소는 코뿔소가 아니다. 그것들은 '어떤 다른 것'을 의미한다. 사물 A로 사물 B를 의미할 수 있게 하는 것, 그것이 바로 연상이고 연상의 능력이다. 따라서 벽화의 동물그림이 어떤 상징성을 갖는다면, 그 상징을 가능하게 한 것은 서로 다른 사물들을 연결시키는 연상의 문법이다. 우리는 벽화의 동물들이 각각 '무엇의' 상징인가에 대해서는 명쾌한 해답을 갖고 있지 못하지만 적어도 그것들이 초기 토템처럼 동물 아닌 어떤 다른 대상들(부족 또는 부족의 신?)을 지시하고 의미한다는 것, 그리고 이 의미작용이 연상의 문법에 의한 것이라는 생각은 해볼 수 있다.

연상은 예술의 기능이자 성질이다. A라고 말하면서 B를 의미하는 것이 시詩이고 시의 문법이다. 동굴의 코뿔소 그림이 코뿔소를 보여주면서 사실은 코뿔소 아닌 다른 것을 상징한다면, 이 상징의 문법은 근본적으로 시의 문법과 다르지 않다. 인간을 지금의 인간이게 한 것은 이 연상능력의 발전이 아닐 것인가? 인간은 도구를 씀으로써 인간이 된 것이 아니라 상징을 씀으로써 인간이 된 것이 아닐까? 연상은 예술의 뿌리이자 언어의 뿌리이다. 그림이라는 형태의 상징조작은 인간의 언어능력을 키운 진화의 열쇠일지 모른다. 연상능력의 극대화를 기도하는 예술과 예술교육이 왜 인간에게 중요한가를 다시 생각해봄 직하다.

우리 시대의 신화 읽기

신화를 읽는 데 꼭 지켜야 할 무슨 법칙이 있는 것은 아니지만, 몇 가지 읽기의 방법이 있을 수 있다. 첫째는 신화라 불리는 '이야기의 세계' 속으로 즐겁게 걸어 들어가 그 세계에서만 가능한 일들을 보고 듣고 즐기면서 깔깔 웃는 것이다. 현실세계에서 인간을 지배하는 여러 중요한 법칙들이 신화의 세계에는 적용되지 않는다. 이를테면 중력의 법칙, 시간의 법칙, 논리적 인과관계의 법칙 같은 것들은 신화의 세계에서는 무시되거나 별 힘을 갖지 못한다. 우리는 아파트 계단에서 떨어져도 허리 다치고, 아무리 용을 써봐야 지상 50센티미터 이상으로는 뛰어오르지 못한다. 그놈의 중력이란 것에 묶여 있기 때문이다. 그러나 신화의 세계에서 신들은 펄펄 날아다닌다. 또 신들은 늙지 않는다. 그들은 시간의 법칙 바깥에 있다. 제우스는 아내의 몸을 빌리지 않고도 제 혼자 딸(여신 아테나)을 낳고, 헤라도 제 혼자서 아들 헤파이스토스를 낳는다. 암수 결합에 의해서만 재생산이 가능한 지상의 원칙이나 인과논리가 신화의 세계에서는 무시되는 것이다.

신화의 나라로 들어간다는 것은 그러니까 중력, 시간, 논리 같은 것들에 꼼짝없이 지배당하는 세계로부터 그것들이 한순간 정지되거나 맥을 못 추는 환상적이고 마술적인 세계로 신명 나게 여행하는 일이다. 신화 읽기가 즐거운 것은 이처럼 '속박으로부터의 해방'이라는 기쁨이 거기 있기 때문이다. 신화 자체에 마술이 등장하는 일은 좀체 없지만 신화 읽기는 분명 마술적 요소를 갖고 있고, 따라서 환상적인 세계의 가능성을 인정하고 즐기는 일이야말로 신화 읽기의 중요한 첫 번째 방법이다. 그것은 독자와 신화라는 이야기 형식 사이의 '계약'이기도 하다. 신화를 읽으면서 끊임없이 '현실원칙'을 갖다 대어 "이런 황당한 이야기가 있나"라거나 "말도 안 돼"라며 투덜거리는 사람은 신화를 읽을 줄 모르는 사람, 가장 우둔한 방법으로 신화를 읽으려 드는 사람, 신화를 읽을 자격이 없는 사람이다. 사람들은 나이 들수록 신화로부터 멀어지고, "아이들한테나 읽히지"라며 옆으로 밀쳐버린다. 어른이 되면서 점점 현실원칙의 충실한 노예가 되어 신화를 즐길 능력을 잃어버리기 때문이다. 이는 즐거움의 한 원천을 상실하는 일이라는 점에서 불행한 사태이다.

그런데 '어른'은 정말 신화의 세계에서 멀어져 있는 것일까? 천만의 말씀이다. 인간은 집단적으로나 개인적으로 부단히 '이야기' 속에 살고 이야기를 만들고 이야기로 자기를 만들어가는 존재, 곧 '서사적 동물'이다. 인간사회는 이야기로 짜여지고 이야기로 지탱되는 이야기의 우주이다. 인간이 세상에 태어난다는 것은 이미 특정의 이야기 혹은 이야기들로 짜여진 세계 속으로 초대되는 일이다. 조선 시대에 태어난 사람들은 "남자가 세상의 중심"이라는 이야기의 세계 속으로 초대(혹은 납치?)된 사람들이며, 중세 서양인들은 "낙원의 상실, 추방, 낙원 회복"이라는 기독교의 큰 이야기틀 속에 태어나 그 이야기의 틀에 맞추어 살다가 간 사람들이다. 16세기 이후 400년 동안 영국인이 살았던 것은 "대영제국에서는 해가 지지 않는다"는 '이야기'의 세계이다. 이것은 말하자면 '제국주의의 이야기'이다. 제국주의가 절정에 달했던 19세기 서구인들을 지배한 것은 "백인은 어떤 인종보다도 우수하고 우월하다"라는 '이야기'이다. 히틀러의 제3제국을 지배한 것도 독일민족(아리안족)이야말로 세계를 휘어잡아야 할 '지배민족'이라는 이야기이다.

이 모든 이야기는 말할 것도 없이 '신화'이다. 근대의 모든 국민국가 탄생의 밑바닥에는 신화가 있다. 역사는 '실제로 발생한 일의 기록'이라는 점에서 순수한 허구서사와는 구분되지만, 역사의 밑바닥에는 반드시 신화가 자리 잡고 있다. 미국이라는 나라를 만들고 이끌어온 동력의 원천은 "썩은 유럽 구세계를 떠나 신세계를 건설한다"는 '새로운 아담, 새로운 예루살렘'의 신화이다. 일제 식민치하에서 한국인에게 강요된 것은 "세상은 모두 하나의 집이며, 이 집은 천황의 지배 아래 있다팔굉일우八紘一宇"는 일본의 군국주의적 제국주의 이야기이다. 이렇게 보면 인간은 천지창조 이후 지금까지 개인적으로나 집단적으로 단 한 번도 이야기의 세계 혹은 신화세계의 바깥에 살아본 일이 없다. 개인은 집단신화 속에 태어나 그 집단의 이야기에 맞추어 자기 '정체성'을 형성하고 '임무'를 부여받으며 그 이야기 속의 한 '주인공'이 되어서 산다. 어떤 집단의 이야기가 싫을 때는 어떡하는가? 그럴 때도 그는 자기가 속한 집단의 이야기와는 다른 이야기를 만들거나 찾아내어 집단서사에 저항하거나 그로부터 이탈하고, 감방에 가기도 하고 맞아죽기도 하면서 개인사를 전개한다. 지금도 사정은 마찬가지다. 지금 한국인은 경제적으로는 '자본주의' 혹은 '시장경제'라는 이름의 이야기 속에서, 그리고 정치적으로는 '자유민주주의의 이야기' 속에서 살고 있다. 신화와 현실은 따로 떨어져 있지 않다. 현실을 바꾼다는 것은 '이야기를 바꾸는' 일이다.

여기서 어른의 신화 읽기에 필요한 두 번째 방법이 요구된다. 사회가 이야기의 우주라면, 좋은 사회를 만들고 지탱하는 데 가장 중요한 일의 하나는 우리가 사는 사회가 '어떤' 이야기로 지탱되는 사회인가를 읽어내는 일이다. 좋은 신화가 있다면 나쁜 신화, 위험한 신화도 있다. 나쁜 신화를 바탕으로 한 사회는 좋은 사회일 수가 없다. 이것이 신화의 '비판적 읽기'이며, 이 읽기의 방식은 과거의 신화

만인의 인문학

(이를테면 그리스-로마 신화)를 읽는 데도 적용된다. 거기에도 나쁜 신화가 있고 좋은 신화가 있기 때문에 비판적으로 읽는 일이 중요하다.

그러나 오랫동안 전승되는 옛 신화들에는 인간 존재의 한계조건, 삶의 딜레마, 진리와 정의와 아름다움에 대한 암시, 인간 욕망의 모습에 대한 깊은 통찰들이 들어 있다. 시간을 초월해서 현대인에게도 인간 이해에 필수적인 이런 통찰의 깊이에 도달하는 것이 신화 읽기의 세 번째 방법이자 단계이다. 이 방식의 읽기에서 신화는 단순한 옛이야기가 아닌, 바로 우리 자신의 이야기로 다시 태어난다. 읽기가 신화를 재탄생시키는 것이다.

신화란 무엇인가

　인간은 '이야기하는 동물'이다. 끊임없이 이야기를 지어내고 듣고 퍼뜨리고 전수하는 능력만큼 인간을 인간이게 하는 능력도 없다. 신화myth라는 말의 기원이 된 그리스어 뮈토스muthos는 '이야기'를 의미한다. 이야기라는 점에서 신화는 민담설화, 전설 등과 함께 이야기를 지어내려는 인간 욕망의 산물이며, 서사문화의 초기 양식들 가운데 하나이다. 그러나 신화는 무엇보다도 '인간이 세계와 관계 맺는 방식'이라는 점에서 여타의 설화양식들과 구별된다.

　신화는 상상적 이야기의 방식으로 세계를 유혹, 나포, 설명, 이해한다. 창조신화는 세계(우주)가 어떻게 만들어졌는가를 이야기하고, 기원신화는 인간(남자와 여자), 부족, 죽음의 기원을 이야기한다. 신들에 관한 이야기로서의 신화는 자연현상의 배후에 초자연적 조종세력들을 설정하고, 이 세력들에 갖가지 신의 이름을 갖다 붙임(명명에 의한 유혹)으로써 자연세계를 이해 가능한 ("해는 어째서 매일 동쪽에서 뜨고 파도는 왜 치며 여름과 겨울은 왜 있는가") 친숙 공간으로 바꾼다. 인간은 이야기의 그물로 세계를 나포함으로써 그 세계에 동기, 목적, 의미를 부여하고, 생존의 조건들과 화해한다. 그는 이야기로 세계를 '인간화'한다.

인간과 세계의 상상적 연결방식이라는 점 때문에 '뮈토스(신화)'는 고전철학 시대에는 세계에 대한 합리적·이성적 설명으로서의 '로고스logos'와 충돌하고, 근대에 들어와서는 '과학'에 밀려난다. 근대는 신화가 빛을 잃었던 시대이다. 그러나 인간의 사유방식이 근원적으로 신화적이라는 점, 세계에 대한 인간의 관계 짓기가 근본적으로 상상적이라는 점, 역사 자체가 '뮈토스'의 범주라는 점 등이 인식되면서 신화는 현대에 들어와 비상한 학문적·대중적 관심 영역이 된다.

현대적 관점에서의 신화는 결코 황당한 이야기가 아니며, 과학 이전 시대의 순진한 세계 이해방식으로 그치는 것도 아니다. 그것은 인간세계의 제도, 풍습, 관행, 가치, 사회적 위계구조, 현상질서 등을 정당화legitimation하고 현실 모순을 상상적으로 해소하는 강력한 이데올로기 장치이다. 신화는 그 판타지의 배후에 고도의 논리적·합리적 문법을 감추고 있는 위장의 언어이며, 롤랑 바르트의 규정처럼 현상질서를 자연화하는 '탈정치적 언술'이다. 정확히 말하면 이 탈정치성이 바로 신화의 정치성이고 이데올로기성이다. 현대는 인간의 어느 시대 못지않게 이데올로기로 뒤덮이고 이데올로기로 지탱되는 '신화의 시대'이다. 신화의 작동은 살아 있다.

　예술의 층위에서 보면, 세계의 주요 종족, 부족, 민족치고 자체 신화를 갖지 않는 집단이 없지만, 오랜 기간에 걸쳐 지속적 예술 창조의 모태가 되고 있는가 아닌가라는 기준으로 따져 그리스 신화, 힌두 신화, 중앙아프리카 신화 등이 주요 신화체계로 인정되고 있다. 시, 소설, 영화 등 서사문화의 현대적 양식들은 그 개인성에도 불구하고 여전히 신화전통의 연속이며 연장이다.

만인의 인문학

신화의 현대적 효용

해는 어떻게 아침을 가져오는가? 틀림없이 서쪽으로
진 해가 어떻게 다음 날 아침 다시 동쪽에서 떠오를 수 있
는가? 지금은 아무도 이런 질문을 던지지 않는다. 그러나
인간의 조상을 그 밀림의 사촌들(침팬지, 오랑우탕, 고릴라)과
갈라놓은 것은 바로 그 종류의 질문이었다는 것을 우리는
알고 있다. 조상 인류가 나무에서 기어 내려와 세계를 둘
러보기 시작했을 때 그의 눈에 비친 것은 놀라운 '마술의
세계'였을 것이 틀림없다. 어째서 해마다 봄은 돌아오고,
마른 나뭇가지에서 잎새는 살아나고, 태양은 다시 떠오르
는가?

이 마술적 세계를 이해하기 위한 인간의 '전前과학적
설명방식'이 신화라고 말하는 것은, 신화의 기원에 대한 가
장 간단하고 조잡한 (모든 간단한 것은 조잡하다) 발생론적 이
해법의 하나이다. 물론 이 신화관이 전적으로 틀린 것은
아니다. "동쪽 바다 밑에 수만 개의 해가 우글거리다가 매

일 아침 하나씩 떠오른다"라거나 "동쪽 세계에 거대한 황금의 어미닭이 있다. 그 닭이 매일 하나씩 알을 낳아 허공으로 떠우는데, 그것이 태양이다"라고 말하는 순간 '신화'가 탄생한다고 말할 수 있기 때문이다. 과학 이전의 세계 설명방식이 신화라는 관점에서 보자면 그리스 신화도 예외가 아니다. "아폴로 신이 낮 동안 태양마차를 몰아 하늘을 여행한다. 여행이 끝나면 그는 배에 마차를 신고 밤을 도와 다시 동쪽으로 항해하고, 아침에 다시 떠오른다."

전과학적 세계 설명법이라는 차원에서 이해된 신화는 '미신'과 다르지 않다. 계몽이성이 '미신'을 쫓아내고 과학이 세계에 대한 '합리적 설명'을 공급하게 된 근대에 들어오면서부터 신화가 미신의 일종으로 여겨졌던 것도 무리가 아니다. 피뢰침이 나오기 전 사람들이 가장 무서워했던 것의 하나가 벼락이고, 그리스 신화에서 벼락은 제우스 신이 사용하는 악인 징벌의 수단이다. 그러나 "피뢰침이 벼락을 피할 수 있게 하는 시대에 제우스의 권위는 어찌 되는가?"라고 마르크스는 묻고 있다. 신화의 복권이 상당한 수준에 이른 지금에도 '신화'라는 말은 '허구fiction'와 마찬가지로 '진실 아닌 것untruth'이라는 의미를 함께 갖고 있다. "그건 순전히 신화야"라거나 "신화를 깨자"고 말할 때의 신화는 비진리, 거짓말, 허위와 동의어이다.

신화는 곧 미신이라는 관점의 조잡성을 논하자는 것이 지금 우리의 목적이 아니므로 긴 얘기를 할 수 없지만, '신화의 현대적 효용'이라는 주제와 관련해서는 두 가지 질문이 필수적이다. 첫째, 신화가 미신이라면 어째서 이 찬란한 과학의 시대에도 고대신화는 죽지 않고 살아 있는가? 이미 그 발생 문맥을 떠난 지 수천 년 된 먼 과거의 신화가 아직도 왕성한 생명력을 갖고 있다는 것은 기이한 일이다. 아무도 제우스의 벼락, 포세이돈의 삼지창, 아폴로의 마차를 믿지 않고, 신전들은 무너져 몇 개의 앙상한 주랑과 돌무더기로만 남아 있는 시대에 어째서 신화는 살아 있는가? 올림포스 신들이 세계로부터 철수하고, 영웅들이 사라지고, 신전의 향불이 꺼진 이후 그리스 땅에서도 올림포스적 신화는 더 이상 생산되지 않는다. 제신諸神의 몰락과 함께 그 발생 문맥도 정지했다는 점에서 그리스 신화는 이미 닫힌 세계이며 정적static 서사이다. 그런데 그 신화가 아직 살아 숨 쉰다면 그 역동성의 비밀은 무엇인가? 아무도 믿지 않는 신들의 이야기는 어디서 그 역동성과 진실성을 확보하는가? 신화의 힘과 매력은 진리 혹은 진실성과 아무 관계가 없는 것인가?

신화는 특정의 과거 시간대에서 끝나버린 서사가 아니라 현대에도 계속되는 생산적 사건이다. 고대세계가 고대의 신화를 생산했다면 중세는 중세의 신화를, 근-현대는 근-현대의 신화를 갖고 있고 또 지속적으로 신화를 생산한다. 고대 못지않게 현대 역시 '신화의 시대'이다. "내일 아침에도 해가 뜰 것"이라는 경험적 연속성에 의거해서 말한다면, 인간의 신화 생산행위는 미래의 고도 기술사회에서도 여전히 계속될 것이다. 그러므로 "왜 인간은 계속 신화를 만드는가?"라는 것이 우리가 던져야 할 두 번째 질문이다. 물론 현대인이 어떤 특정 과거의 신화체계, 예컨대 제우스 신화 같은 것을 만들고 있는 것은 아니다. 그러나 현대 신화를 포함해서 모든 시대에 신화가 갖는 성격은 기본적으로 동일하며, 그 생산 방식도 그러하다. 신화는 '신화의 문법'이라 부를 만한 어떤 생산원리와 생산의 동기를 갖고 있다.

여기서 우리는 신화의 성격과 그것이 만들어지는 이유에 대한 가장 기본적인 두 개의 관찰부터 내놓지 않을 수 없다. 첫째, 신화가 지속적 생명력을 갖는 것은 무엇보다도 그것이 "과학이 아니기 때문"이다. 세계에 대한 과학 이전의 설명방식이 신화라는 생각은 신화와 과학(혹은 어떤 합리적 설명체계)을 동일 성격의 담론으로 보는 오류의 산물이며, 현대 신화론은 이 오류에 대한 일련의 수정 과정을 대표한다. 과학과 신화는 상호 환원되지 않는 별개 차원에 있고, 서로 다른 언어와 어법으로 말하며, 서로 다른 명제가 적용되어야 하는 세계의 존재에 대해서 발언한다. 이 근본적 차이 때문에 신화는 소멸하지 않는다. 둘째, 신화가 계속 만들어지는 이유는 이야기꾼의, 혹은 화가나 영상 제작자들의 직업 보전을 위해서가 아니고 정치적 상징조작(물론 이것도 신화 생산의 한 중요한 이유지만)을 위해서만도 아니다. 그 근본적 이유는 "인간은 신화 없이 살 수 없다"라는 사실에 있다. 신화는 인간을 담는 문화의 온실이고, 이데올로기의 우주이다. 인간은 그 우주 바깥에 있지 않고, 그 바깥으로 나가지 못한다.

제우스의 벼락, 혹은 벼락 때리는 제우스의 신화는 벼락이라는 자연현상을 이해하기 위한 원시적 설명법이 아니라 '세계와 인간의 관계'에 대한 더 근본적이고 근원적인 질문과 관계되어 있다. 그것은 "만약 세계에 정의가 없다면 인간은 그 세계에서 살 수 있는가?"라는 질문이다. '어떤 죄행이나 악행도 징벌 없이 허용되는 세계'와 그 반대 세계, 곧 '정의가 있는 세계' 중에서 인간이 살고 싶은 세계, 그가 관계 맺고 싶은 세계는 어느 것인가? 제우스 신화는 이 두 개의 세계 중에서 정의가 있는 세계를 선택하고자 한 인간의 이야기이다. 이 관점에서 제우스의 벼락은 무엇보다도 세계에 대한 인간의 '욕망'을 투영한다. 그것은 인간이 욕망하는 세계, 그가 생각하는 세계의 소망적 질서에 대한 이미지를 그려보임으로써 "인간은 이 세계에서 어떻게 살아야 하는가?"라는 질문에 응답한다. 이 응답이 신화가 제공하는 세계의 이해방식, 혹은 신화를 통해 인간이 세계와 관계 맺는 방식이다. 악을 징벌하는 세력으로서의 정의가 있는 세계에 대한 인간의 희구와 욕망은 고대에만 한정된 것이 아니다. 그것은 과거의 것이자 현재의 것이고, 미래의 것이다. 벼락 때리는 제우스 이야기는 이 차원에서 단순 서사의 수준을 넘어서, '악이 있다면 그것을 벌하는 정의의 신도 존재하는 세계의 이미지'를 제시한다. 우리는 이 이미지를 '통합적 세계관'이라 부를 수 있다. 통합적 세계관의 각도에서 보면 오늘날 무용해진 것은 제우스의 벼락이 아니라 오히려 피뢰침이다. 피뢰침은 도덕적 균형을 지닌, 혹은 그런 균형을 가져야 한다고 우리가 생각하는 세계에 대해서는 어떤 의미 있는 기여도 하지 않는 반면, 제우스의 벼락은 그런 통합적 세계의 비전을 담은 이야기로 남아 있기 때문이다.

"이 세계에서 인간은 어떻게 살아야 하는가?"라는 것은 존재론적인 질문일 수도 있고, 생존의 문제와 관계된 질문일 수도 있다. 그것은 인간이 현실에서 봉착하는 여러 형태의 존재론적·실존적 딜레마들을 요약한다. 이 점에서 신화는 인간이 대면하는 현실적 딜레마들에 대한 상징적 사유와 상징적 해소의 방식을 대표한다. 인간이 사는 현실과 그가 가진 욕망(꿈) 사이의 괴리, 모순, 불일치가 제기하는 해소하기 어려운 문제가 딜레마이다. 이 관점에서 정의하면 신화는 '욕망과 현실의 괴리가 발생시키는 딜레마에 대한 상징적 해소의 형식'이다. 만약 인간세계가 미래 어느 시점에 욕망과 현실 사이의 간극을 완전히 제거하고 어떤 형태의 딜레마도 인간의 경험권 밖으로 추방할 수 있다면, 세계는 신화를 필요로 하지 않을지 모른다. 그러나 지금 우리가 그런 시점을 상정하기 위해서는 두 종류의 특별한 재능——바보의 재능과 건달의 재능이 필요하다.

인간 생존이 제기하는 딜레마의 종류와 형태는 각 역사

만인의 인문학

시대의 사회적 특성에 따라, 혹은 당대 이데올로기와 사회 관계의 성격에 따라 각각 다른 통시적 차이를 가질 수 있고, 의식적인 혹은 무의식적인 성질을 띨 수도 있다. 옛날이나 지금이나 여전히 문제로 남아 있는 딜레마도 있다. 현대 자본주의 사회에서 인간이 대면하는 최대의 딜레마는 "인간 생존의 절대 모태인 자연을 망가뜨리지 않고서는 인간이 생존할 수 없는" 역설적 곤경으로 표현된다. 오비디우스의 신화 시집 『변신』에는 먹고 먹고 또 먹어도 허기를 채울 수 없고 마침내 먹을 것이 없어 자기 몸을 뜯어먹는 에리직톤이라는 걸신들린 왕의 이야기가 나온다. 현대인의 초상은 제 몸 뜯어먹고 소멸해가는 에리직톤의 형상과 극히 유사하다. 다소 풍요해진 대신 현대인은 그 풍요 때문에 더 많이 죽어가고, 그 풍요 때문에 가난해지고 고통받아야 하는 역설적 존재이다. '가이아Gaia' 여신의 신화가 현대에 와서 세계적 공명을 얻고 있는 것은 현대적 생존의 방식과 그것이 몰고 오는 파국 사이의 괴리에 대한 의식적인, 혹은 무의식적인 불안과 깊이 관계되어 있다. 가이아 신화는 순환과 반복, 재생과 부활의 질서를 조직원리로 하는 '땅의 서사'이다. 근대 역사의 '직선시간'에 추방당했던 땅의 '순환시간'이 지금의 딜레마에 대한 상징적 치유책으로, 혹은 미래를 위한 비전으로 되돌아오는 것이다. "미래는 과거에 있다"라는 역설적 진술이나 '오래된 미래'라는 형용모순은 이 문맥에서 보면 역설이 아니다.

20세기 중반, 두 차례의 세계대전을 치르고 났을 때 유럽 지성들이 당면해야 했던 곤혹스러운 문제는 '문명의 중심부'임을 자처해온 바로 그 유럽에서 가장 반문명적이고 야수적인 인간 살육이 가까운 시차를 두고 두 차례나 연달아 발생할 수 있었는가라는 것이다. '반성'과 '성찰'이 현대 유럽 지성을 특징짓는 화두로 대두한 것은 그 문제 때문이다. 해체론, 탈구조주의, 정신분석, 포스트모더니즘 등의 현대이론이나 사유방식들은 20세기 중반의 유럽 지성을 괴롭힌 그 이상한 문제와 연결했을 때만 그것들의 과격하고도 급진적인 주장과 발상(해체와 균열의 열정, 혼합성·타자성의 상상력, 이성 불신, 전복의 전략 등등)의 문맥을 이해할 수 있다. 이 현대적 사유형태들을 관류하고 있는 것은 놀랍게도 '오이디푸스 신화'이다.

미국 작가 어슐러 르 귄Ursula Le Guin은 공상과학소설 장르를 품격 있는 소설의 반열에 올려놓은 사람이다. 이를테면 『어둠의 왼손Left Hand of Darkness』이라는 소설에서 그녀는 인간이 살만한 '미래사회'가 어떤 것인가를 그려내고 있는데, 이 '살만한 세계'는 남/녀 성차의 사회gendered society에서 '성차가 해체된 사회'로 이행한 '양성존재androgyny'의 세계이다. 이 세계에서 사람들은 평소 남/녀 양성으로 분리된 상태 아닌 양성성의 인간으로 존재한다. 이 양성존재들은 필요할 때(예컨대 '사랑의 행위') 남/녀 어느 한쪽의 성태를 임의로 '선택'할 수 있고, 일정 기간 그 선택 모드mode를 유지하며, 그 유지 기간이 지나 그가 원한다면 다른 성

만인의 인문학

태를 취할 수 있다. 말하자면 그는 남성/여성 어느 한쪽에 아주 붙박이로 결정된 존재가 아니라 언제든 필요에 따라 남성 또는 여성으로 자유로이 성태양식을 바꿀 수 있는 양성혼합체이다. 르 귄의 이 판타지는 재미를 위한 단순 공상이 아니다. 그것은 문화적 구성물인 성차gender라는 것이 옛날이나 지금이나 유구하게 인간을 분할하고 지배, 억압, 착취, 배제, 차별의 메커니즘으로 작동하고 있는 세계에 대한 윤리적 부정과 비판이며, 현실(성차사회)과 꿈(성차에 의한 인간 분할의 정지) 사이의 괴리를 메우려는 극복의 비전이다. 그 소설은 공상과학소설의 형식을 빌어 인간이 추구해야 할 미래사회의 모습을 상징적으로 그려 보인다. "어떤 사회를 선택할 것인가?"라는 질문은 이처럼 지금도 여전히 유효하다.

르 귄의 판타지가 신화적 상상력에 뿌리를 두고 있다는 것은 그리스 신화를 아는 사람에게는 놀라운 사실이 아니다. 양성존재의 신화는, 신화를 비판했으면서도 그 자신 빼어난 신화작가였던 플라톤의 『향연Symposium』에 '자웅동체Hermaphrodite'의 모습으로 등장하고, 오비디우스의 『변신』 속으로 이어진다. 그러나 양성성의 원초적 형상은 땅의 여신 가이아이며(그는 남성 원칙과의 결합 없이 아들 우라노스Uranos(하늘)를 낳는다. 그 가이아보다 더 원초적인 양성모형은 그리스 신화에서 창조의 모태로 등장하는 카오스Chaos(혼돈)이다. 신화가 그리는 이 혼돈의 모습과 창조의 시작은 의미심장하다. 히브리 신화의 경우와는 달리, 그리스 신화에서의 창조는 외부 지성(신, 로고스)의 개입, 간섭, 명령 없이 혼돈 그 자체로부터 형상과 질서가 분화되어 나온다는 특이한 상상력을 보여준다. 이 상상력은 플라톤의 손에서 적극적으로 비판되고, 기독교의 시대에 땅 밑으로 눌리고, 철학적 이성에 의해 '터무니없는 이야기'로 폄하되었지만, 현대적 상상력(문학·철학뿐 아니라 심지어 과학과 정보 이론에서조차도)을 자극하는 것은 바로 그 그리스적 혼돈의 이미지이다. '대립물의 공존'이라는 혼돈 이미지에 뿌리를 둔 양성성의 개념은 20세기 전반 영국 작가 버지니아 울프에게서 현대적 부활의 순간을 얻은 뒤 지금 페미니즘, 소설, 영화, 조형예술, 교육 등의 영역에서 '새로운 보편 인간'의 모형으로 올라서고 있다. 한국사회만이 이 새로운 움직임에 무관심하다.

신화적 상상력이 현대에 부활하는 가장 큰 이유는 앞에서 잠깐 언급했듯 현대 세계의 현실이 안고 있는 딜레마에 대한 대안적 상상력의 자원이 신화에서 발견되기 때문이다. 인종, 계급, 성차, 국적, 민족, 국가 같은 범주는 근대 제국주의 이후 지금까지도 세계와 인간을 쪼개놓는 분할과 배제의 정치학적 도구이다. 서구 제국주의 절정기의 이른바 '백색신화'(백인우월주의, 서구중심주의)는 2차 세계대전 이후의 국제 정치판도 변화와 함께 가시적·제도적 형태를 상당 부분 마모당했음에도 불구하고 일상세계에서는 여전히 강력한 이데올로기로 남아 있고, 인종과 민족이라는 이

　　　　　　　만인의 인문학

름의 '정체성identity의 신화'는 히틀러적 참극을 거쳤음에
도 불구하고 지금도 여전히 세계 도처에서 '인종청소' 또
는 '소수민족 청소'의 형태로 계속되고 있다. 현대적 '혼합
성hybridity'의 상상력이 뜬 것은 이런 현실적 문제들과 불가
분의 관계를 갖고 있다(물론 정체성의 문제는 어느 한 방향으로
만 몰아갈 수 없는 복잡성을 띠고 있고, 특히 세계화 시대의 혼합문
화 앞에서 소멸 위기를 맞고 있는 소수민족과 그 문화의 경우 혼합
성 모델은 양가적 모호성을 지니는 것이 사실이다). 신화에서 이
혼합성의 상상력을 구현하는 것은 스핑크스, 미노타우로
스 같은 괴물의 이미지이다. 신화적 괴물은 오랫동안 반질
서, 혼돈, 추악성 등의 이미지와 연결되고 처치와 극복의
대상으로 규정되었으나 지금 사정은 다르다. 그것은 이성
의 오만, 순수성 주장의 허구, 강자의 정체성 폭력 등을 허
물고 해체하기 위한 가장 유효한 은유와 상징으로 사용되
고 있고, 이론적 도구가 되어 있다. 프로이트의 '이상하고
친숙한 것das Unheimliche'의 개념이나 자크 데리다가 발동시
킨 '파르마코스pharmakos'(약이면서 동시에 독)는 오이디푸스
적 상상력임과 동시에 A/B 두 성질을 혼합한 것으로서의
괴물의 이미지이기도 하다. 신화가 신화를 허무는 것이다.

  "돈 버는 데 무슨 도움이 되지 않을까?"라는 기대를 가
진 사람들에게는 신화의 이 현대적 활용 사례들이 실망스
러울지 모른다. 지금 우리 사회에서, 그것도 정부 주도 아
래 벌어지고 있는 소위 '신지식인 운동'의 논리에서 보면

돈벌이에 도움이 안 되는 것은 반푼어치 가치도 없다. 그러나 아무 가치도 없어 보이는 것에 주목하는 데서 창조적·비판적 상상력은 발동된다. 신화의 현대적 효용은 바로 그 점, 다시 말해 창조력을 자극하고 훈련하는 데 신화적 상상력이 더없이 소중하고 유용하다는 사실에 있다. 신화는 기존 질서를 정당화하는 보수적 기능을 수행할 때도 있고, 바르트가 말하듯 '탈정치화한 언술'로서 역사의 모순을 은폐하고 역사를 비워내는 기능도 수행한다. 그러나 신화의 기능은 거기서 멈추지 않는다. 가장 긍정적인 차원에서 신화의 유용성은 그 역동적 가능성에 있다. 위에서 말한 '신화를 허무는 신화'는 바로 그런 경우이다. 신화는 인간이 현실세계와 맺는 상상적 관계의 방식이며, 많은 경우 비극적이다. 그러나 그 상상적 관계 속에서는 인간이 가질 수 있는 거의 모든 욕망의 목록과 갈등의 원형들이 있고, 인간이 발동할 수 있는 거의 모든 판타지와 상상의 가능성들이 시험되고 있다. 거기에는 이를테면 반대물/유사물의 생성, 전복과 저항, 반란과 투쟁, 오만과 징벌, 성공과 실패의 이야기들이 있고, 이것들은 비고정적 의미에서 인간 경험의 원형들을 제공한다. 신화는 모든 것을 연결한다. 무엇보다도 신화는 "만약에"라는 가설적 명제를 발동하고 현실세계에 은유적 세계를 연결시킴으로써 '다른 세계의 가능성'을 모색할 수 있게 한다. 신화는 마술적 세계에 단순히 반응하는 것이 아니라 마술적 세계를 창조한다. 다른 가능성에 대한 모색, 마술적 세계의 상상, 그것이 창조

만인의 인문학

적 상상력이다. 가스통 바슐라르는 『불의 정신분석』에서 "인간은 현실로부터 은유로 나아가는 것이 아니라 은유로부터 현실로 나아간다"라는 말로 신화적 경험이 과학을 선행한다는 중요한 통찰을 내놓고 있다. 결국 신화의 효용은 이 역방향적 상상력을 가동할 수 있게 하는 힘에 있다.

2부

만인의 인문학

엿보기가 성립하는 것은 엿봄의 주체가 자기 혼자서만 대상을 보고 있다는 믿음 위에서이다. 그러나 그는 한 가지 중요한 사실을 모르고 있다. 그것은 그가 엿보는 순간 그 엿보기의 대상 자체가 자기를 보고 있다는 사실이다. 그는 오로지 주체와 대상의 분리법에 입각하고 있기 때문에 대상의 눈을 의식하지 못한다. 그러나 그가 소유하려는 대상은 그 소유욕망의 발동 순간에 욕망의 주체를 역으로 응시한다. 엿보기의 대상을 소유의 대상으로 만드는 순간 그는 대상이 반사하는 욕망의 시선에 나포된다. 아니, 더 정확히 말하면 엿보기의 주체는 소유욕망의 질서 속에서 주체의 지위를 잃고 거대한 소유욕망의 포로로 전락한다. 그는 노예가 되는 것이다. 그는 그가 소유한다고 생각한 대상 그 자체가 되고, 자신의 엿보기 시선에 의해 역으로 엿보기의 대상이 된다. 엿보기의 주체는 자기 시선이 자신의 것이라는 환상 속에서 그 유혹에 걸려들지만, 그 유혹의 시선은 이미 그의 것이 아니다. 그는 봄으로써 보지 못하는 것이다.

잠들기 전에 한순간, 애인과 데이트 하다가도 잠시 잠시, 한 달에 한두 번, 그것도 어려우면 1년에 한 번쯤이라도 근원적 질문을 스스로에게 던져볼 일이다. 근원적 질문을 잊어버린 개인과 사회는 근원적으로 불행하다. 무엇이 행복인가에 대한 의미의 틀을 갖지 못하기 때문이다. 우리 모두가 철학자가 될 필요는 없다. 그러나 철학적 반성의 순간을 놓치면 우리는 인간이 아닐지 모른다.

부끄러워할 줄 아는 것은 인간만의 반성적 능력이다. 우리가 플라톤처럼 철학자를 참사람으로 내세울 필요는 없지만, 반성은 인간의 삶을 인간다운 삶으로 만드는 데 필요한 최소한의 철학적 능력이다. 이 능력을 포기하지 않는 자, 그가 사람이다. 참사람은 멀리 있지 않다.

유한성만이 인간의 유일한 한계 조건은 아니다. '유약성weaknesses' 도 한계의 하나다. 인간은 약한 존재다. 그는 유약하고 나약하며 취약하다. 이 조건 앞에 '천하장사'는 없다. 유한성과 유약성, 이 두 가지 말고도 인간 존재를 한계 짓는 또 다른 조건 하나를 더 생각해볼 수 있다. '오류 가능성fallibility'이 그것이다. 인간은 지식, 판단, 예측, 기획에서 자신이 틀릴 수 있다는 가능성을 늘 기억하고 인정해야 하는 존재다. 오류 가능성의 인정 여부, 이것이 겸손과 오만을 갈라놓는 경계선이다. 이렇게 보면 여기 거론된 인간 조건 세 가지는 인간을 겸허하게 하고 인간답게 하는 최고의 처방이라 할 만하다. 그것들은 우리를 김빠지게 하는 경고문이기보다는 인간이 어느 때 더 인간다워질 수 있는가를 일러주는 겸손의 약방문이다.

우리를 가장 감동시키는 것은 자기만의 이익, 자기만의 소득, 자기만의 이기주의에서 벗어나 이웃들에게 기쁜 일을 만들어주는 사람들이다. 그들은 각박한 세상에 살면서도 필연의 논리 앞에서 항복하지 않는 사람들, 자기를 버릴 줄 아는 사람들이다. 감동은 명령으로 되지 않지만, 명령이 감동의 습성을 기를 수는 있다. 그 명령이란 "감동하라!"이다. 감동하는 데는 무슨 큰돈이 드는 것도 아니다. 작은 일에도 입 한번 벌리고 탄성을 말할 때의 그 숨결—그것이 감동의 비용 전부이다. 그런데도 왜 우리는 감동하지 못하는가? 왜 항복한 돼지처럼 사는가? 왜 질투의 여신처럼 사는가?

환대는 주인이 손님에게 베푸는 일시적 선심 행사가 아니고, 우월

한 위치의 주인이 약한 위치의 수혜자에게 행하는 비대칭적 자비행
도 아니다. 그것은 손님의 권리이고, 그 권리에 대한 존중이다. 환대
는 보상에 대한 기대에서, 혹은 상대방과의 상호주의적 교환의 게임
룰 위에서 이루어지는 거래행위도 아니다. 환대는 무조건적인 것이
다. 그 무조건성은 환대받을 권리의 보편성에서 나온다. 그 권리는
당신의 것, 그의 것, 나의 것이다. 내가 환대받을 권리를 주장하는 한
나는 당신의 환대권을 인정해야 한다. 환대에 대한 타자의 권리를
부정하는 순간 내가 환대받을 권리도 부정된다.

패션은 비록 짧은 기간이지만 사람들을 '한 가지 모양'에 몰두하
게 하는 집단순응주의와 '새것'의 페티시즘fetishism을, 작은 차이에
목숨을 걸게 하는 사소성의 나르시시즘을, 그리고 이 나르시시즘을
무한히 착취하는 분별없는 소비문화를 조장한다. "이게 요즘 유행입
니다"라고 옷가게 주인은 말한다. "이 유행을 따르지 않으면 당신은
앞으로 최소한 두 달 동안 촌놈을 면할 수 없다"라고 그는 말하고 있
는 것이다.

엿보기, 그 유혹의 응시

신이 인간에게 눈을 준 것은 보게 하기 위해서인가, 보지 못하게 하기 위해서인가. 눈과 시각에 대한 인간의 집착이 커진 것은 신의 간지에 대한 의혹의 해석학 때문이다. 이 의혹의 해석학이 서양에서 탄생한 것은 신의 간지가 파악된 순간부터이다. 신이 인간에게 두 눈을 준 것은 봄으로써 보지 못하게 하려는 전능자의 고약한 의도 때문이라는 것이 그 해석학의 골자이다. 이 간지가 파악된 순간부터 인간은 눈을 버린 것이 아니라 그 눈을 강화하고, 보기의 각도와 보기의 대상을 확대함으로써 신의 권능에 도전한다. 의혹의 해석학은 신 자신은 알고 있으면서 인간에게는 비밀로 감추어진 그 불평등한 지식의 질서를 깨고자 한다. 보는 인간에게서 인간의 패러다임을 구하는 서구적 욕망과 열정은 정확히 유일신의 모방에서 출발하고, 이 모방의 역사적 전개에 의해 강화된다. 이 해석학의 탄생 이후 인간은 엿보기의 명수가 된다.

만인의 인문학

서구 정신분석이 보기의 형식에 주목한 것도 '본다'라는 행위가 세계의 정복, 장악, 점유의 한 방식이기 때문이다. 보기의 형식에는 보기의 주체와 보기 대상으로서의 객체가 개입한다. 주체는 봄으로써 객체 대상을 알고, 앎으로써 장악하고, 장악함으로써 점유한다. 보기는 그러므로 지식 확장과 권력 확대의 일반 형식으로부터 분리되지 않고, 보기의 형식에서 지식은 권력과 분리되지 않는다. 프로이트의 담론체계가 눈과 남근phallus을 연결하고, 남근과 권력을 연결하는 것도 이 때문이다. 오이디푸스의 경우처럼 눈(시각)의 상실은 곧 남근 상실과 권력 상실을 의미한다. 헤로도토스의 역사에 등장하는 이집트의 몇몇 장님왕들의 얘기가 예외 없이 정치적 권력 상실의 서사문맥 속에 있다는 것은 그 이야기들의 이상한 일반성에 주목하게 한다는 점에서 극히 흥미롭다.

보기가 지식과 권력 확대의 한 형식이라면 엿보기란 무엇인가. 우선 그것은 보기 장르의 한 불법적 하위체계같아 보인다. 보기가 공개적 시선이라면, 엿보기는 은밀하게 감추어진 비밀의 시선이다. 이 공개성과 은밀성의 차이는 보기와 엿보기의 주체, 대상, 행위공간을 동시적으로 규정한다. 보기의 주체는 사회적으로 허용된 공간에서 사회적으로 허용된 대상을 허용된 방식으로 바라본다. 그러므로 보기의 주체, 객체, 행위공간은 금지된 문법질서 속에 있지 않다. 그러나 엿보기의 주체, 객체, 행위공간은 금기의 질서 또는 위반의 문법 속에 있다. 엿보기는 사회적으로 보는 것이 허용되지 않은 대상을 사회적으로 허용되지 않은 공간에서 허용되지 않은 방식으로 바라보는 위반의 시선이다. 보기가 해제된 금기의 시선이라면 엿보기는 해제되지 않은 금기의 시선이다. 보기의 주체가 자기를 드러낼 수 있는 반면 엿보기의 주체는 자기를 감춘다. 그는 자기 시선을 감추어야 하고 대상을 감추어야 한다.

엿보기가 요구하는 이 감춤의 조건은 소유문명이 몰고 온 지금의 이 이미지문명 시대에 어째서 엿보기가 거대한 대중적 유혹이 되고 있는지를 설명하는 한 가지 단초를 제공한다. 이미지문명의 시대란 인간이 세계를 이미지화하고, 이 이미지화한 세계를 눈으로 소유하는 시대, 시각적 소유가 소유의 지배적 형식이 된 시대이다. 이 문명의 특성은 눈의 확장과 시각의 확대를 통해 무한소유의 가능성을 대중화하는 데 있다. 시각문명은 소유의 한계를 깨고 시각적 소유방식 앞에서의 대중의 평등을 약속한다. 세계를 이미지화함으로써 이 문명은 세계 점유의 평등한 가능성을 무한히 확대한다. 그러나 이 시각적 소유영역의 확대를 위해 시각문명은 보기가 금지된 대상들로부터 부단히 그 금제성을 박탈하고 금기를 해제하지 않으면 안 된다. 모든 대상은 금기의 질서에서 풀려남으로써만 공개된 시선 앞의 공개된 점유대상이 될 수 있기 때문이다. 그러나 보기의 대상을 확대하는 시각문명은 모든 대상을 공적 점유의 대상으로 만듦으로써 대상의 사유화 가능성을 위축

만인의 인문학

시킨다. 시각문명은 대상의 시각적 소유를 확대하는 반면, 대상의 사적 소유를 불가능하게 하는 것이다.

엿보기의 유혹은 이 은밀한 시선이 대상의 공적 소유 아닌 사적 소유를 가능하게 하는 방식이라는 데 있다. 엿보기의 주체가 추구하는 것은 평등이 아니라 불평등이다. 그에게는 타인의 존재, 타인의 시선이 배제된 은밀한 사적 공간이 필요하다. 그 공간에는 아무도 없어야 하고 그의 시선은 들키지 말아야 한다. 타인의 배제는 그 공간을 특권화하는 첫 번째 조건이다. 아무도 없는 공간에서 자기만의 은밀한 시선으로 대상을 점유할 때만 그는 그 대상을 사적으로 소유할 수 있기 때문이다. 이것이 그가 대상을 사유화하는 방식이다. 보기의 문명이 시각적 소유 가능성을 확대하면 할수록 엿보기는 이 평등 소유의 질서 속에서 특권적 소유를 추구한다. 엿보기의 주체는 보기의 모든 공개된 대상들을 역으로 금제의 질서 속에 밀어 넣는다. 그러므로 시각문명의 질서 속에서 사회적으로 허용된 모든 보기의 대상들은 동시에 엿보기의 대상으로 바뀔 수 있다.

이것이 지금 우리가 살고 있는 이 시각소유 시대의 은밀한 이중적 소유방식이다. 시각문명은 시각적 소유를 평등화함과 동시에 엿보기의 제도화를 통해 불평등 소유의 가능성을 허용하지 않으면 안 된다. 엿보기는 이 지점에서 변별적 차등화의 가능성이 되고 지식, 장악, 점유의 개인화를 허여하는 정치적 형식이 된다. 이 문명은 보기의 확대를 통해 소유의 평등을, 엿보기의 문화를 통해 소유의 불평등을 동시적으로 허용한다. 엿보기에 의한 이 소유방식은 엿보기가 보기의 불법적 하위체계가 아니라 오히려 모든 보기를 가능하게 하는 모태문법임을 보여준다. 보기의 사회성은 엿보기의 불법성에 근거한다. 이 질서 속에서 불법성은 합법성의 기초가 되어 있는 것이다.

그러나 엿보기의 시선이 보는 것은 무엇인가? 엿보기가 성립하는 것은 엿봄의 주체가 자기 혼자서만 대상을 보고 있다는 믿음 위에서이다. 그의 공간이 타인의 시선을 배제한다는 점에서 그 믿음은 확실해 보인다. 그러나 그는 한 가지 중요한 사실을 모르고 있다. 그것은 그가 엿보는 순간 그 엿보기의 대상 자체가 자기를 보고 있다는 사실이다. 그는 오로지 주체와 대상의 분리법에 입각하고 있기 때문에 대상의 눈을 의식하지 못한다. 그러나 그가 소유하려는 대상은 그 소유욕망의 발동 순간에 욕망의 주체를 역으로 응시한다. 엿보기의 대상을 소유의 대상으로 만드는 순간 그는 대상이 반사하는 욕망의 시선에 나포된다. 아니, 더 정확히 말하면 엿보기의 주체는 소유욕망의 질서 속에서 주체의 지위를 잃고 거대한 소유욕망의 포로로 전락한다. 그는 노예가 되는 것이다. 그는 그가 소유한다고 생각한 대상 그 자체가 되고, 자신의 엿보기 시선에 의해 역으로 엿보기의 대상이 된다. 이것이 엿보기라는 응시의 유혹이다. 엿보기의 주체는 자기 시선이 자신의 것이라는 환상

만인의 인문학

속에서 그 유혹에 걸려들지만, 그 유혹의 시선은 이미 그의 것이 아니다. 그는 봄으로써 보지 못하는 것이다.

근원적 질문 던지기

　요즘 구미의 매체들은 프랑스의 한 지방 관리가 아비뇽 근처에서 발견한 구석기 시대 동굴벽화를 놓고 온통 들떠 있다. 2만 년 전의 것으로 추정된 이 벽화는 그 보존상태가 거의 완벽하고 솜씨가 탁월한 데다 음각까지 합치면 그림도 300개가 넘는다. 발견자인 장-마리 쇼베의 이름을 따 우선 '쇼베 벽화'로 명명된 이 '구석기 미술관'은 그림의 양과 질로 따져 알타미라 벽화나 라스코 벽화를 능가하는 것으로 평가되고 있다. 벽화 앞에 주저앉아 울음을 터뜨린 학자도 있다. "2만 년 전의 레오나르도 다 빈치를 보는 것 같았다. 그러나 이 구석기의 거장은 자기 이름을 남기지 않았다."

　쇼베 벽화 발견이 사람들을 흥분시킨 1차적 이유는 그림들이 보여주는 높은 재현기술 때문이다. 지금까지 발견된 대부분의 구석기 벽화들과 마찬가지로 이 쇼베의 동굴벽에 그려진 것은 동물들의 그림이다. 그림은 코뿔소, 들

　　　　　　　　　　　　　만인의 인문학

소, 하이에나, 표범, 부엉이 같은 동물들을 고도의 채색기술과 탁월한 선 처리기술로 재현해내고 있다. 그러나 흥분을 가라앉혔을 때 우리에게 대두하는 것은 "인간이 도대체 왜 그림을 그리기 시작했는가?"라는 질문이다. 구석기 크로마뇽인들에게 '화가'라는 근대적 직업범주가 있었을 리 만무하고, '미술관' 같은 문화시설이 사회적으로 필요했을 리도 없다. 그렇다면 그 그림들은 왜 그려졌는가? 무엇을 위해서?

이 종류의 질문을 우리는 '근원적 질문'이라 부른다. 인간이 왜 그림을 그리기 시작했는가라는 의문은 인간이 왜 노래를 갖게 되었는가라든가 왜 시를 쓰게 되었는가라는 질문처럼 예술의 기원을 따져보게 한다는 점에서 '근원적'이다. 먹고살기 위해 그려진 그림도 아니고, 벽화의 소재가 된 동물들이 반드시 '먹을 수 있는 동물'도 아닌 이상, 단순한 '먹고살기'와 그림 그리기 사이에는 수긍할 만한 연결관계가 성립하지 않는다. 그렇다면 인간이 '인간'으로 발전·진화해온 것과 이들 예술적·상징적 행위 사이에는 무슨 관계가 있는가? 그림의 기원 동기에 대한 질문은 바로 이런 대목을 생각해보게 한다는 점에서 더욱 근원적이다. 궁극적으로 그것은 "무엇이 인간을 인간이게 했는가?"라는 질문과 연결되고, 이 질문의 다른 표현법이 된다는 점에서 더더욱 근원적이다.

근원적 질문은 명쾌한 해답을 허용하지 않고, 추구해봤

자 무슨 큰 돈벌이 기회를 제공하지도 않는다. 근대 학문의 실증적 사고방식으로 따지면 해답을 찾기 어렵거나 불가능한 질문은 애당초 질문으로 성립하지 않는다. 철학자 버트런드 러셀도 알 수 없는 것에 대한 질문은 아예 던지지 않는 것이 좋다고 충고한 적이 있다. 그러나 이 충고는 모든 경우에 타당한 것이 아니다. 근원적 질문은 용이한 해답을 허용하지 않고, 그래서 부단한 추구를 요구하며, 그 추구 과정에서 "인간은 무엇인가? 그 존재가치는 어디에 있는가?"를 끊임없이 생각하게 하기 때문에 근원적이고 중요하다. 근원적 질문은 그 자체의 해답을 허락하지 않을 수 있지만 다른 많은 질문을 파생시키는, 말하자면 모든 의미 있는 '질문들의 기원'이다.

우리가, 또 많은 경우에 우리 사회가, 종종 잊고 있는 것은 이런 근원적 질문이며 그 중요성이다. 돈 벌어 잘 먹고 잘산다는 것은 누구에게나 중요하고 의미 있는 일이다. 그러나 잘산다는 것의 의미는 '행복'을 떠나 존재하지 않고, 행복은 "무엇이 행복인가?"라는 훨씬 더 근본적인 질문 속에서만 의미를 부여받는다. 우리에게 행복은 무엇인가? 인간은 어느 때 가장 행복한가? 잘 먹고 잘살면서도 행복하지 않은 경우가 있다면 그 이유는?

지금은 신춘이자 대학 졸업의 계절이다. 대학 문을 나서 인생의 봄을 시작하는 이 땅의 모든 젊은이에게 내가 권고코자 하는 것은 바로 그 근원적 질문의 중요성을 잊지 말라는 것이다. 나는 우리 젊은이들이 온종일 그런 질문만 던지고 있어야 한다고 생각지 않으며, 모두 철학자가 되어야 한다고는 더더욱 생각지 않는다. 그러나 잠들기 전에 한순간, 애인과 데이트하다가도 잠시 잠시, 한 달에 한두 번, 그것도 어려우면 1년에 한 번쯤이라도 근원적 질문을 스스로에게 던져볼 일이다. 근원적 질문을 잊어버린 개인과 사회는 근원적으로 불행하다. 무엇이 행복인가에 대한 의미의 틀을 갖지 못하기 때문이다. 우리 모두가 철학자가 될 필요는 없다. 그러나 철학적 반성의 순간을 놓치면 우리는 인간이 아닐지 모른다.

구석기 인류는 왜 동굴벽에다 그림을 그려야 했던가? 그 해답을 찾기 위해 우리 모두가 해당 분야의 학자가 되고 전문가가 되어야 하는 것은 아니다. 전문가가 아니더라도 이 근원적 질문은 우리의 상상력을 자극하고, 궁금증과 호기심을 촉발한다. 바로 이 상상력, 궁금증, 호기심이 인간의 힘이고, 그의 상표가 아니던가? 그것 없이 우리가 할 수 있는 일이 무엇인가? 근원적 질문 던지기의 능력은 어쩌면 당신의 상상력을 키워 큰 부자가 되게 해줄지도 모른다. 더더욱 좋은 일 아닌가.

애덤 스미스의 행복론

기원 1세기 유대 땅에 힐렐Hillel이라는 사람이 있었다. 그는 당대의 현인으로 알려진 인물이었고, 예수의 스승이었다는 말도 전해진다. "네가 원치 않는 것은 남에게도 시키지 말라"는 가르침의 유대 쪽 기원도 그였다고 한다. "네가 대접받고 싶은 대로 남에게도 행하라"는 것은 후대 사람들이 '예수의 황금률'이라 이름 붙인 가르침이다. 예수의 가르침과 힐렐의 가르침은 닮은꼴이다. 그러나 예수의 말이 힐렐의 영향을 받은 것인지 어떤지는 알 수 없다.

현자 힐렐의 말 중에 유명한 것이 또 있다. "내가 나를 위하지 않는다면 누가 나를 위해줄 것인가? 그러나 내가 나 자신만을 위한다면 나는 누구인가?" 대학에서 교수들이 학생들에게 곧잘 던지는 질문이다. 힐렐이 던지고 있는 질문들은 대답하기 쉽지 않다. "내가 아니라면 누가 나를 위해줄 것인가?"라는 질문은 아무도 부정할 수 없는 인간 행위동기의 진실(자기중심성)을 담고 있지만, "그래 맞다"고

맞장구치고 나면 뒤가 개운치 않다. "그런데 내가 나만을 챙긴다면 나는 누구인가?" '나는 누구인가?Who am I?'라는 질문은 지금 수천 년째 인간사회에서 던져지고 있는 인문학적 근본 질문의 하나다. 여기서 힐렐은 정체성identity을 묻는 것이 아니라 "나는 괴물이 아니라 사람이다"라고 말하기 위해서는 남들을 어떻게 대하고 어떤 관계를 맺으며 살아야 할 것인가를 묻고 있다.

인간의 자기중심적 행동방식과 그런 방식에 반드시 얽매이지 않으려는 태도 사이의 갈등은 인간 존재의 내적 모순에서 발생하는 것 같아 보인다. 이 문제는 인간의 이기성을 강조하는 주장과 그 주장에 동조하지 않는 입장을 마주 세우는 대조법으로 쉽게 극화된다. 그러나 이런 대조법은 지금은 설득력을 잃고 있다. 진화심리학은 이기적 성향과 이타적 성향의 공존, 혼합, 갈등이 '인간본성'의 현실이며, 그 내부 드라마라고 말한다. 말하자면 '악당'과 '천사'가 함께 거주하고 있는 것이 인간본성이다. 그런데 인간이 그 본성의 어떤 부분을 북돋우고 어떤 부분을 억제할 것인가가 문제다. 이것은 인간본성이 무엇무엇의 모순적 혼합물이라고 말하는 것만으로는 해결되지 않는 딜레마다.

이런 딜레마에 선명한 가이드라인을 준 사람이 있다. 『국부론』이전에 『도덕감정론』을 썼고 글래스고 대학의 영문학/도덕철학 교수를 지낸 애덤 스미스다. 스미스는 시장경제이론으로 자본주의 경제학의 토대를 닦은 사람이라 알려져 있다. 그가『국부론』에서 시장이 돌아가는 것은 상인들의 관용이나 인류애 때문이 아니라 그들의 자기애self-love 덕분이라 말한 대목은 지금도 자주 인용되는 부분이다. "우리가 고기와 술, 빵을 먹으며 저녁식사를 즐길 수 있는 것은 푸줏간 주인, 양조업자, 빵집 주인이 관용을 베풀어서가 아니다. 그들은 그저 자신의 이익을 중시했을 뿐이다. 그러므로 그들과 거래할 때 우리는 그들의 인간애 아닌 자기애에 호소한다." 이런 대목만으로 판단하면, 혹은 잘못 읽으면, 스미스는 영락없는 자기애주의자(스미스의 당시 어휘에서 '자기애'는 이기적 행동, 자기중심성, 자신의 이해관계를 최우선에 두는 태도를 의미) 같다.

그런데 이것이 스미스의 전부가 아니다. 그의 인간관은 아주 현대적이다. 그는 자기애와 이기성이 인간본성의 일부라는 사실을 충분히 인정했으나, 그것만으로는 인간이 이해되지는 않는다고 생각한 사람이다.『도덕감정론』첫머리에서 그는 "인간이 비록 이기적이라 해도 그의 본성에는 분명 다른 원칙들도 있다. 그는 타인들의 운명에도 관심을 가지며, 타인들의 행복이 그에게도 필요하다고 생각한다. 그것이 비록 그에게는 아무것도 주지 않는다 해도." 왜 그런가? 그런 태도와 행동이 그를 '사랑받는 사람' '사랑받을 만한 가치가 있는 사람'으로 만들어주기 때문이다. 자신이 남들의 사랑, 존경, 인정을 받고 있을 때만 인간은 행복하다. 이것이 스미스적 행복론의 요약본이다. "내가 나만을 챙긴다면 나는 누구인가?"라는 힐렐의 질문에 대한 스미스의 답변은 퍽 간단한 것일 수 있다. "그럴 때 나는 아무도 사랑해주지 않는 불행한 존재로 떨어진다."

출세하라, 그러나 부끄럽지 않게

사람이 사람이라고 다 사람인가, 사람다워야 사람이지—라는 생각에는 몇 가지 불가사의한 데가 있다. 사람 같지 않은 사람도 그런 생각은 할 줄 안다는 것이 이를테면 그런 불가사의의 하나다. 또 자라는 아이들에게 사람은 사람다워야 한다고 가르치지 않는 사회가 없으면서도 모든 사회는 늘 사람다운 사람의 기근에 빠져 있다. 이것도 불가사의다. 만인을 만족시킬 참사람의 정의를 찾기 어렵다는 것도 불가사의라면 불가사의다.

철학자 플라톤은 인간을 아홉 등분해서 1등급부터 9등급까지 분류한 적이 있다. 그의 분류표에서 1등급 인간은 말하자면 그가 본 참사람의 모형이고, 9등급 인간은 사람 꼴은 갖추었으되 사람이랄 수 없는 사람의 경우다. 플라톤의 참사람은 (속보이게도?) 철학자이고, 사람 비슷하면서도 돼지에 육박하는 9등급 꼴찌 인간은 정치독재자다. 플라톤이 들이댄 구분의 잣대는 동물성으로부터의 이탈 정도라는 것이다. 사람이 얼마만큼이나 동물적 욕구, 변덕, 본능적 충동의 지배로부터 벗어나 있는가에 따라 참사람과 아닌 사람이 판별된다는 생각이다.

그러나 철학도가 들으면 섭섭하겠지만, 요즘 세상에서 철학자는 참사람의 모형이기는커녕 인생살이에의 공헌도가 극히 의심스러운 얼간이 부족쯤으로 여겨지고 있다. 지금은 돈, 권력, 명예, 출세, 성공 — 이런 것이 사람을 규정하는 지배적 가치로 올라선 시대이고, 이 가치들로부터 이탈하면 할수록 사람 구실 하기가 어려워진 시대이다. 하지만 이 지배적 가치들을 깡그리 부정하는 반대가치를 내세운다고 해서 이 시대의 참사람이 찾아질 것인가? 거지 중에도 참사람이 있을 수 있고, 청빈거사도 참사람일 수 있지만 궁핍, 반권력, 반명예, 반성공은 그것들 자체만으로는 사회적 삶의 목표나 모델이 되기 어렵다. 우리가 선택할 것은 세속도시의 가치들을 부정하지 않으면서 사람다운 사람의 길이 무엇일까 찾는 방법일 것이다.

돈, 권력, 명예가 비난받게 되는 것은 그것들이 부끄러운 돈, 부끄러운 권력, 부끄러운 명예일 때이다. 돈, 권력, 명예의 반대가치는 이것들을 부정하는 데 있지 않고 그 부끄러운 부분을 제거하는 데 있다. 제 혼자 잘 먹고 잘살기 위해 착취한 돈, 영달과 세도와 지배를 노리는 권력, 그럴 자격도 없으면서 이름 석 자 날리기 위해 날뛰는 부황기든 명예욕 이것들이 돈, 권력, 명예를 부끄럽게 하는 부분이다. 그러므로 부끄럽지 않은 돈, 부끄럽지 않은 권력, 부끄럽지 않은 명예, 부끄럽지 않은 출세와 성공 이것이 이 시대에 우리가 생각해볼 수 있는 사람의 길이다.

부끄러워할 줄 아는 것은 인간만의 반성적 능력이다. 우리가 플라톤처럼 철학자를 참사람으로 내세울 필요는 없지만, 반성은 인간의 삶을 인간다운 삶으로 만드는 데 필요한 최소한의 철학적 능력이다. 이 능력을 포기하지 않는 자, 그가 사람이다. 참사람은 멀리 있지 않다.

만인의 인문학

마크 트웨인의 어머니

대학 인문학 강의실에서는 엉뚱해 보이는 질문들이 던져지는 수가 있다. 남학생들에게는 이런 질문이 날아간다. "여자로 산다는 것이 어떤 것인지 생각해본 일 있는가?" 여학생들에게도 비슷한 질문이 가능하다. "남자로 산다는 것은 어떤 걸까?" 동물을 등장시키는 질문이 나올 수도 있다. "인간 아닌 동물로 살아간다는 것은 어떤 일일까? 파리로 산다는 것은? 길고양이로 산다는 것은?"

황당한 질문들 같지만 전혀 황당하지 않다. 내가 나 아닌 것의 입장이 되어 그의 눈으로 사물을 보고 인식하고 사건에 반응한다는 것은 원천적으로 불가능한 일처럼 보인다. 사람은 파리가 아니고 고양이가 아니며, 남자는 여자가 여자는 남자가, 될 수 없기 때문이다. 그런데 정말 불가능할까? 그렇다고 말하면 그건 인간을 턱없이 얕잡아보는 일밖에 안 된다. 인간은 자기 아닌 것의 위치로 자리를 이동시켜 생각할 줄 알고, 그 위치전환이 안기는 인지적 모험과 고난을 감당할 줄 안다. 고난만 있는 것은 아니다. 다른 존재의 입장에 서본다는 것은 내가 나를 키워 내 존재를 '확장'하는 일이다. 이 존재 확장은 인간의 큰 기쁨이자 영광이다. 어떤 미국 교수는 철학강의를 처음 수강하는 학생들에게 꼭 어떤 질문을 주고 생각해볼 것을 요구했다는데, 그의 '철학적 질문'은 이런 것이다. "박쥐로 산다는 것은 어떤 것일까?What would it be like to live as a bat?" 에구머니, 이런 것이 철학의 질문이라고?

그렇다. 그것은 철학의 질문이면서 문학의 질문이고, 역사학의 질문이기도 하다. 인간이 다른 존재의 입장에서 세계를 보는 훈련은 인간, 사회, 자연을 이해하기 위한 인문학적 훈련의 정수이기 때문이다. 동화는 주인공들 사이의 자리바꿈, 인간과 비인간non-human 사이의 대화, 소통, 인지교환의 이야기다. 왕자가 낮에는 왕자로 밤에는 거지로 살아보고 개구리, 토끼, 늑대가 인간의 언어로 이야기하고, 삼라만상이 인간과 소통하는 것이 동화의 세계다. 동화만 그런 것이 아니다. 톨스토이의 유명한 민화 단편 「에사르하돈」은 포로로 잡혀온 적국의 왕을 가장 잔인한 방법으로 죽일 궁리를 하던 사람이 어느 날 밤 자기자신이 바로 그 적국의 왕이 되어 죽음을 기다린다는 꿈을 꾸고는 놀라 깨어나 포로를 놓아준다는 이야기다. 문학은 이런 이야기들로 인간을 키운다. 상상력과 창조력을 자극하고, 인간과 세상에 대한 이해를 깊게 해주는 데는 그런 위치교환과 관

만인의 인문학

점이동의 이야기들보다 더 나은 묘수가 없을지 모른다. 사람이 어디서 무슨 일을 하건 간에 그의 삶에 항구자본으로 필요한 것이 바로 '상상력'이라는 이름의 무형의 자산 아니던가? 그것은 아무리 써도 마르지 않고, 닳아 없어지지 않는 자산이다.

미국 문학을 대표하는 작가의 한 사람인 마크 트웨인은 미국 남부에서 흑인 아이들과 함께 뛰놀고 함께 자란 사람이다. 19세기 남부에서 백인 소년이 흑인 노예의 아이들과 함께 자란다는 것은 어떤 일이었을까? 소년의 세계관, 가치관, 인간관에 깊은 영향을 준 사건들은? 『허클베리 핀의 모험』(1884)과 『톰 소여의 모험』(1876) 같은 그의 소설들은 인간의 성장이라는 관점에서 보았을 때도 미국 문학이 자랑할 만한 고전들이다. 그 트웨인이 남긴 자서전 자료 메모에는 '어머니의 몇 마디'가 언급되어 있다. 트웨인의 집에는 동부에서 팔려온 샌디라는 흑인 소년이 있었는데, 이 아이가 온종일 큰 소리로 노래하고 소릴 지르고 휘파람을 불고 하는 통에 트웨인은 견딜 수가 없었다. "엄마, 쟤가 너무 시끄러워서요." 듣고 있던 어머니는 눈에 눈물이 글썽해지면서 말한다. "샌디는 엄마랑 헤어지고 친구들과 떨어져 이리로 팔려온 아이다. 저렇게라도 노래하지 않으면 엄마 생각, 동무 생각을 어떻게 이겨낼 수 있겠니? 나는 샌디가 노래할 땐 오히려 안심이 된다. 걔가 시무룩해하면 나는 그때가 더 걱정이다."

트웨인은 후일 이렇게 회고한다. "그날 이후 나는 샌디의 노랫소리가 전혀 시끄럽지 않았다. 그리고 어머니의 그 몇 마디 말씀은 내 가슴에 깊이 박혀 평생 떠나질 않았다."

만인의 인문학

폐하는 인간이십니다

제16대 로마 황제 마르쿠스 아우렐리우스는 지금도 많은 독자를 가진 세계문학고전 『명상록Meditations』의 저자다. 마르쿠스가 19년의 재위 기간 중 마지막 10년 동안 전쟁터에서 쓴 것이 이 명상록이다. 원제목은 『나 자신에게』다. 남에게 읽히려고 쓴 글이 아니라 자기자신을 성찰하기 위해 쓴 철학적 사유의 기록이다. 젊은 시절의 그는 정치보다는 철학을 하고 싶어 했던 사람이다. '철학자의 외투'로 알려진 허름한 망토 차림에 잠도 땅바닥에 누워서 잤다고 한다. 황제가 되고 난 후의 유명한 일화는 황제 집무실에 특별 임무를 띤 노예 한 사람을 두고 있었다는 얘기다. 노예의 임무는 하루 몇 번씩 황제를 향해 "폐하, 폐하는 인간이십니다"라며 로마제국 황제도 인간임을 '환기'시키는 일이었다고 한다.

마르쿠스의 이 인간 환기는 누구도 면제받을 수 없는 '인간 조건'을 생각하게 한다. 유한성은 그런 조건의 하나다. 한 개체의 탄생 이전이나 이후에도 시간은 영구히 흐를 것이지만, 정작 개체에게 시간은 무한한 선물이 아니다. 그는 유한한 존재다. 그는 생명이 유한하고, 능력이 유한하고, 쓸 수 있는 자원도 유한하다. 황제 아우렐리우스가 하루에 몇 차례씩 "나는 인간이다"를 환기 받고자 했을 때 그 환기의 주 내용은 육체를 갖고 태어난 인간의 유한성이었을 것이다. 『명상록』에는 이런 구절이 있다. "천년만년 살 것처럼 행동하지 말라. 너의 머리 위에는 한계가 드리워져 있다. 그러므로 살아 있는 동안 선하게 행동하라." 후일 서양 인문학이 '메멘토 모리memento mori(죽음을 기억하라)'라는 말로 표현한 유한성 환기의 전통 맨 앞자리에 철학자 황제 마르쿠스가 있었다고 말해도 좋을 것이다.

유한성만이 인간의 유일한 한계조건은 아니다. '유약성 weaknesses'도 한계의 하나다. 인간은 약한 존재다. 그는 유약하고 나약하며 취약하다. 이 조건 앞에 '천하장사'는 없다. 유한성과 유약성, 이 두 가지 말고도 인간 존재를 한계 짓는 또 다른 조건 하나를 더 생각해볼 수 있다. '오류 가능성 fallibility'이 그것이다. 인간은 지식, 판단, 예측, 기획에서 자신이 틀릴 수 있다는 가능성을 늘 기억하고 인정해야 하는 존재다. 오류 가능성의 인정 여부, 이것이 겸손과 오만을 갈라놓는 경계선이다. 이렇게 보면 여기 거론된 인간 조건 세 가지는 인간을 겸허하게 하고 인간답게 하는 최고의 처방이라 할 만하다. 그것들은 우리를 김빠지게 하는 경고문이기보다는 인간이 어느 때 더 인간다워질 수 있는지를 일러주는 겸손의 약방문이다.

역사상 서양의 18세기 계몽 시대는 인간이 이성의 힘만으로 세계를 재편할 수 있다는 믿음, 인간의 '무한한 진보의 가능성'에 대한 믿음이 강했던 시대다(요즘 일부 진화론자들의 과학맹신주의가 그런 시대를 부활시키고 있다). 그러나 그 시대에도 인간의 오만을 경고한 철학자가 있었다. 장 자크 루소다. 그가 『에밀』에 쓴 다음 구절은 늘 기억할 만하다. "왜 왕들은 백성들에게 동정심이 없는가? 왕들은 인간 존재의 인간됨을 결코 믿지 않기 때문이다. 부자는 왜 가난한 사람에게 그토록 매정한가? 그들은 자기들이 가난하게 되리라는 두려움을 갖고 있지 않기 때문이다. 왜 귀족은 평민을 그토록 멸시하는가? 그들은 결코 평민이 되지 않을 것이기 때문이다." 이건 루소 시대의 권력자들에 대한 얘기이기만 한 것이 아니다. 지금도 우리는 그런 오만의 시대를 살고 있다. 그런데 루소의 그다음 구절이 중요하다. "인간을 사회적 존재로 만드는 것은 인간 존재의 약함이다. 우리의 마음에 인간애를 갖게 하는 것은 우리 모두가 약함으로 인해 공유하고 있는 고통이다. 우리가 인간이 아니라면 인간애에 대한 의무는 지지 않을 것이다. 모든 애정은 부족함의 표시다. 우리의 약함 그 자체로부터 우리의 덧없는 행복은 생겨난다."

　　유한성, 유약성, 오류 가능성은 인간의 한계조건이면서 동시에 인간성의 조건이자 행복의 조건이기도 하다는 것을 루소의 글은 환기시킨다.

가슴에 이는 파도 소리

기원 1세기 때의 로마 시인 오비디우스가 쓴 신화시집 『변신』 속에는 '질투의 여신'이란 것이 등장하는데, 이 여신에 대한 오비디우스의 묘사가 퍽 탁월하다. 질투의 여신은 가슴이 말라붙어 널빤지 같고, 얼굴은 해쓱하고, 독을 품기 위해 늘 뱀고기만 먹는다. 질투의 여신은 좀체 웃지 않지만, 가끔 시커먼 이빨을 드러내고 웃을 때도 있다. 남이 실패하여 비참에 빠졌을 때가 바로 질투의 여신이 즐겁게 웃는 때이다. 어느 날 그녀는 아테네 상공을 지나다가 갑자기 눈물을 흘리는데, 까닭은 아테네 시가 너무 아름답고 평화로워서 그 도시의 행복을 그녀로서는 견딜 수 없었기 때문이다. 타인의 행복이 그녀에게는 참을 수 없는 슬픔이었던 것이다.

질투의 여신에 관한 이 묘사가 지금도 우리를 사로잡는 까닭은 우리의 가슴속 어딘가 깊은 곳에 그 질투의 여신이 살아 있기 때문이다. 아니, 사촌이 논을 사면 배가 아프다는 속담을 지어낸 우리 조상들의 통찰에 따른다면, 우리의 경우 질투의 여신은 밥통이나 십이지장 속에 있는지도 모른다. 그러나 가슴에 있건 밥통에 있건 간에 질투의 여신이 우리에게 가져다주는 것은 즐거움 아닌 아픔—그것도 공연한 쓰라림과 공연한 고통이다. 그것은 인간을 깊게 하고 영혼을 살찌우는 고통이 아니라 인간을 왜소하게 만드는 고통이다.

질투가 인간을 왜소화하는 부정적 에너지라면, 이 에너지에 전적으로 지배받는 인생은 분명 살 만한 것이 못 된다. 왜냐하면 그것은 보다 동물적인 세계—생존의 필연성에만 지배되는 세계의 삶일 것이기 때문이다. 생존의 필연성에서 완전히 벗어나 있지 못하다는 점에서 인간은 동물의 세계를 공유한다.

우리가 흔히 '감동' 혹은 '감동적인 것'이라 부르는 것은 바로 그 생존본능의 필연성으로부터의 이탈을 말한다. 예컨대, 인간의 목소리가 왜 그토록 아름다운 것인지를 생각해본 일이 있는가? 인간의 목소리는 악기 중에서도 가장 아름다운 악기라고들 말한다. 순전히 생존에 필요한 조건으로서의 목소리라면 그 목소리가 반드시 아름다워야 할 필요도 없고, 아름다운 노래를 부를 필요도 없다. 생존을 위한 신호용에 국한된다면 그 목소리가 '꿀꿀'로 나건 '까악깍'으로 나건 관계없을 것이다. 인간의 목소리가 아름답다는 것은 인간에게 아름다움을 만들고, 그 아름다움에 감동하는 조건과 능력이 주어졌음을 보여주는 한 예이다. '감동을 만들고 감동할 줄 아는 능력'은 그러므로 필연의 세계에서 인간을 들어올려 인간을 인간답게 만드는 종種의 특성이자 '존재의 분계선'이다. 그러나 요즘 우리 사회에서 감동할 줄 아는 사람의 숫자는 왜 나날이 줄어들고 있는 것일까? 감동의 능력을 가진 사람들은 지금 멸종 위기의 희귀 종족처럼 되어 있다. 아무도 감동하지 않는다. 사람들은 저마다 가슴속에 돌멩이를 넣고 다닐 뿐 아니라, 가슴이 돌덩이처럼 굳어지는 것을 오히려 자랑으로 여긴다. 돌처럼 딱딱해지고 무감동으로 무장하지 않으면 인생살이에서 뭔가 큰 손해를 볼지 모른다고 우리는 생각한다. 우리는 지금 감동의 시대를 사는 것이 아니라 돌멩이의 시대를 살고 있다. 돌의 미메시스mimesis(모방)—이것이 지금 우리의 존재양식이다.

감동이란 인간의 가슴에 이는 파도이고, 그 파도소리이다. 가슴속에 물결을 일으킬 수 있는 것은 인간만의 특권이다. 그런데 지금 우리는 그 특권을 자진해서 포기하고, 그 특권의 자진헌납 속에서 오히려 우리의 존재를 확인하고 있다. 감동의 포기를 종용하고 강요한다는 점에서 우리가 사는 시대와 사회와 문명은 명백히 반反인간적이다. 또 그 반인간적 사회에서 생존하기 위해 우리는 매일처럼 '감동 죽이기'를 연습한다. 생존의 필연 앞에서 우리는 역설적으로 매일매일 살기 위해 죽고 있다.

만인의 인문학

"감동할 일이 너무도 없지 않은가"라고 어떤 이는 반문할지 모른다. 이것은 틀린 얘기이다. 감동적 사건, 감동적 경험은 요란스레 나팔을 불며 오는 것이 아니라 낙조처럼 소리 없이, 여름 숲의 향내처럼 은은하게 온다. 그것은 스타카토로 오지 않고 왈츠처럼, 혹은 브람스의 교향곡처럼 잔잔히 물결치며 온다. 그것은 몽둥이가 아니라 가야금 현의 떨림이다. 몽둥이를 기다리는 사람들, 쇼크를 좋아하는 사람들에게는 그 미세하고 잔잔한 떨림이 포착되지 않는다. 감동의 능력을 되찾기 위해서 가장 중요한 것은 작은 것들에서 큰 감동의 원천을 발견하는 일이다. 감동은 무슨 큰 경제적 사건이 아니므로 증권시장에서는 찾을 수 없고, 정치적 사건이 아니므로 요란한 정치성명에서는 찾을 수 없다. 작은 것에서 큰 감동을 일으키고, 그 물결의 파장을 이웃들에게도 전염시키는 사람 — 예컨대 내가 아는 사람 R은 그런 희귀한 감동의 천재이다. 그는 어느 겨울 그의 아내가 담근 열무김치의 맛을 선사하기 위해 한 단지 가득 싸들고 나를 찾아왔었다. 나를 감동시킨 것은 그가 내게 김치 단지를 싸들고 온 사건이 아니라, 자기 아내의 김치 솜씨를 그토록 고마워할 줄 아는 그의 그 능력이었다. 그는 '조선의 맛'을 지키고 전수했다 해서 자기 아내에게 감사패를 만들어준 사람이다.

감동의 모양새는 여러 가지이다. 그러나 생각건대 우리를 가장 감동시키는 것은 자기만의 이익, 자기만의 소득,

자기만의 이기주의에서 벗어나 이웃들에게 기쁜 일을 만들어주는 사람들이다. 그들은 각박한 세상에 살면서도 필연의 논리 앞에서 항복하지 않은 사람들. 자기를 버릴 줄 아는 사람들이다. 감동은 명령으로 되지 않지만, 명령이 감동의 습성을 기를 수는 있다. 그 명령이란 '감동하라!'이다. 감동하는 데는 무슨 큰돈이 드는 것도 아니다. 작은 일에도 입 한번 벌리고 탄성을 말할 때의 그 숨결―그것이 감동의 비용 전부이다. 그런데도 왜 우리는 감동하지 못하는가? 왜 항복한 돼지처럼 사는가? 왜 질투의 여신처럼 사는가?

환대의 식탁

뮤지컬 영화 〈레미제라블〉에는 사람들이 이구동성 '감동적'이었다고 말하는 장면 하나가 일찌감치 도입부에서부터 등장한다. 뮈리엘 주교가 거지꼴의 장발장에게 성당 문을 열어주고 먹을 것, 마실 것, 쉴 곳을 제공해주는 환대의 식탁 장면이다. "우리도 가난하게 살지만 나눌 것은 있소"라고 주교는 말한다. 그는 야밤에 찾아든 그 낯선 인물을 겁 없이 식탁에 앉히고 (그가 혹 도둑이라면 어쩔 것인가) '우리의 특별한 손님'이라 불러준다. 장발장은 자기를 특별 손님으로 대접해주는 뮈리엘을 놀란 눈으로 쳐다본다.

놀랄 만도 하다. 그는 출옥 후 그날 그 순간까지 그런 식의 환영을 어디서도 받아본 일이 없기 때문이다. 장발장에 대한 뮈리엘의 환대는 세 번에 걸쳐 발생한다. 식탁 장면이 첫 번째 것이라면, 두 번째 것은 은식기를 훔쳐 달아났다가 경찰에 잡혀온 장발장을 뮈리엘이 곤경에서 구해주는 장면이다. "아니, 이 은촛대는 왜 안 가져갔소?" 주교는 얼굴이 뻘게진 장발장에게 은촛대까지 안겨준다. 장발장에게는 놀라운 환대이자 구원의 순간이다. 세 번째 것은 뮈리엘이 장발장에게 '환대받을 권리'가 있음을 말해주는 장면이다. 권리가 있다고? 그렇다. "당신은 나의 형제이기 때문"이라고 뮈리엘은 말한다. 뮈리엘의 환대론, 혹은 권리로서의 환대론은 장발장만이 아니라 바로 지금 이 시대, 이 21세기 한국인에게도 놀라운 데가 있다. 그 환대론에 대한 현대적 해석학은 이런 식의 주장과 설명법을 채택할 수 있다. 환대는 주인이 손님에게 베푸는 일시적 선심행사가 아니고, 우월한 위치의 주인이 약한 위치의 수혜자에게 행하는 비대칭적 자비행도 아니다. 그것은 손님의 권리이고, 그 권리에 대한 존중이다. 환대는 보상에 대한 기대에서, 혹은 상대방과의 상호주의적 교환의 게임룰 위에서 이루어지는 거래행위도 아니다. 환대는 무조건적인 것이다. 그 무조건성은 환대받을 권리의 보편성에서 나온다. 그 권리는 당신의 것, 그의 것, 나의 것이다. 내가 환대받을 권리를 주장하는 한 나는 당신의 환대권을 인정해야 한다. 환대에 대한 타자의 권리를 부정하는 순간 내가 환대받을 권리도 부정된다.

최근 우리 사회에 발생한 일련의 불행한 사건·사고들 앞에서 나라와 사회에 대한 강한 변화의 요청들이 제기되고 있다. 국가는 국가대로, 사회는 사회대로 '몸부림치며' 바꾸고 고쳐나가야 할 일들이 많다. 그러나 우리가 명심해야 할 것이 있다. 우리는 시민으로서, 국민으로서, 그리고

만인의 인문학

인간으로서 '환대받을 권리'를 갖고 있다는 사실을 뼈에 속속들이 새기고 온몸의 기억세포들에 입력시켜 사회에 만연한 '인식의 부패'와 '의식의 부패'를 청산할 필요가 있다. "사람 밑에 사람 있고, 돈 밑에 사람 있고, 권력 밑에 사람 있다"고 생각하는 것이 인식의 부패다. 그리고 그 부패를 당연지사로 여기는 것이 의식의 부패다. 뮈리엘의 환대윤리가 장발장을 바꿔놓는다면, 그 윤리의 한국적 응용기회는 참으로 많다. 군 입대자는 두들겨 패도 되는 제국군대의 졸병이 아니라 존중해야 할 소중한 존재이고, 대학강사는 멸시해도 될 하급 지식근로자가 아니라 존중해야 할 소중한 교육인력이다. 모든 사회적 약자와 최소 수혜자들에게도 이런 환대윤리의 확장이 필요하다.

근대 민주사회는 전통사회의 규범들을 많이 희생시켰지만, 시민이 시민으로서 유지해야 할 예절과 예의까지 내팽개친 것은 아니다. 평등한 시민들 사이의 상호존중과 예절이 '시빌리티civility'다. 시민에 대한 시민의 예의에다 '인간에 대한 인간의 예의'라는 확장된 차원을 얹어주는 것이 '환대hospitality'다. 시빌리티가 '시민들' 사이의 차이를 존중한다면, 환대는 모든 분할과 분리의 체계를 넘어 '사람들' 사이의 공통성을 존중한다. "우리는 같은 인간"이라는 것이 그 공통성이다. "우리는 형제"라는 뮈리엘 주교의 말도 결국은 그런 의미의 것이다.

몰 플란더즈의 사회사

대니얼 디포의 소설 『몰 플란더즈』에 작품명을 부여한 여자 주인공 몰 플란더즈는 도둑, 날치기, 사기꾼이고 필요하면 언제든 남자를 갈아치우는 여자이다. 사기꾼이므로 그녀의 말은 언제나 거짓말과 복화술複話術의 언어이다. 그녀가 "나 내일 런던 간다"라고 말하면 그건 런던 간다는 소리가 아니라 사실은 다른 델 간다는 의미이다. 소리와 의미를 이처럼 철저히 분리할 수 있다는 것이 그녀가 터득한 중요한 '기술'이다. 그것은 그녀가 쉽게 돈 버는 기술, 사기치는 기술, 성공의 기술이다. 그런데 흥미로운 것은 이 여자가 독실한 청교도이고, 스스로 '착한 여자'라 믿어 의심치 않는다는 사실이다. 그녀에게서는 말과 의미만 따로 노는 것이 아니라 행동과 믿음, 실천과 도덕률도 따로 논다.

이 18세기 영국 소설의 여성 인물이 주목되는 것은 자기모순에 대한 그녀의 신비한 불감증과 그 불감증의 현대적 편만 때문이다. 도둑이면서 청교도이고, 사기꾼이면서 스스로 하느님의 착한 딸이라 믿는 여자 —— 그녀는 이 모순을 모순으로 인식하지 않고, 따라서 아무 갈등도 느끼지 않는다. 이런 불감증은 어떻게 가능한가? 디포는 불가능한 인물을 만들었는가? 근년 우리 사회가 즐겨 쓰는 고리타분한 용어로 표현하자면 플란더즈는 '도덕 불감증'의 여자이고, 작가 디포는 도덕적 능력이 마비된 한 특수한 개인 유형을 그려 보인 것이 된다. 그러나 플란더즈의 불감증을 그녀의 개인적 특성으로만 돌리는 이 종류의 설명은 그리 적절하지 않다. 그런 설명은 중요한 사회사社會史 한 편을 전면 생략하고 있기 때문이다.

개인주의와 성공의 문화가 지배적 규범이 되는 사회, 인간의 다른 어떤 성취보다도 경제적 성취가 유일 가치로 강조되는 시대에 불가피하게 등장하는 것은 수단방법을 가리지 않는 '성공의 기술'이다. 그 사회에서 개인의 경제적 성공 여부는 전적으로 그 개인의 책임이며, 이 책임을 수행할 수 있을 때만 개인은 성공한 인간으로서의 자존自尊을 유지할 수 있다. 그러나 개인주의 이데올로기의 확산에도 불구하고 모든 개인이 쉽게, 그리고 평등하게 성공할 수 있는 것은 아니다. 현대사회가 겪는 범죄의 폭발적 증대는 성공문화의 사회 속에서 성공하기는 쉽지 않다는 사실에 크게 연유한다. 몰 플란더즈는 바로 그런 사회에서 성공하기 위해 모든 방법을 동원하는 인물이다.

성공의 기술자라는 점에서 플란더즈는 아주 현대적이

다. 현대 범죄의 특성은 범죄기술을 고도화하고, 이 고도기술을 자랑으로 여긴다는 것이다. 이 경우 범법자는 범죄행위 자체를 부끄러워하지 않는다. 그가 스스로 수치를 느끼는 것은 기술 발휘에 실패했을 때이다. 그 실패는 기술자로서의 그의 자존심을 상하게 하고, 그의 이미지를 훼손한다. 성공만이 그에게 최고의 도덕률이며, 그 밖의 것들은 전혀 논외의 문제이다. 이것이 무슨 수를 써서라도 성공해야 한다는 단일명령에 매몰되었을 때 인간의 모습이다. 몰플란더즈처럼 그에게는 범죄행각이 오히려 자랑스러운 기술과 능력의 발휘이다. 그 능력 발휘로 성공하는 한 그는 천지에 부끄러울 것이 없고, 하느님 앞에서도 떳떳하다. 실패만이 그를 부끄럽게 한다.

우리 사회, 그리고 언론매체들이 근년 허다하게 발생한 이런저런 범법 양상들을 놓고 걸핏하면 반인륜 범죄니 인면수심이니 도덕 불감증이니 하는 용어들을 남발하는 것은 우리 사회에 발생해 있는 더 깊은 사회사적 변동의 현실을 외면하고 보지 않으려는 지적 게으름과 관계있다. 이 게으름에는 사회적 성찰이 없고, 분석적·비판적 시각이 들어 있지 않다. 필요한 것은 문제의 개인적 차원과 사회적 차원을 함께 보는 시각이다. 그 시각이 있을 때만 문제적 사회를 보는 눈이 생기고, 그 사회를 교정하기 위한 노력이 가능해진다.

만인의 인문학

여행자의 이야기

나는 이 글을 미국의 동부 버펄로라는 곳에서 쓰고 있지만, 지금쯤 새내기들을 맞아 시끌벅적할 우리나라 대학 캠퍼스들이 눈에 선하다. 해마다 고목에 물오르고 개구리 잠 깨는 봄의 시작과 함께, 눈빛 초롱한 신입생들을 만난다는 것은 대학에 몸담고 있는 사람들의 큰 행복 가운데 하나다. 봄학기가 1월에 시작되는 미국에서는 우리처럼 새내기를 맞는 춘삼월의 설렘을 경험할 수 없다. 내가 머물고 있는 버펄로는 경상도보다 더 클 성싶은 호수를 양쪽에 하나씩 끼고 있어 3월에도 무시로 흐린 눈발이 분분하고, 4월이 지나야 간신히 봄이 오는 고장이다. 여기서 차로 30분 거리의 나이아가라 폭포 주변에는 물보라를 뒤집어쓴 나무들이 투명한 얼음옷을 두께두께 입고 있다. 나무들이 얼어 죽지 않는 것이 기적 같다. 얼음집이 에스키모에게 집이듯, 나이아가라의 나무들에게는 얼음옷이 겨울옷인지 모른다.

돌연한 깨침처럼, 여행자는 흔히 두 가지 만남을 경험

한다. 그는 여행길에서 많은 것을 보되, 그가 본 어느 것도 소유하지 못한다. 새로운 것, 아름다운 것, 탐나는 것들이 제아무리 많아도 그는 그냥 빈손으로 돌아가야 한다. 소유의 왕국에서 해방된 사람처럼 그는 아무것도 소유하지 않고 소유할 수 없다. 여행이란 그러므로 소유와 집착으로부터의 자유로움, 우리에게 익숙하지 않은 그 낯선 자유와의 만남이다. 그리고 그는 남의 나라, 그 타자他者의 고장에 와서 어럽쇼, 어찌 된 건가, 거기서 마치 거울 속의 자신을 만나듯 제 나라 자기 고장, 자기자신을 발견한다. 영국 작가 G. K. 체스터턴이 했던 말("외국 땅에 발을 딛는다는 것은 자기 조국에 발을 딛는 것이다") 그대로 그는 타지에서 고국을 만난다.

여행은 그러나 이런 두 개의 만남으로만 끝나지 않는다. 세 번째 만남이 있다. 제 나라에 돌아왔을 때 그는 자신이 이미 이전의 자기가 아님을 문득 깨닫는다. 남의 고장에서 제 나라를 발견한 사람은 제 나라에서도 남의 고장을 발견한다. 그에게 가장 익숙하고 친숙한 것들에서 그는 그가 몰랐던 타자의 얼굴을 만나는 것이다. 그는 바뀌어 있다.

대학을 다닌다는 것과 여행의 경험 사이에는 모종의 유사성이 있어 보인다. 여행의 경우처럼 대학에서 우리는 아무것도 소유하지 않는다. 우리가 가진 것, 고정관념, 굳어진 가치관에서 벗어나 자유로워지는 것이 대학생활이다. 무언가를 단단히 움켜쥐기 위해, 어떤 것에 매달리고 집착하기 위해 대학에 가는 이가 있다면, 그는 번지수를 잘못

잡은 사람이다. 우리는 누에고치가 되기 위해 대학에 가지 않는다. 모래에 머리 처박는 타조처럼 자기가 믿는 것에만 열심히 머리 파묻기 위해서라면 대학에 가지 않아도 된다. 쥐었던 것도 일단 놓는 곳, 거기가 대학이다. 놓지 않고는 우리가 대학에서 새로운 것을 만날 가능성은 없다. 몸을 가두는 육체의 감옥이 있다면, 혼을 가두는 정신의 감옥도 있다. 대학은 정신의 가두리 양식장이 아니라 여행자의 행로처럼 열린 바다, 넓은 하늘, 트인 지평이다.

『걸리버 여행기』의 주인공 걸리버는 난쟁이, 거인, 철학자, 말들의 나라를 여행하고 '야후Yahoo'족도 만난다. 이 나라들은 세상에 존재하지 않는 판타지 속의 세계이다. 그런데 이상하다. 그 존재하지 않는 이상한 나라들의 여행기에서 18세기 영국 독자들이 본 것은 자기네 나라 영국이다. 낯선 나라를 통해 되비쳐오는 제 나라의 얼굴 만나기, 그것이 여행의 한 소득이라면 대학생활의 가장 자랑할 만한 성과도 나 아닌 것, 타자, 다른 세계들과의 만남을 통해 나를 알고 넓어지는 것이다. 이 자기확장을 가능하게 하는 것이 자기에게 질문을 던질 줄 아는 성찰과 비판의 능력이다. 질문하는 능력의 확장을 보장하기 위해 사회가 대학에 인정하는 높은 특권이 대학의 자유, 학문의 자유다. 그것은 특권이되 모든 기득권을 거부하고 진리의 소유·주장을 심문하는 특권, 정신의 가장 활발하면서도 겸손한, 그리고 겸손해지기 위한 특권이다. 평론가 에드워드 사이드는 에세

이집 『유배에 대한 성찰』에서 모든 형태의 문화적 고정성에 비판적 거리를 유지하는 것이 유배자exile의 정신이며, 자신은 그런 유배자의 하나라고 말한다. 그리고 테오도르 아도르노의 말을 인용한다. "자기 집에서 편하지 않은 것, 그것이 도덕성의 한 부분이다." 집으로 돌아와 타자의 존재를 보는 여행자, 그는 사이드의 유배자와도 비슷하다. 그 여행자의 소득에서 우리는 안주하지 않는 대학생활의 정신적 성취를 본다. 나중에 설혹 어떤 안거의 순간이 온다 할지라도 그것은 질문 없이 네모꼴로 오래오래 퍼져 앉은 자의 안주는 아니다.

문화여, 거울 앞에 서라

문화는 그 가장 넓은 의미에서 '사람들이 사는 방식'이다. '사는 방식'에는 먹고 입고 집 짓고 사랑하고 미워하는 방식은 물론 죽는 방식까지 포함되고, 사고와 행태, 표현, 가치, 의식儀式, 이데올로기 등 삶에 질서와 의미를 부여하는 일체의 양식과 체계들이 망라된다. 조금 달리 표현하면 문화는 인간이 자연을 길들이는 방식, 사람을 길들이는 방식, 죽음을 길들이는 방식의 총체이다.

부족 또는 민족집단들을 때로는 현저하게 때로는 섬세하게 '차이' 짓는 것이 문화다. 문화적 보편이라는 것이 없지 않지만, 이 보편은 언제나 특수를 통해 구현된다. 집짓기는 문화적 보편이되 집 짓는 양식은 문화마다 다르다. 이런 차이는 특정의 부족/민족이 어떤 환경에서 어떤 적응방식, 생산양식, 사회체제를 발전시키는가에 달려 있다. 문화적 차이가 민족집단의 문화 정체성을 구성하고, 문화 정체성이 많은 경우 민족성 또는 민족 정체성을 형성한다.

말하자면 문화적·민족적 정체성은 하늘에서 떨어진 것이 아니라 역사적 구성물이다.

문화 정체성이 역사적으로 구성된 것이라면, 그것은 언제나 변화 가능성을 전제한다. 문제는 오랜 기간에 걸쳐 형성된 문화 습관, 행태, 이데올로기 등은 생산양식과 사회관계의 변화에도 불구하고 쉽사리 변하지 않는 관성과 내성을 갖는다는 데 있다. 사회변화의 시간과 문화의 시간은 같이 가지 않는다. 때문에 사회변화가 빨라지는 시대에는 그 빠른 변화의 속도와 느리게 움직이는 문화적 관성 사이에 현저한 격차가 벌어지는데, 이 격차가 소위 '문화적 지연cultural lag'이다.

현대 한국인에게서 지적되는 많은 부정적 행태들 가운데 상당수는 이 지연현상으로 설명될 수 있다. 산업은 근대화되고 사회는 민주주의체제로 바뀌었으나 근대 이전에 형성된 관습과 태도, 행동방식은 좀체 변하지 않는다. 집단주의, 혈연주의, 가부장 이데올로기, 권력추수주의, 배타성, 권위주의 같은 비합리적 행태들은 사회환경의 근대적 변화에도 불구하고 근대적 합리성의 문화는 배양되지 않은 데 크게 연유한다. 한국인이 사적 이해관계와 공적 가치를 잘 구분하지 않는 것은 물론, 도대체 공영역적 문제들 앞에서는 놀랄 정도의 무관심, 냉담, 마비 증세를 보이고, 토론과 비판을 기피하고 억압하는 것도 합리적 시민문화의 부재 때문이다.

문화적 지연으로 얼른 설명되지 않는 것도 있다. 예컨

만인의 인문학

대 현대 한국인은 정세 변화에 무관심한 것이 아니라 오히려 민감하고 변화에 잘 적응한다. 자본주의체제에의 급속한 적응, 세계화 시대의 파도타기, 정보화의 기민성, 경험의 망각과 평가절하 등은 그런 예이다. 그런데 잘 들여다보면 이 적응의 문화적 구조는 여전히 합리적이지 않고, 현대적이지도 않다. 게다가 자본주의의 가장 나쁜 문화적 속성들, 민주주의의 부정적 요소들, 세계화 추세의 문화획일주의 등이 우리의 무비판적인 행태들과 재빨리 결합하여 이기적이고 천박하고 경박하기 짝이 없는 '추악한 한국인'을 만들어낸다.

'민족성'이라는 개념은 역사적 의미로 쓸 경우 외에는 극히 위험하고 근거 없는 것이다. "민족성은 불변이다"라는 말은 과거 일본 식민지배자들이 "조센징은 할 수 없다"고 말한 것과 사실상 차이가 없다. 현대 한국인의 부정적 행태들은 불변·부동의 민족성 문제가 아니라 문화의 비판적 자기성찰의 부재, 곧 합리적 시민문화와 비판적 시민교육의 부재와 관계된 문제이다. 문화비평이 할 일, 매체가 할 일의 상당 부분은 이 부재를 메우는 작업이다.

자기성찰의 힘이야말로 가장 참된 의미에서 문화적 성숙성이다. 우리에게는 부정적 문화 요소만 있는 것이 아니라 긍정적 요소도 많고, 전근대 문화 요소들이 전근대적이라는 이유로 모두 부정되어야 하는 것도 아니다. 그러나 긍정 요소만 보고 부정적인 것은 은폐할 때 민족은 소아

병적 자기도취에 빠진다. 지금 우리에게 필요한 것은 나르
시시즘이 아니라 자기성찰의 거울이다. 문화여, 거울 앞에
서라.

행복의 경제학

'행복'만큼 주관적인 것도 없다. 사람마다 행복의 모양새가 다르고, 색깔이 다르다. 가난한 섬마을 아이들은 개펄에 뒹굴며 놀아도 행복하고, 비단옷 입은 제왕은 용상에 앉아서도 전혀 행복하지 않았던 경우가 허다하다.

행복이라는 것이 학문, 특히 사회과학의 연구 대상이 되기 어렵다고 여겨져 온 것은 행복의 이런 높은 주관성과 가치 연관성 때문이다. 과학은 검증과 측정과 체계화의 단단한 절차들을 요구한다. 이 사람에게는 행복인 것이 저 사람에게는 행복도 아무것도 아니라면 행복을 측정할 객관적 기준을 뽑아낼 길은 막막해 보인다.

그런데 요즘 사정이 많이 달라지고 있다. 사회과학자들이 행복 연구에 뛰어들고 있고, '행복학'이란 것을 새로운 학문영역으로 올려세워보려는 움직임도 있다. 특히 눈에 띄는 것은 경제학자들의 행복 연구다. 이 분야의 개척자 가운데 하나인 리처드 이스털린,『행복의 경제학』을 쓴 마크 애니엘스키는 모두 경제학 교수이다.『행복과 경제학』의 저자 브루노 프라이도 취리히대학교 경제학자다. 최근 프랑스어로 번역되어 꽤 많은 독자를 얻었다는『행복: 신학문의 교훈』의 저자 리처드 레이어드는 런던 경제대학교의 저명 교수다.『행복의 역설』을 쓴 그레그 이스터브룩도 경제학자이다.

경제학자들이 부쩍 행복 연구에 달려드는 이유는 이해할 만하다. 행복에 대한 생각은 사람마다 다를 수 있지만, 행복을 좌우하는 가장 강력한 결정자를 대라면 사람들의 머리에 맨 먼저 떠오르는 것은 긍정적 의미에서건 부정적 의미에서건 돈, 소득, 부 같은 경제적 요소들이다. 실업, 고용 불안, 빈곤, 부채에 시달리는 사람들에게 행복은 누가 뭐래도 단연 돈의 모습으로 오거나 적어도 '돈과 함께' 온다. 사랑처럼 행복도 결코 '돈으로' 혹은 '돈만으로' 살 수 없다는 것을 사람들은 안다. 그러나 다른 어떤 자본보다도 물질자본 혹은 재정자본이 행복의 방정식을 좌우한다는 것도 사람들은 안다. 경제학자들이 행복 연구에 뛰어드는 것은 행복의 결정자 가운데 경제적 요소가 차지하는 비중이 크기 때문이다.

그런데 흥미로운 것은 '행복의 경제학'을 말하는 경제학자 중에 어느 누구도 부의 축적이 행복의 열쇠라고 주장하지 않는다는 사실이다. 이들에 따르면 돈은 행복을 결정하는 다섯 가지 요소들(인간자본, 사회자본, 자연자본, 환경자

만인의 인문학

본, 재정자본) 중의 하나이다. 다른 요소들이 모자라거나 찌그러져 있을 때는 아무리 돈이 많아도 행복의 파랑새는 물 건너간다는 것이다. 지난 50년간 전 세계적으로 소득 증대와 경제 번영이 진행되었지만, 그 덕분에 사람들이 더 행복해졌다고 느끼지는 않는다. 이것이 '행복의 역설'이다. 물질자본은 증가했으나 행복감은 증대하지 않았다는 것이 이 역설의 골자다. 부가 증대하면 할수록 오히려 불행감은 더 높아진다는 연구결과를 내놓는 경제학자도 있다.

이런 역설은 왜 발생하는가? 『행복과 경제학』의 저자 브루노 프레이의 진단은 "돈보다 민주주의가 행복에 더 중요하다"는 것이다. 그가 말하는 민주주의는 사람들이 공동체의 삶에 적극적으로 참여하고, 공동체를 함께 일구고, 운명을 자기 손으로 결정하는 민주적 '자율성'이다. 다른 경제학자들도 예외 없이 행복과 공동체, 행복과 민주적 시민사회 사이의 깊은 연관성을 언급한다. 진단이 이 경지에 이르면 행복의 문제는 경제학을 넘어 사회학, 정치학, 심리학의 영역으로 확대된다. 요즘 영향력이 대단한 하버드대학교의 정치학자 로버트 퍼트넘은 '웰빙'이 돈의 문제가 아니라 시민적 덕목, 연결망, 공동체의 안전 같은 무형의 '사회자본'에 따라 결정된다고 주장해온 사람이다. 이런 주장과 경제학자들의 진단 사이에는 상당한 친연성이 있다. '웰빙'을 말하는 지금의 한국인들이 곱씹어볼 대목이다.

천사가 그대에게 묻기를

러시아 민담에는 '소원 성취'에 관한 재미난 이야기가 많다. 어떤 질투꾼 농부 이야기도 그중의 하나이다. 한 마을에 시기심 많은 농부가 살았는데, 하루는 그에게 신이 나타나 말한다. "네 소원이 무엇이냐? 하나만 말하라. 내가 이루게 하리라." 돈벼락? 온종일 달려도 끝이 안 보일 넓은 밭과 나귀 100마리? 아니다. 농부는 한참 생각하다가 대답한다. "하느님, 우리 동네 사람들 눈을 하나씩 빼서 모두 애꾸가 되게 해주십시오." 이 농부에게는 무엇을 얻느냐가 소원이 아니라 남들이 가진 것을 어떻게 박탈하는가가 소원이다. 차르시대 러시아 농사꾼들의 심성을 마비시킨 '질투의 문화'를 슬쩍 엿보게 하는 대목이다.

이런 것도 있다. 이번에는 가난한 농사꾼 부부에게 신이 나타나 소원 세 가지를 말하라고 제안한다. 밥 짓던 아내가 냉큼 대답한다. "하느님, 소시지 못 먹어본 지가 오랩니다. 소시지가 소원입니다요." 그 말을 듣고 있던 남편은 불쑥 화가 치민다. 모처럼 찾아온 기회인데, 저 여편네가 하필 소시지 타령이나 하고 있다니! "겨우 소시지라고? 이 여편네야, 소시지가 그렇게 원이라면 네 코나 소시지같이 길어져라." 그러자 피노키오의 코처럼 아내의 코는 기다란 소시지코로 늘어난다. 화는 화를 촉발한다. 아내도 가만 있을 수 없다. "내 코를 이렇게 만들어놓고 당신은 무사할 줄 알아? 하느님, 저 인간에게도 소시지코를 달아주세요." 그렇게 해서 부부의 코는 평등하게 소시지 길이를 성취했는데, 그들이 그 코를 어떻게 했는지에 관해서는 후속담이 없다. 어떤 이야기에 따르면, 소시지코를 갖게 된 아내가 "아이고, 하느님, 내 코를 원래대로 돌려놓아주십시오"라 빌고, 세 가지 소원 말하기는 결국 부부의 코 싸움으로 끝났다고 한다.

대학 입시 면접에는 이른바 '인성 테스트'라는 것이 있다. 몇 분간의 짧은 문답으로 어떻게 인성을 테스트한다는 것인지 나로선 알 길이 없으나, 그 불가능한 작업을 수행하기 위해 나는 대학 쪽이 준비해준 예시문항들과는 관계없는 러시아 민담식 질문들을 가끔 던질 때가 있다. "자네가 도깨비방망이를 가졌다 치자. 그걸로 자네의 소망 세 개를 이룰 수 있다. 무엇 무엇을 이루고 싶은가?" 가족이 모두 건강했으면, 대학에 재깍 붙었으면, 할머니 다리가 펴졌으면…… 이런 답변들이 나온다. 소망 두 가지까지 말해놓고, 나머지 하나는 "비밀로 하고 싶어요"라는 여학생도 있다. "도깨비방망이가 뭡니까?"라는 역질문도 나온다.
"금 나와라 뚝딱, 은 나와라 뚝딱…… 금비까비 은비까비
얘기 같은 거 들은 적 없어요?" "없는디요." "외국서 살다
왔나요?" "아뇨, 토종입니다." 이 토종은 교과서·참고서만
열심히 공부한 '범생이' 부족의 일원이었던 모양이다.

   "악마가 와서 귀하의 모든 단점을 한 번에 없애주겠노
라 한다면 그 제안을 받아들이겠는가?" 이런 질문도 나는
던진다. "거부하겠습니다"라는 대답이 많다. "왜 거부하는
가?" 한 여학생의 답변. "단점이 없어지면 제가 생각할 거
리도 없어질 것 같아서요." '악마'라는 말이 더러 맘에 걸린
것일까? 이번에는 '천사'를 등장시켜 보기로 한다. "천사가
나타나 아무개야, 인간으로서 네가 천사들에게 자랑할 만
한 것이 있느냐? 말해보라, 란다면 귀하는 무얼 자랑하겠
는가?" 물론 이건 라이너 마리아 릴케의 「두이노의 비가」
에 나오는 한 구절에서 따온 질문이다. "저는 정기적으로
헌혈을 합니다"는 대답도 나오고, "남을 잘 배려합니다"라
는 답변도 있다. "어떻게?"라고 물으면 "지하철에서 친구
가 피곤해할 때 자리를 양보합니다"라고 어떤 입시생은 말
한다.

   '소망'을 세워보는 것은 신년 벽두 우리네 가슴의 은밀
한 행사이기도 하다. 나의, 당신의, 우리의 세 가지 혹은 한
가지 소망은? 천사가 신년 초두의 한국인에게 와서 "한국
인이여, 당신이 인간으로서 자랑할 만한 것이 있는가? 말

만인의 인문학

해보라"고 주문한다면? 개인의 꿈이 있듯 모두가 함께 꾸는 집단의 꿈도 있다. 시민단체의 구호 중에 "함께 꾸는 꿈은 현실이 된다"라는 것이 있다. 좋은 문구다. 개인으로서의 나의 꿈과 집단으로서의 우리의 꿈이 모두 천사 앞에 정정당당하게 내놓고 '자랑할 만한 것'일 수 있다면 얼마나 좋을꼬. 공개하라면 이것이 나의 세 가지 신년 소망 가운데 하나이다. 다른 두 개는? 나도 앞서의 여학생처럼, 그러나 한술 더 떠서, "그 두 가지는 비밀"이다.

패션의 철학

토머스 모어가 쓴 『유토피아』(1516)는 유행이 없는 나라이다. 사람들은 모두 모양이 똑같은 옷을 입어야 하고 두발, 구두 할 것 없이 모양새가 동일하다. 그 나라에서는 사람들 사이의 기호의 차이, 스타일의 차이, 취향의 차이가 전혀 중요하지 않다. 그런 차이란 극히 사소한 것이어서 거기에 무슨 의미나 중요성이 부여될 필요가 없다. 사람들이 작은 차이에 신경 쓰지 않아도 되는 곳, 그것이 모어가 생각한 유토피아의 모양새이다. 이 16세기적 상상력에서 유토피아란 '차이의 욕망이 제거된 공간'이다.

그보다 훨씬 일찍 플라톤이 『국가론』에서 그려낸 이상 국가도 유행이 없는 나라라는 점에서 모어의 유토피아와 상당히 닮아 있다. 플라톤식으로 말하면 유행이란 '거죽'과 '변덕'의 영역이다. 무엇이건 '거죽'에 속하는 것은 시간과 함께 조만간 스러져갈 허망한 그림자, 허깨비, 비본질이다.

인간의 육체 자체가 바로 그런 비본질의 거죽이다.

물론 플라톤이 '유행' 그 자체를 논한 대목은 없다. 그러나 그의 논리를 따라 말한다면 유행은 비본질적 거죽인 육체의 영광에 바쳐지는 장식술, 곧 '거죽의 거죽'을 만드는 기술이며, 이 기술의 핵심은 변덕이다. 이 변덕에 철학은 무슨 철학? 그의 이상국가에는 '디자이너'가 필요 없다. 필요 없는 정도가 아니다. 그의 시대에도 패션 디자이너라는 직종이 있었다면 그는 시인과 마찬가지로 디자이너도 사람들을 변덕의 노예가 되게 하는 '유해한' 존재로 규정했을 것이고, 시인과 함께 추방 대상 제1호에 집어넣었을 것이 확실하다.

기독교 상상력이 그려낸 '천국'도 패션 디자이너들이 갈 곳은 아니다. 모피옷 차림의 천사, 가죽옷을 입은 천사를 우리는 본 적이 없다. 미니스커트, 핫팬츠, 청바지, 힙합의 천사를 우리는 본 적이 없고, 펑크머리 천사도 본 일이 없다. 천국에는 다양한 형식, 색깔, 모양이 필요하지 않다. 천사들은 바느질 흔적도 천을 이어붙인 흔적도 없는 희고 얇은 무봉無縫의 날개옷 하나만 걸치고 다닌다. 천국에서는 시간이 흐르지 않고, 계절이 없고, 날씨 변화도 없고, 먼지도 없다. 땀 흘리며 뛰어다닐 일도 없고 낚시, 등산, 캠핑을 가거나 데이트하고 연애할 일도 없으므로 옷 갈아입을 필요가 없다. 천국의 옷을 지배하는 것은 단 하나의 색깔, 백합보다 더 순결무구한 흰색이며 모양새도 마르고 닳도록

한 가지뿐이다. 패션에 관한 한 천국은 눈부신 백색의 사막이다. '패션'은 거기서 어느 경우에도 화제가 될 수 없다.

패션은 지상에만, 그것도 인간의 세계에만 있다. 그것은 인간세계를 특징짓는 몇 안 되는 현세적 영광 가운데 하나이다. 그것은 인간의 세계를 모어-플라톤식의 유토피아나 기독교의 천국으로부터 갈라놓고, 동물의 세계와도 갈라놓는다. 자연의 세계는 다양하지만, 그 다양성은 종種의 다양성이지 종 내부에서의 패션의 다양성은 아니다. 까치가 집 짓는 방식은 동서양 까치들 사이에 차이가 없고, 시대적 차이도 없다. 21세기 까치집은 2,000년 전의 까치집과 다르지 않다. 거기에 패션은 없다. 까치, 사자, 고양이, 개코원숭이들이 패션쇼를 벌였다는 소문을 우리는 들은 적이 없다. 그러나 인간의 경우는 다르다. 문화에 따라, 사람에 따라, 시대에 따라 사람들이 집 짓는 방식은 천차만별이고 옷, 구두, 머리모양, 장신구도 제각각이다. 언어와 패션은 이 만별의 차이를 추구하는 인간 특유의 재주, 즐거움, 영광을 대표한다. 패션의 능력 덕분에 인간은 본능적 유전부호를 넘어선 곳에서 자의적 창조성을 발휘하고, 차이와 다양성의 추구로부터 행복을, 그리고 획일성의 거부로부터 자유를 확인한다. 모어나 플라톤의 유토피아적 획일성은 통제사회의 특징과 별로 다르지 않다. 예브게니 자먀찐이라는 러시아 작가가 『우리들』이라는 소설에서 그려낸 부정적 디스토피아dystopia에서도 사람들은 '한 가지 옷'만 입게 되어 있다. 이 획일주의는 다양성과 창조성을 학

만인의 인문학

살하는 이 살고 싶지 않은 나라의 반유토피아적 성격을 대변한다.

그러나 패션의 철학이 다양성, 창조성, 자유의 가치들과만 연결되는 것은 아니다. 패션에도 어둔 구석은 있다. 패션은 비록 짧은 기간이지만 사람들을 '한 가지 모양'에 몰두하게 하는 집단순응주의와 '새것'의 페티시즘fetishism을, 작은 차이에 목숨을 걸게 하는 사소성의 나르시시즘을, 그리고 이 나르시시즘을 무한히 착취하는 분별없는 소비문화를 조장한다. "이게 요즘 유행입니다"라고 옷가게 주인은 말한다. "이 유행을 따르지 않으면 당신은 앞으로 최소한 두 달 동안 촌놈을 면할 수 없다"라고 그는 말하고 있는 것이다. 두 달? 요즘 같은 속도 시대에 유행의 수명은 두 달이 아니라 두 주일이다. 유행은 소비와 순응을 명령한다. 소비의 명령을 따를 구매력이 없는 사람은 한순간 초라한 무능력자로 몰릴 위협 앞에 노출되고, 유행의 순응 명령을 따를 의향이 없는 사람은 구제불능의 구닥다리, 혹은 네안데르탈의 직계 후손이 된다. 유행이 유행의 이름으로 집단순응과 소비를 명령하고 다양성을 되레 파괴할 수 있다는 것은 유행의 영광에 따라다니는 어둔 그림자이다.

이 영광의 빛과 그림자를 따로따로 분리할 수 있을까? 그럴 수 없다. 그 빛과 그림자가 한 몸으로 뭉쳐 있다는 것은 패션의 운명이며, 패션이 특별히 인간적 영광의 하나인

한 그 운명은 인간의 세계 자체가 안고 있는 모순의 일부이다. 우리가 할 수 있는 일은 패션의 다양성을 유지함으로써 '하나' 또는 '한 가지'만을 내세우려는 전제專制주의적 열정을 막아내고, 유행이 반反유행의 옹고집도 만날 수 있게 하는 일뿐이다. 패션이 패션에 의해 끊임없이 부정되는 이 기묘한 모순이 인간세계를 천국보다 훨씬 낯선, 그리고 훨씬 재미있는 곳일 수 있게 한다.

폴 고갱의 질문과 합장의 디자인

폴 고갱의 타이티 시절 그림 중에는 화폭도 길고 제목도 아주 긴 작품이 하나 있다. 그 제목은 〈우리는 어디서 왔는가, 우리는 무엇인가, 우리는 어디로 가고 있는가〉(1897)라는 세 개의 질문들로 되어 있다. 이렇게 긴 화제를 내건 작품이 세계 미술사에 또 있을까 싶다. 질문 하나하나의 내용도 인간이 오랜 세월 응답을 찾기 위해 애써온 크고도 본질적인 물음들이다. 이 질문들은 지금도 던져지고 있다. 나는 고갱의 그 긴 제목이 그의 평생 화두—자기 예술의 철학적 주제와 예술적 동기들을 담은 것이 아닌가 생각해보곤 한다. 타이티 시절의 그의 그림 하나하나는 그 웅장한 물음에 대한 그의 응답들을 담고 있다는 생각도 든다.

그 고갱의 질문들을 근년 세상 사람들에게 다시 환기시킨 사람은 생물학자 에드워드 윌슨이다. 윌슨의 2012년 저서 『지구의 사회적 정복』(국역판 제목은 『지구의 정복자』)은 고갱의 질문들에 대한 진화론자 윌슨의 응답이다. 첫 번째 질문(인간은 어디서 왔는가)에 대한 진화론의 답변은 사람들이 이미 익히 아는바다. 기원 문제는 신화와 종교의 오랜 주제였지만, 신화나 종교의 답변은 이제 더는 답변이 아니라고 윌슨은 말한다. 진화론이 생명의 기원을 이미 충분히 '과학적으로' 설명하고 있기 때문이다. 현존 생명체들은 극히 복잡하고 정교한 '디자인'을 갖고 있지만, 생명체의 출현을 주재한 "최초의 디자이너는 없었다"고 말하는 것이 진화론의 입장이라는 것도 사람들은 알고 있다. 의도와 목적을 가진 것이 '설계'다. 그러나 어떤 원초적 설계자도, 설계 의도나 목적도 없이 '우연히' 출현한 것이 생명체다. 생명은 원자들의 우연한 결합이 만들어낸 극히 단순한 분자 유기물로부터 시작되어 복제, 번식, 적응의 진화적 과정들을 거치면서 '인간'을 포함한 지금의 복잡한 생명조직들로 진화했다고 생물학은 말한다. 지구상에 복잡 정교한 생명체들이 점진적으로 나타날 수 있게 한 디자이너는 어떤 초월적 창조주가 아니라 '자연선택'이라는 맹목적 물질적 진화법칙이라고 진화론은 설명한다.

〈우리는 무엇인가〉와 〈우리는 어디로 가고 있는가〉라는 고갱의 두 번째 세 번째 질문에 대한 윌슨의 답변은 한 묶음으로 요약할 수 있다. 인간은 무엇보다 사회를 만들고 지탱하는 '친사회성 동물eusocial animal'이다. 지상 생물종들 가운데 사회를 만들고 유지해나가는 친사회성 동물은 인간을 위시해서 개미, 벌 등 겨우 몇 종에 지나지 않는다. 사

만인의 인문학

회적 생물종의 현저한 특징은 상호협동과 협력의 능력이다. 인간이 가장 성공적인 생물종으로 지구를 '정복한' 비결은 그 능력에 있다. 세 번째 질문, 그 인간은 지금 어디로 가고 있는가? 진화론은 미래에 대해 말하지 않는다. '어디로'라는 것이 미래의 방향과 목적지점을 내포한 말이라면, 그건 진화론으로서는 건드리기 어려운 화두다. 그러나 윌슨이 보기에 인간은 '더 큰 협력greater cooperation'을 향해 나아가고 있다. 윌슨의 이런 입장은 과학주의적·진보론적 낙관주의의 전통 속에 있다.

나는 디자인(사실은 인간의 예술적·기예적 활동 모두가)이 과거, 현재, 미래를 연결하고 그 분절할 수 없는 연결관계 속에서 인간의 삶의 가능성과 의미를 만들어내는 시학적 창조행위의 하나라고 생각한다. 디자인은 그 자체로 '포에시스poiesis/poésis'다. 이 창조행위가 만들어내는 것은 과학의 우주와는 다른 의미와 가치의 세계, 혹은 의미의 '상징우주'다. 이 상징우주를 가장 잘 표현하는 것은 우리가 뭔가를 기원할 때의 두 손의 모음, 곧 '합장의 디자인'이라고 가끔 나는 생각한다. 그 형상은 인간 특유의 것이다. 시인 이문재는 어떤 근작시에서 우리가 두 손을 모으지 않고서는 우리의 마음과 가슴이 어디에 있는지, 신이 어디에 있는지 알지 못한다고 노래하고 있다. 합장의 디자인은 내가 타인과 만나고 내가 나 아닌 것과 만나 나보다 더 크고 우리보다 더 큰 어떤 상징적 의미세계를 만들어내고, 그런 세계에 대한 우리의 부단한 갈구를 표현한다. 디자인은 그런 갈구의 인간적 표현전통 속에 있다. 이 전통에 기대면 우리는 고갱의 질문에 대한 응답을 생각해볼 만한 인문학적 사유의 출발선 하나에 설 수 있지 않을까 싶다.

텍스트 없는 사회의 고전교육

세계지도에 색칠을 하는 방법은 여러 가지이다. 양극 체제 시대에는 빨간색과 파란색으로 동서 진영을 나누고, 회색으로 제3세계를 표시할 수 있었다. 빵의 풍요성 여부라는 경제적 잣대로 색칠을 하면 세계는 남북으로 나뉜다. 전통적인 믿음의 체계(종교)에 따라 색칠하는 방법도 있고, 요즘 같은 오물 시대에는 쓰레기 배출량으로 세계를 분할해보는 도색법도 가능하다.

색칠하기의 또 한 가지 방법은 '텍스트를 가진 사회'와 '텍스트가 없는 사회'의 구분이다. 텍스트를 가진 사회의 특성은 사람들이 빵만으로 살지 않고 텍스트로 산다는 것이다. 지금 세계에서 가장 강한 '텍스트의 사회'를 이루고 있는 곳은 이슬람권이다. 이슬람의 세계를 지탱하는 것은 『쿠란Quran』이라는 텍스트이다. 그다음으로 강한 텍스트 사회는 야훼의 경전과 『탈무드』를 갖고 있는 유대인 사회이다. 서양은 많이 약화되긴 했지만 여전히 강한 텍스트인

기독교 경전에다 2,000년 넘게 유지되고 부단히 생산되어 온 각종의 세속적 텍스트(고전)들을 갖고 있다.

우리는 어떤가? 우리에게도 종교에 따른 일정한 '텍스트 공동체' 같은 것이 없지는 않다. 기독교계는 기독교 경전을, 불교계는 불교 경전을 텍스트로 갖고 있다. 조선시대를 지탱했던 유교 텍스트들도 아직 남아 있다. 그러나 이 텍스트들은 한 사회를 유지하고 지탱하는 데 필요한 국민적 텍스트로서의 지위를 갖고 있지 못하다. 종교 공동체를 떠나면 우리는 어떤 강력한 세속 텍스트도 갖고 있지 않다. 우리는 말하자면 텍스트가 없는 사회에 속한다.

한 사회가 반드시 강한 텍스트를 가지고 있어야 하는가라는 것은 간단한 문제가 아니다. 강력한 텍스트는 변화의 개입통로를 차단함으로써 오히려 닫힌 사회를 가져올 수 있고 배타성, 독선, 진리 독점주의로 인한 폭력의 근원이 되기도 하기 때문이다. 서양적 근대화는 모든 신성한 텍스트들을 땅바닥으로 끌어내리고 세속적 고전들에서도 그 진리성을 박탈하는 이른바 '탈신성화와 해체'의 충동을 갖고 있다. 이 근대적 충동이 보편화하면서 세계의 여러 전통적 텍스트 사회들은 텍스트 없는 사회로 이행하고, '텍스트 없음'이 오히려 근대화를 성취한 열린 사회의 미덕으로 여겨지게 되었다.

그런데 역설적인 것은 근대화의 본고장인 서양에서는 근대화에도 불구하고 강한 텍스트들이 여전히 힘을 지니고 있는 반면, 그 근대화를 제대로 성취하지도 못한 나라들(대표적으로 한국)에서는 텍스트는 텍스트대로 실종되고 그로 인한 가치 혼란과 정신적 고통은 또 그것대로 경험하고 있다는 사실이다. 어떤 점에서, 전통적 텍스트 사회들을 와해시키고 '열린 사회'론의 이데올로기적 동원을 통해 가장 큰 이득을 본 쪽은 서양이다. 지금 전개되고 있는 이슬람의 투쟁은 텍스트를 지키기 위한 투쟁이라는 성격을 갖는다.

이런 얘기는 우리가 다시 어떤 형태의 전통적 텍스트들을 무조건 복구해야 한다는 주장을 내세우기 위한 것이 아니다. 근자 우리 사회 일각에서는 이를테면 『명심보감』을 되살려야 한다는 주장도 있고, 그 텍스트를 가르치겠다고 나서는 대학도 있다. 그러나 『명심보감』은 우리가 전면 복구해야 할 텍스트는 아니다. 그것은 수신 교과서로서의 성격 이외에 유교적 가부장제 권력구조를 지탱하기 위한 왕조 시대의 '에피스테메episteme(인식틀)'를 담고 있고, 이런 인식틀은 지금의 변화한 사회 현실과는 전혀 그 주파수가 맞지 않다.

텍스트의 현대적 효용이라는 문제는 과거 회귀나 구질서 또는 구시대적 인식틀의 복원을 위해서가 아니라 현재의 삶에 의미, 가치, 방향을 주는 어떤 안정원칙의 필요성이라는 관점에서 사색되어야 한다. 사회는 빵만으로 살 수 없고, 돈지갑의 두께만으로 지탱되지 않는다. 사회는 그것을 유지할 안정원칙으로서의 텍스트를 필요로 한다. 텍스트를 가진 사회는 없는 사회보다는 안정되어 있고, 변화 앞에서 경박하게 들뜨지 않으며, 미래에 대한 불안을 관리할 정신적 능력을 갖고 있다. 지금 우리 사회는 미래에 대한 깊은 불안의 징후들을 보이고 있고 과거, 현재, 미래를 묶어줄 어떤 의미틀을 갖고 있지 못하다. 동시에 우리의 문제는 그 의미틀의 필요성 앞에서 무엇을 우리의 텍스트로 삼아야 할 것인지, 누가 어떤 기준으로 텍스트들을 선정하고 어떻게 가르칠 것인지에 대한 문화적 사색과 교육적 노력이 극히 빈약하다는 점이다.

대학 차원에서 보면 텍스트교육으로서의 고전교육이 전무한 것도 아니고, 그 중요성에 대한 인식이 없는 것도 아니다. 학부생을 위한 필독 고전 목록을 마련해놓은 대학들도 있다. 하지만 고전은 학생들에게 무작정 읽으라 해서 읽혀지는 것이 아니다. 왜 읽어야 하는지, 어떻게 읽고 어떤 비판적 각도를 들이댈 것인지, 비판에도 불구하고 고전이 고전인 이유는 무엇인지 등등에 대한 교육적 안내가 있어야 한다. 텍스트를 가진 사회가 되기 위해선 우선 텍스트의 선정, 선정을 위한 토론, 현대적 읽기를 안내할 방법의 개발이 필요하다.

만인의 인문학

질책의 예술

　누구에게나 잊을 수 없는 선배들이 있는 법이지만, 나의 경우엔 다소 좀 특별한 의미에서 '잊혀지지 않는' 선배들이 몇 분 있다. 선배가 선배인 것은 그들이 단순히 인생살이의 선참자先參者이기 때문이 아니라 후배의 성장에 영향을 준 사람들이기 때문이다. 그 영향의 종류는 여러 가지일 것이다. 내 기억의 사당祠堂에 오래도록 자리 잡고 있는 선배들 역시 나를 키운 여러 종류의 영향의 역사를 이룬다. 그 많은 선배들 중에서도 지금 이 글의 주제인 '질책'과 관련해서 잊혀지지 않는 선배가 세 분 있는데, 그들이 잊히지 않는 것은 나를 채찍질한 그분들의 방식이 매우 특별했기 때문이다.

　충고와 칭찬과 질책은 누구나 다 할 수 있는 일 같으면서도 고도의 지혜와 기술을 필요로 한다는 점에서 인생살이의 예술적 장르들이다. "에스키모는 더위에 시달리는 아프리카인들에게 얼음집을 지어 살라고 충고한다"는 말이나 "우리가 타인에게 얼마든지 공짜로 줄 수 있는 것이 충고이다"라는 17세기 프랑스의 유명한 격언가 라로쉬푸코의 말은 남 충고하기의 손쉬움을 지적하고, "친구를 적으로 만들고 싶으면 그를 질책하라"는 경구는 충고에 따르는 위험 부담의 크기를 일러준다. 충고와 질책이 이처럼 손쉽고도 위험한 것이라면 그것들은 분명 고도의 기술을 요하는 예술적 범주임에 틀림없다. 칭찬도 마찬가지이다. "사람을 칭찬하라, 그것이 그를 죽이는 일"이라는 말이 있지 않은가.

내가 잊지 못하는 그 세 분의 선배들은 각자 특이한 방식으로 내게 '질책의 예술'을 깨닫게 해준 사람들이다. 나의 학창 시절 은사이고 선배 교수였던 P선생은 근 30년 세월 동안 단 한 번도, 정말이지 단 한 번도 내게 질책의 언사를 던지지 않음으로써 나를 깨우치게 한 질책의 예술가이다. 그의 예술은 칭찬으로 질책을 대신하는 데 있었다. 결코 칭찬받을 일이 아닌데도 그는 나를 칭찬했다. 아니, 칭찬은커녕 충고와 질책을 받아 마땅할 경우일수록 그는 칭찬했다. "자네가 그렇게 말을 잘하니 학생들이 매료되는 게 당연하지"라는 것은, 언젠가 한번 학생들을 모아놓고 무슨 일인가로 '연설'을 하긴 했는데 횡설수설로 끝난 그 연설의 빈약함에 스스로 낯 뜨거워 상기된 얼굴로 연단을 내려왔을 때 그가 내게 해준 말이었다.

내가 언론계 일각에 몸담고 있던 시절 나의 직속상사

만인의 인문학

였던 K선배 역시 특이한 질책의 예술을 구사한 분이었다. 그의 예술은 '간접화법'에 있었다. 그는 나를 곧바로 지칭하면서 질책하는 것이 아니라 반드시 다른 사람의 예를 끌어다 나를 야단치는 기술을 구사했다. 당시 나는 잡지편집 일을 하다가 갑자기 새벽 출근을 요구하는 모 언론사로 직장을 옮겼는데, 아침 잠버릇을 당장 고칠 수가 없어 거의 매일 지각출근을 하곤 했다. 그 부서에서 지각이란 결근과 같은 것이었다. 허둥지둥 일을 끝내고 나면 그는 나를 다방으로 데리고 가서 언론계의 이런저런 사람들 얘기를 밑도 끝도 없이 들려주는 것이었는데, 그 얘기를 한참 듣다 보면 그것이 바로 나를 빗댄 일종의 우화라는 것을 알 수 있었다. 그러나 그의 얘기는 직접화법이 아니었기 때문에 내가 그 앞에서 당장 얼굴 붉어지는 순간만은 모면할 수 있었다. 하지만 그 순간을 모면하고 나면 나는 온종일 혼자 속으로 화끈거리는 나 자신의 얼굴을 느끼곤 했다. 이것이 그 선배의 절묘한 질책술의 효과였던 것이다.

언론사 시절의 또 다른 K선배는 '침묵의 질책술'을 구사한 분이다. 그는 나를 꾸짖어야 할 경우 내 시선을 피하거나 입 다물고 끈질기게 침묵했다. 그 침묵은 몇 시간, 길면 온종일 계속되는 것이었다. 딴 곳을 보고 있는 그의 시선의 경사 각도와 굳게 닫힌 입술의 침묵시간이 내게 던져지는 '질책의 텍스트'였고, 나는 그 텍스트를 읽고 해석하지 않으면 안 되었다. 그는 침묵의 기호학을 구사했던 셈이다.

이들 세 분에 비하면 나는 충고와 질책의 예술을 아직

도 전혀 터득하지 못하고 있다. 선배들이 구사한 우회의 질책술을 늘 기억하면서도 나는 여전히 후배, 제자, 친구들에게 나의 선배들이 내게 했던 것 같은 그런 우회적 질책의 예술을 구사하지 못하고, 직설법의 서투름에서 벗어나지 못하고 있다. 이 사실을 인식할 때마다 나는 그 선배들이 바로 나의 이런 서투름을 끊임없이 질책하고 있다는 생각을 떨칠 수가 없다. '너는 어찌 그리도 서투른가' 하고 그들은 내게 꾸짖고 있는 것 같다. 그래서 언제부터인가 나는 제자들을 질책해야 할 경우, 한밤중 자다 말고 일어나 내 기억의 사당에 모셔져 있는 그 선배들을 향해 '이 경우 어떻게 할까요?'라고 먼저 물어보는 버릇을 갖게 되었다.

그리고 내 친구 H. 비교적 젊은 나이에 요즘 어느 대학 총장직을 맡아 바쁜 날을 보내는 그는, 유학 시절의 어느 해 나와 대판 다툰 적이 있었다. 점심시간 어떤 햄버거집에 앉아 우리는 몇 시간을 언쟁했다. 그 언쟁의 사단을 나는 잊어버린 지 오래지만 그때 그가 내게 던진 질책의 말 한마디를 나는 오래도록 간직하고 있다. 그것은 그가 나더러 '장자의식을 버리라'는 것이었다. 그가 '장자의식'이란 말로 표현코자 한 것 중에는 내가 시건방지게 남 충고하기를 좋아한다는 의미가 들어 있었다. 친구끼리의 다툼이어서, 또 서로 혈기방장하던 시절의 일이어서 그나 나나 그때 직접화법을 마음껏 구사하며 싸웠는데, 그의 그 직설어법이 내게 큰 영향을 준 걸 보면 질책의 예술에서는 때로 직설법도 유용한 것인가.

만인의 인문학

왜 인문학인가?

"사람들은 살기 위해서 도시로 오는 것이 아니라 죽기 위해서 온다"고 시인 라이너 마리아 릴케는 말한 일이 있다. 시인의 눈에는 도시가 삶을 아름답게 하는 곳이기보다는 산다는 것의 영광을 너무도 많이 훼손하는 곳 ─퇴락과 붕괴, 부패와 죽음, 무관심과 증오의 공간으로 비칠 만한 충분한 이유가 있다. 많은 사람이 모여 살면서도 이 밀집공간에서의 삶을 지배하는 것은 공동체적 따스함이 아니라 차가운 익명성이다. 익명의 존재들은 한동네에 살고 옆집에 살면서도 서로 이방인이고 언제나 낯선 존재이다. 그들은 기능의 교환 말고는 서로 소통할 필요가 없고, 이해관계에 따라 사람을 만나고 헤어질 뿐 그 이해관계를 떠나면 서로 얼굴을 알고 이름을 기억할 이유가 없다. 이 고도의 추상적 연결망에서는 친밀성, 배려, 공감의 인간관계가 배제된다. 익명의 존재들은 서로 이름이 없고 얼굴이 없다. 아니, 도시에서 살기 위해 그들은 이름도 얼굴도 없어야 한다.

한 도시가 '인문학 르네상스'를 선언한다는 것의 의미는 무엇인가? 인문학은 삶의 단순 장식물이 아니다. 그것은 도시의 외관을 위한 미용술이 아니고, 도시 홍보를 위한 싼값의 일시적 구호도 아니며, 있어도 되고 없어도 되는 액세서리가 아니다. 인간과 그의 삶에 대한 사유, 표현, 실천의 총합이 인문학이다. '사유'로서의 인문학은 인간과 그의 삶에 대한 세 가지 기본 질문에 응답하려는 지적 노력이다. 사람을 사람이게 하는 것은 무엇인가? 우리의 삶은 어느 때 의미를 획득하는가? 우리는 왜 지금 여기에 살고 있는가? '표현'으로서의 인문학은 인간과 그의 삶에 대한 사유 내용을 표출하고, 제각각 자기 인생을 살아온 사람들의 다양한 정서적 주관적 경험들을 표현한다. 내 삶은 행복한가, 행복했는가? 내 인생의 행복을 좌우한 요소들은 무엇인가? 나를 기쁘게 한 것은 무엇이며, 슬프게 한 것은 무엇인가? '실천'으로서의 인문학은 우리가 삶을 만들어가는 데 필요한 구체적 건축기술arts of construction에 관한 것이다. 나는 어떻게 '나'를 만들고 건축하는가? 나는 어떻게 '너'와의 관계를 건축하는가? 나는 어떻게 '남'과의 관계를 만들고 건축하는가?

요약했을 때, 인문학은 사람이 사람으로 이 지상에 산다는 것의 의미, 가치, 목적을 생각하고 표현하고 실천하려는 지적, 심미적, 윤리적 활동을 포괄한다. 더 짧게 요약하면 '삶의 영광'을 확인하고 높이려는 것이 인문학이다. 삶이 비참하고 절망적일 때 사람들은 "나는 죽고 싶다"고 말

만인의 인문학

한다. 산다는 것이 기쁜 일일 때 사람들은 "나는 행복하다, 나는 살고 싶다"고 말한다. "사는 것이 기쁘다"고 말할 수 있게 하는 것이 바로 삶의 영광이라는 것이다. 그러므로 '부산의 인문학 르네상스'는 사람들이 여기 이곳 부산에 산다는 것의 기쁨과 영광을 느끼고 경험할 수 있게 할 그런 '부산 만들기' 작업의 일부가 되고, 그 작업과 불가분으로 연결될 때만 의미 있는 것이 될 수 있다.

부산 사람들이 삶의 기쁨과 영광을 말할 수 있게 할 자원의 하나로서 인문학을 생각했다는 것은 보통 일이 아니다. 인간은 생물학적 존재이면서 동시에 문화적 존재이다. 모든 생명 가진 것들은 이 지상에 태어나 살다가 죽는다. 이것은 생명체 공통의 생애이다. 인간도 이 공통의 생물학적 생애에서 예외가 아니다. 그러나 인간은 생물학적 존재의 차원에만 묶여 있지 않다. 그는 자연계의 일부이면서 동시에 그 자연계의 존재들과는 달리 자기 삶의 환경과 조건들을 제 손으로 만들고 바꾸고 개선하는 존재, 곧 '문화적 존재'이다. 생존의 조건을 스스로 만들고 바꾸어 그 자신의 진화를 도모하고 진화의 방향을 관리하거나 조정할 줄 아는 문화적 존재라는 점에서 인간은 아주 특이하다. 그는 동물계에 속하지만 그의 삶의 방식은 얼룩말, 박쥐, 개코원숭이가 사는 방식과는 다르다. 고릴라, 침팬지, 보노보 같은 영장류는 인간의 동물계 사촌이거나 육촌이지만, 자기 삶의 조건을 만들고 자기 운명을 스스로 개척한다는 점에서 인간은 그 밀림의 사촌-육촌들과도 다르다.

특이한 문화적 존재로서의 인간은 "태어나 살다가 죽었다"는 생명체 공통의 생물학적 전기에 종속되면서 동시에 그 전기의 적용권을 벗어난다. "어떻게 살았는가"에 따라 인간의 전기는 천차만별로 달라진다. 어떤 이는 사람으로 태어나 개처럼 살다가 죽고, 어떤 이는 개처럼 태어나 인간으로 살다가 인간으로 죽는다. 이 '차이'에 주목하는 것이 인문학이다. 부산 사람들이 인문학이라는 화두를 손에 쥔다는 것은 인간의 삶을 특별히 인간의 삶, 사람의 삶이 되게 하는 것이 무엇인가를 생각하고, 그 삶의 경험을 표현하고, 그런 삶을 가능하게 할 실천의 방도들에 주목하는 일이다. 한 거대 도시가 이런 일에 주목하고 그 일을 도시 만들기 작업의 일부로 삼는다면, 그것은 내가 알기로는 한국에서 일찍이 없었던 사건이다. 어느 도시에 사느냐에 따라 사람들의 삶은 달라질 수 있고, 인생살이의 품질이 좌우되고, 삶의 기쁨과 영광의 경험 강도도 달라질 수 있다. 그리고 이 차이를 만드는 데 결정적으로 기여할 수 있는 것이 인문학이다.

어째서 그러한가? 앞에서 나는 인문학이 인간과 그의 삶에 대한 사유·표현·실천의 총체라고 말했는데, 이 규정을 좀 더 구체화하면 인문학은 삶의 의미·가치·목적을 생각하기, 표현하기, 실천하기이다. 인간은 밥을 먹고 살면서 동시에 자기 삶의 의미를 추구하고 만들고 지탱하려는 동물이다. 밥을 먹다가도 "나는 왜 밥을 먹는가?"고 자문하는 것이 인간이다. 행복의 외적 조건이 제아무리 넉넉히 구비

　　　　　　　　　　　　　　　만인의 인문학

되어도 '의미의 위기'를 만나면 자살을 생각하는 동물이 인간이다. 의미를 찾을 수 없을 때 사람들은 말할 수 없이 공허해지고, 가슴에는 커다란 구멍이 뚫린다. 그 구멍은 밥으로 채워지지 않는다. 우리의 행복을 최종적으로 결정하는 것은 뜻밖에도 부, 권력, 명예 같은 것이 아니라 '의미'이다. 내가 나를 가다듬고, 친구를 만들고, 우정을 다지고, 사랑을 하고, 돌봄과 배려의 방식으로 이웃을 보살피는 가장 본질적인 이유는 내 삶에, 우리의 삶에 누구도 앗아갈 수 없고 변하지 않고 시류 변동에 흔들리지 않을 튼튼한 '의미의 공급원'을 만들기 위해서다. 인문학은 그 '의미 공급'의 지혜와 기술과 방법들을 저장한 보물창고이다.

시장에서 우리는 가격을 묻고 교환가치를 따지지만, 우리 인생에 가장 소중한 가치들은 가격의 꼬리표를 달 수 없고, 시장에서 사고팔 수도 없는 것들이다. 생명, 사랑, 우정, 봉사, 돌봄, 친절, 환대, 공감, 이타행 같은 것은 그런 가치들이다. 이런 가치들을 가치이게 하는 특성은 품질이지 물량이 아니다. 그런 가치들은 물질적 보상이나 이득을 얻기 위해 추구되는 것이 아니고, 어떤 목표나 목적을 위한 수단으로 사용되는 것도 아니다. 본질적 가치는 수단적 가치가 아니라 그 자체가 목적인 가치이다. 전철 선로에 떨어진 취객을 구하기 위해 철로로 뛰어내리는 젊은이의 행동은 보상이나 인정에 대한 기대 때문이 아니다. 그 취객을 구해주면 후일 그가 나를 구해줄지 모른다는 호혜성에의 기대 때문도 아니다. 젊은이가 위기의 순간에 인명을 구하기 위해 그렇게 뛰어드는 것은 그 행위 자체가 수단적 가치가 아니라 목적적 가치이기 때문이다. 인간을 고결하게 하는 것은 그가 이해타산을 넘고 주판알 튕기기를 넘어, 이해관계의 좁은 울타리를 벗어나 행동할 수 있는 능력이다. 지금처럼 과도한 이해타산의 시대에는 나 자신만의 이해관계를 초월할 수도 있는 공적 가치와 공동선에의 헌신이 너무도 중요하고 소중하다. 그것 없이는 공동체가 만들어지지 않고 지탱되지 않으며, 사람들에게 사회적 약자를 위한 정책도, 최소 수혜자를 위한 정의도, 분배의 평등도 설득하기 어렵기 때문이다.

삶의 의미와 가치는 삶의 목적이라는 문제와 불가분으로 연결되어 있다. 목적이 없는 삶은 의미를 만들기 어렵고, 가치를 구성하기 어렵다. 여기서 목적이라 함은 어떤 초월적 목적이나 한때 역사에 관한 거대담론들이 '역사의 목적'이라 부른 그런 목적론적teleological 의미의 것이 아니다. 지금은 어떤 신성한 초월적 목적도, 세속세계의 역사적 목적도 말하기 매우 어려운 시대이다. 인간의 삶에서 의미와 목적을 말하는 것이 지금처럼 어려워진 시대도 드물다. 그러나 그렇다고 해서 내 삶이, 우리의 삶이 목적의 문제를 팽개쳐야 하는가? 그렇지 않다. 오히려 목적을 말하기 어려운 시대이기 때문에 우리는 인간의 삶에 어떤 목적을 만들고 구축할 수 있는지를 심사숙고해야 한다. 이것은 개개인의 삶에서만 그러한 것이 아니라 한 도시, 공동체,

만인의 인문학

집단의 경우도 마찬가지이다. 한 도시가 '인문학의 르네상스'를 말하는 목적은 무엇인가? 부산 사람들은 이 도시의, 이 지역 공동체의 집단살이에 어떤 방향을 주고 어떤 목적을 설정할 수 있는가? 수없이 실패하면서도 끊임없이 계획을 세우고 부단히 목적을 만들어보는 것도 인간의 가장 인간다운 실천에 해당한다. 그런 계획과 목적이 우리의 삶을 특별히 '인간'의 삶으로 만들어주기 때문이다.

그런데 어떤 목적? 나는 '좋은 삶good life'의 추구와 그 실현이라는 것이야말로 이 시대에 우리가 생각해볼 수 있는 가장 중요한 목적일 것이라 생각한다. 행복이란 것은 좋은 삶의 다른 이름이다. 내 삶이 좋은 삶이라 생각될 때, 그것이 나에게만 좋은 삶이 아니라 타인을 향해서도 좋은 삶일 때, 좋은 삶이 어떤 삶인가에 대한 사람들 사이의 인정과 가치판단이 공유될 때, 개인과 집단의 삶은 행복한 삶이 될 수 있다. 이 좋은 삶, 또는 행복한 삶의 가능성을 높이는 데 인문학은 결정적으로 기여할 수 있다. 이것이 인문학의 '위대한 실용'이다. 결국 부산 사람들의 삶을 누가 보아도 좋은 삶이 될 수 있게 하고 행복한 삶이 되게 할 방법을 인문학의 지혜 창고에서 찾아내는 일, 그것이 '인문학 르네상스'를 내건 부산 사람들의 과제일 것이다.

인문학이 철학과 비슷하나요?

교사들을 위한 인문학 연수 강의에 나갈 때마다 나는 학교 선생님들이 인문학이란 것에 대해 물어보고 싶은 것이 뭐냐고 먼저 물어보는 버릇을 갖고 있다. 그들이 무엇을 가장 궁금해하는지가 나로선 가장 궁금해서다. 그래서 질문을 수집한다. 선생님들이 던지는 질문들만으로도 책 몇 권은 써야 할 만큼의 화두가 모이고, 생각할 거리들이 쌓인다. 큰 소득이다. 정말 무슨 책이라도 써야겠다는 소리가 아니라 내가 미처 몰랐던 질문들, 별로 생각해보지 않았던 문제들을 그들의 질문에서 만날 수 있기 때문이다.

내가 몰랐던 질문들, 더 정확히 말하면 선생님들의 입에서 튀어나오리라고는 생각도 못했던 질문들은 가령 이런 것이다. "인문학은 인간의 조건을 탐구하는 철학과 비슷한 학문인가?" "인문학이 삶에 주는 긍정적인 영향이 뭐냐?" "아이들에게 어떻게 인문학을 들고 다가가야 할지 막막하다. 인문학 공부를 시작하자면 어떤 방법이 좋은가?"

이런 질문들은 솔직하고 용감하다. 꾸미는 구석이 없고 '무식이 드러날까 봐' 망설이거나 겁내는 기미도 없다. 솔직함과 용기는 우리가 이 세상에서 하느님의 은총 다음으로 감사해야 할 큰 덕목의 범주에 들어간다. 그래서 나는 그런 질문들을 서슴없이 던져준 선생님들에게 늘 고마운 마음을 갖고 있고, 생각날 때마다 그 질문지들을 챙겨 읽어보곤 한다. 무엇보다 나는 그 질문들이 나를 비롯한 대학의 수많은 인문학 교수들, 인문학 강의를 한답시고 천지를 돌아다니는 인문학 대가들, 자칭 타칭의 모든 '인문쟁이'들을 한없는 부끄러움의 순간 앞에 사정없이 노출시킨다는 사실을 고맙게 생각한다.

무슨 부끄러움? 초중등 교사들은 모두 대학을 나온 사람들이다. 대학을 나온다 해서 아무나 교사가 될 수 있는 것도 아니다. 교대나 대학원을 나와야 하고, 일반 대학의 경우는 (교대도 마찬가지지만) 교사자격시험을 거쳐야 '선생님'이 된다. 옛날과는 비교할 수 없을 정도로 '공부'를 잘해야 교사가 될 수 있다. 그런데 그 공부 잘했던 사람들이 도대체 어떤 교육을 받고 무엇을 공부했기에 "인문학은 철학과 비슷한 학문이냐?" 같은 질문들을 던질 수 있는 것일까. 대학 교양교육은 그들에게 무엇을 가르쳤을까. 교사들을 탓하자는 것이 아니다. 부끄러워해야 할 쪽은 대학교육 그 자체이고, 대학에서 인문학 교육이니 교양교육이니 하는 것들을 담당해온 인문학 교수들 그 자신이다.

많은 사람이 "인문학은 막연하다. 뜬구름 잡기다. 어렵다"고 토로하는 것도 인문학자들로서는 부끄러워하고 깊이 생각하고 반성해야 할 문제다. 학문으로서의 인문학은 미세한 전공 갈래로 들어갈수록 까다롭고 난삽한 것이 될 수 있다. 그러나 사람들이 세상을 살아가는 데 필요한 인문학은 어려운 것이 아니고, 어려워야 할 이유도 없다. 사람이 사람을 이해하고 소통하고 칡뿌리 얽히듯 얽혀 이런저런 관계를 만들며 살아가는 데 필요한 인문학은 막연한 것도, 뜬구름 잡기도 아니다. 어떻게 다가가야 할지 막막한 것도, 접근하기 어려울 만큼 근엄한 것도, 세상살이와 단절해야만 가능한 혼자만의 구도행도 아니다.

인문학은 대학에만 있어야 하는 것이 아니다. 그것은 시장에도, 공장에도, 동네 구멍가게에도, 회사 사무실에도 있어야 한다. 인문학은 모든 곳에 있어야 하고, 만인의 것이어야 한다. 이 먹고살기조차 바쁜 계절에 웬 인문학 얘기? 인문학의 중요한 사회적 효용의 하나는 그것이 민주주의의 토대를 다진다는 것이다. 인문학이 실패하는 곳에서는 정치가 실패하고, 경제가 실패하고, 사업이 실패한다. 그런 곳에서는 시장전체주의가 사회를 거꾸로 세우고, 사람을 물건 만들고 팔 것과 팔아먹을 수 없는 것의 구분을 사라지게 한다. 수단과 목적의 자리가 뒤바뀌고, 어떤 것이 중요한 사회적 가치인가를 따지는 토론도 불가능해진다. 인문학자를 정치인으로 뽑을 필요는 없다. 그러나 "나는 인문학 같은 것 잘 모른다"고 공공연히 말하거나 행동하는 사람에게는 표를 줄 필요가 없다.

신매체 시대의 사회적 문제

'기술'에 대한 가장 간명한 정의의 하나로는 '어떤 목적을 달성하기 위한 최선의 방법'이라는 것이 있다. 1960년대의 명저 『기술사회론』을 썼던 자크 엘룰의 정의이다. 그러나 이 정의는 기술을 '목적'에 연결시켜 이른바 목적 합리성 또는 효율성의 개념 속에 기술을 포함시킨다는 점에서 이미 구시대적이다. 그 정의에 반영된 사고의 틀은 과학과 기술을 분리하여 기술은 특정의 목적을 전제하고 그 목적에 봉사하는 반면, 과학은 목적에 대한 종속성을 갖지 않는다는 구분을 견지하고 있기 때문이다. 오늘날 이 구분은 흔들리고 있다.

최근까지도 '과학기술'이라는 용어는 자연스러운 것으로 느껴진 반면, '기술과학'이란 말은 생소한 것이었다. 과학의 학문적 몰목적성과 기술의 도구적 응용성에 대한 구분 때문에 기술은 언제나 과학 다음의 것으로 인식되었고, 이런 인식은 과학기술이라는 말의 용어 구성 순위에 반영

되어 있다. 그러나 그 '과학기술'은 지금 '기술과학'으로 순서가 바뀌고 있다. 이 변화는 기술이 과학을 선도한다는 관점 말고도 기술을 반드시 어떤 목적성에 연결할 필요가 없다는 바뀐 인식을 보여준다.

신매체의 폭발적 발전은 아닌 게 아니라 매체기술의 목적성과 몰목적성 문제를 생각하게 한다. 매체의 목적은 두 포인트 사이의 '접촉'이고, 그 기능은 '연결'과 '전달'이며, 이 기능의 효율성을 최대화하는 것이 매체기술이다. 이 효율성 속에는 '속도'와 전달정보의 '손실 최소화'가 들어간다. 따라서 목적성의 관점에서 보면 매체기술은 여전히 정보 전달의 효율성을 극대화함으로써 접촉이라는 목적 달성에 최선의 방법을 제공한다.

그러나 흥미로운 것은 매체기술이 이미 단순 목적의 차원을 벗어나면서 매우 현란한 목적 다변화 현상을 보인다는 점이다. 신매체의 경우에서 보듯 매체는 오늘날 단순한 수단으로만 그치지 않는다. 그것은 정보 전달 수단이면서 동시에 향유의 대상이고, 일의 도구이자 창조적 수행자이며, 문화환경이자 동시에 능동적 문화생산자이다. 그것은 단순한 편의성의 차원을 넘어 새로운 사회조직 원리가 되고 있다. 지금의 매체기술은 꼭 어떤 목적을 전제해서가 아니라 '무엇에 쓰일지 모르지만' 좌우간 개발할 수 있는 데까지 개발해놓고 보자는 충동을 따르고 있고, 이는 지식의 무한 추구라는 과학의 충동과 구분하기 어렵다. '기술과학'의 시대가 오고 있는 것이다.

여기서 두 가지 문제 또는 과제를 생각해보자. 첫째, 매체의 효율성 극대화가 반드시 사회적 효용까지도 극대화하지는 않는다는 점이 문제로 지적될 수 있다. 매체의 효율성이 높아질수록 정보 전달의 속도는 빨라지고, 정보의 유통량도 폭발한다. 이것의 역기능은 '쓰레기 정보'의 홍수이고, 이 홍수 속에서 유용하고 가치 있는 정보의 선별·학습·판단 기능은 약화될 수 있다는 점이다. 말하자면 매체 효율의 극대화가 사회적 효용의 약화를 가져올 수 있다는 모순이 발생한다.

둘째, 매체기술의 무한 개발은 '통제 불능의 사회'를 가져올 수 있다. 지금의 매체기술 수준에서도 이미 인간의 사적 공간은 결정적으로 그 비밀을 침해당해 외설적 투명성을 강요받고 있고, '엿보기'와 오락 문화의 팽배, 범죄성 매체 악용, 인간관계의 소원화 현상이 발생하고 있다. 이런 현상의 가측적 결과는 통제 불능의 사회이다. 사회조직의 새로운 원리로서의 신매체는 동시에 시민 사회의 급속한 와해를 가져올 수도 있는 무서운 역기능적 가능성을 안고 있다. 이런 문제는 신매체의 폭발 앞에서 우리가 무작정 들뜰 것이 아니라 차분한 사회적 대응정책을 연구·개발해야 한다는 과제를 환기시킨다.

만인의 인문학

'통섭'이란 무엇인가

과학과 인문학이 다시 왕성하게 만나야 한다는 소리들이 여기저기서 들린다. 학계는 학계대로, 사회는 사회대로 그런 만남의 필요성을 절감하고 있는 듯하다. 사회생물학자 에드워드 윌슨이 내놓았던 '통섭'이라는 용어가 요즘 대학가의 유행어가 되어 있다. 대학마다 '통섭과목'을 개발한다고 시끌벅적하다. 종래의 학제 간 연구도 통섭에 가깝다면 가까운 접근법이지만, 분과 학문들 사이의 경계를 뛰어넘어 영역의 '융합'을 강조한다는 점에서 통섭은 학제 간 연구나 단순 소통보다 훨씬 더 적극적인 통합학문적 개념이다. 신경학, 인지과학, 뇌과학, 진화심리학, 진화미학 등은 이미 일어나고 있는 학문 통합과 융합의 사례들을 보여주고 있다.

과학과 인문학, 자연과학과 사회과학 사이에 어느 정도의 융합적 통섭이 가능하고 또 필요한지는 쉽게 말할 수 없다. 통섭의 강조가 시대적 유행이 되었다 해서 아무 데

서나 융합이 가능한 것은 아니고, 또 반드시 필요한 것도 아니다. 그러나 한 가지 확실한 것이 있다. 학문 간 융합은 기존의 분과학문체제로는 해결할 수 없는 새로운 문제들을 보게 하고, 예전의 방식으로는 접근할 수 없었던 새로운 영역들을 열어놓는다는 것이 그것이다. 세상에 없었던 어떤 새로운 학문이 출현하게 되는 것도 이런 경로를 통해서이다. 지금은 그런 의미의 '신학문'들이 등장하고 있는 시대이며, 이 점을 인식하는 일이 참으로 중요하다.

근대 학문의 발전사를 보면 통섭을 통한 신학문의 대두가 사실은 어제오늘의 일이 아니라 지난 300~400년간 학문세계에서 일어난 '혁명'의 기본 문법이었다는 것을 알 수 있다. 도덕철학자였고 논리학 교수였던 애덤 스미스가 '경제학'이라는 신학문 분야를 열 목적으로 『국부론』을 썼던 것은 아니다. 그러나 그가 자연과학의 방법론과 도덕철학의 인간 이해방식 등을 통합해서 인간의 행위 동기와 '부'의 창출 문제를 다룬 것이 근대적 정치경제학의 출발점이 된다. 그의 융합적 방법이 새 학문을 만들어낸 것이다. 철학자 존 로크가 근대 정치학의 초석을 놓은 것도 자연과학과 철학의 융합을 통해서이다. 토머스 홉스의 정치학은 기하학적 방법과 국가통치학을 융합한 경우이다. 뉴턴은 과학자이면서 철학자였고, 데카르트는 철학자이면서 과학자, 수학자였던 사람이다. 이들은 모두 그들 나름으로 통섭을 실천했던 사람들이다.

만인의 인문학

통섭이 그냥 이것저것 뒤섞고 혼합해서 '섞어 비빔밥'을 만들자는 소리여서는 안 된다. 지금껏 없었던 어떤 새로운 학문 연구의 가능성을 여는 데 기여하는 것인가 아닌가가 결정적으로 중요하다. 기존의 분과체제나 기성의 방법론에 매달리는 고루한 학문 태도로는 그런 새로운 가능성을 열 수가 없다. 대학들이 통섭과목을 개발하고 사회 및 국가의 학문 지원기구들이 연구 프로젝트를 심사해서 지원 여부를 결정할 때 가장 먼저 고려해야 할 것은 바로 그 점이다. 지금까지 없었거나 보이지 않던 새 길을 열기, 그것이 통섭하기의 진정한 의미이다.

빅뱅 우주와 인간

우주 빅뱅에 관계된 이야기는 언제나 뉴스다. 빅뱅 가설이 우주의 기원과 생성에 관한 가장 믿을 만한 이론으로 올라서고 난 이후에도 사정은 마찬가지다. 빅뱅에 대해서 우리가 아는 것보다는 모르는 것이 훨씬 더 많기 때문이다. 최근 미국의 한 천체물리센터가 남극의 전파망원경으로 138억 년 전 빅뱅 직후의 원시중력파를 찾아냈다는 소식도 그래서 텔레비전 안방 뉴스감이 된다. 그러나 대부분의 시청자들은 중력파 발견의 과학적 중요성보다는 "그래서 뭘 알게 되었다는 거냐?"라는 질문을 충족시키는 데 더 관심이 많다. 과학자들은 대중의 이런 궁금증을 잘 알고 있다. 그래서 좀 알아듣기 쉬운 해설들이 튀어나온다. "원시중력파의 흔적을 찾아냈다는 건 말이죠, 우주가 빅뱅 후 수십억 수백억 년을 두고 천천히 팽창한 것이 아니라 찰나보다도 더 짧은 찰나에 '급팽창'했다는 소립니다." "빛도 빅뱅과 함께 우주로 나온 것이 아닙니다. 빛은 중력파의 시공간에 갇혀 있다가 빅뱅 이후 38만 년이 지나서야 터져 나온 겁니다."

그러나 이런 종류의 과학적 해설들은 사람들의 가슴에 숨겨진 어떤 궁금증, 어떤 궁극적 질문들에 대해서는 거의 아무런 답변도 주지 않는다. 궁극적인 질문들이란 "우주와 인간의 관계는 무엇인가?" "우주에서의 인간의 위치는 무엇이며, 우주에 인간이 존재한다는 것의 의미는 무엇인가?"라는 것이다. 우주가 언제 어떻게 터져 나오고 어떻게 팽창했건 간에, 그 우주 공간 한 귀퉁이에 작은 점처럼 떠 있는 이 지구 행성에서 10억 분의 1의 10억 분의 1의 10억 분의 1보다도 더 작은 먼지처럼 존재하는 인간에게 우주는 무엇인가?— 이것이 보통 사람들을 궁금하게 하는 절실한 질문이다. 거기에는 사람을 불안하게 하는 질문들이 연거푸 따라붙는다. "이 지구가 인간을 위해서 만들어졌을까요?" 중학교 과학 선생님의 이런 질문 앞에 아이들은 일단 배운 대로 "아니요!"라고 큰 소리로 대답한다. 고등학교에서도 마찬가지다. "우주가 인간을 위해 창조되었을까?" "아니요!" "지구 생명체들이 어떤 설계에 따라 차례차례 창조되었는가?" "아니요!" "우주가 인간의 운명에 무슨 관심을 갖고 있을까?" "아니요!"

아이들은 '아니요'라고 말해야 과학적 대답이 된다는 걸 알기 때문에 '아니요'를 연발한다. 과학 선생님들은 그 아이들의 가슴에 숨겨진 불만을, 똬리 튼 불안을, 다스리기 어려운 궁금증을 알고 있을까? 그런 불안은 기독교 집안의 아이들에게만 있는 것이 아니다. 종교 문제를 떠나 아이들의 가슴은 대체로 편치 않다. 그 편치 않음은 한두 개의 다른 질문들을 던져보면 금세 드러난다. "그렇다면 이 우주에서 인간은 뭐냐?" 아이들은 잠시 멍해졌다가 장난스러운 답변을 쏟아놓는다. "그야 엿도 아니지요." "낙동강 오리알이요!" "상갓집 개요!" "구더기 같은 거요." 아이들의 이런 장난스러운 답변은 사실은 장난이 아니다. 그것은 답변하기 어려운 어떤 것, 누군가에게서 답을 듣고 싶으나 아무도 만족할 만한 답을 좀체 전해주지 않는 어떤 것들이 그들의 가슴을 답답하게 하고 있다는 것의 반증이다. 아이들은 기피성의 장난조 응답으로 그 답답함을 표현한다. 아이들을 결정적으로 답답하게 하는 것은 이런 질문이다. "이 우주에 인간은 왜 존재한다고 생각하나?" 아이들은 대답한다. "모릅니다." "우연히 존재하죠. 그러니까 이유는 없습니다."

현대 과학교육이 중등 과정이건 고등교육에서건 교육적 관심의 초점에 두어야 할 것은 '지식'과 '의미'를 어떻게 결합하고 연결할 것인가 하는 문제다. 과학교육의 1차적 과제는 자연에 대한 정확하고 합리적인 지식을 전수하는 일이다. 그런데 그 지식은 돌멩이들에 전해지는 것이 아니고, 전자매체에 단순 입력되는 것도 아니다. 그것은 살과 피를 가진 인간, 이 지상에서 부대끼며 살아가는 구체적

만인의 인문학

인간에게 전수된다. 그 인간은 복잡한 동물이다. 그를 복잡한 존재이게 하는 것은 그가 자기 존재에, 자기가 하는 일에, 그리고 자기 삶의 전 과정에 세금 매기듯 세 가지 큰 부담을 안기기 때문이다. 자신의 삶과 활동과 존재방식이 어떤 식으로든 의미, 가치. 목적을 가지고 있어야 한다는 요청이 그것이다. 인간의 요청이기 때문에 그것들은 당연히 '인문학적 요청'이 된다. 그 요청을 존중하는 것은 과학교육 고유의 책임은 아닐지 모른다. 그러나 그 요청을 무시할 때 과학교육은 실패한다. 과학교육은 의미를 잃고, 의미를 잃은 교육은 실패한 교육이 될 수 있기 때문이다. 특히 빅뱅우주론에서 과학 교수들이 학생들에게 들려주어야 하는 것은 인간 존재에 아무 관심도 없는 냉랭한 우주에 인간이 존재한다는 것의 의미는 무엇인가라는 문제다. 천체물리학자 스티븐 와인버거의 말처럼 우주는 인간이 이해하면 할수록 인간에게 '무의미'하다. 그 무의미한 우주에서 인간은 어떻게 의미를 만들 수 있는가? 무의미한 우주에서는 인간도 별수 없이 무의미한가?

이것이, 내 생각에, 현대 과학 특히 빅뱅우주론이나 진화생물학 같은 우리 시대의 거대한 과학적 성취들이 현대인에게 제기하는 '무의미성의 도전'이다. 과학교육은 과학의 도전을 전달하는 일에만 만족할 수 있는가? 아니다. 과학교육은 과학이 제기하는 무의미성의 도전에 응답할 수 있어야 한다. 일부 진화론자들은 의미, 가치, 목적이라는 말을 들으면 똥밭에 넘어진 사람처럼 안색이 창백해진다.

의미는 무슨 의미? 아직도 가치의 문제에 매달려 있나? 삶의 목적? 지금이 어느 때인데 목적론을 꺼내는가? 이런 태도를 가진 과학자들에게 과학교육이 맡겨지는 것은 누구에게도 득이 아니다. 빅뱅의 초기 단계에 대한 최근의 과학적 발견 앞에서 시민, 학생, 사회, 교육 담당자들에게 필요한 일은 새로운 지식 몇 개를 챙기는 일 말고도 '빅뱅에서 인간까지'의 우주 진화와 인간 존재 사이의 관계를 어떻게 이해해야 할 것인가, 그 관계의 끈은 어떻게 만들어지는가, 무의미해 보이는 우주 안에서의 인간 활동의 가치와 목적은 무엇인가, 과학교육과 인문학은 왜 불가분의 관계로 융합되어야 하는가, 융합적 과학교육이 왜 대학교육의 필수 교양 과정으로 배치되어야 하는가, 국가정책 담당자들은 왜 반드시 과학을 이해해야 하는가 ─ 이런 문제들을 사유하고 토론해보는 일이다.

과학은 가치의 문제를 다루지 않는다고 말하는 과학자들이 있다. 완전히 틀린 소리다. 과학 그 자체가 인간이 발명한 거대한 가치다. 근대 과학 이후 과학하기의 필수 조건으로 올라선 일련의 절차들도 과학이 만든 소중한 가치들이다. 과학정신도 그런 가치이며, 옹졸한 국가주의, 부족적 배타주의, 인종 편견을 거부하는 것도 과학이 퍼트린 가치다. 민주주의, 합리성, 환대, 경청과 타자 존중도 과학이 올려세운 가치들이다. 칼 세이건의 1980년 걸작 과학대중화 다큐멘터리 〈코스모스〉가 34년 만에 『코스모스: 시공간 오디세이아』라는 제목으로 다시 만들어져 화제가 되고 있다. 이 신작 다큐멘터리에 진행자로 등장하는 닐 타이슨 교수는 고등학생 시절 세이건 교수를 만나고 인생행로를 결정한 사람이다. 세이건의 횃불을 타이슨이 이어받은 것이다. 세이건이 '미래의 과학자에게'라고 서명해서 준 책 한 권, "오늘 밤 눈 때문에 버스가 못 가면 그냥 우리 집으로 와서 자게"라던 세이건의 따스한 한마디—이런 격려와 환대가 타이슨의 삶을 안내한 것이다. 과학하는 사람들 사이에 의미와 가치와 목적이 만들어지는 모습이다.

삶의 재발명

2015년 6월 18일 저녁, 미국 사우스캐롤라이나주 찰스턴의 이매뉴얼 흑인감리교회 성경연구반에 낯선 백인 청년 하나가 스며든다. 흑인교회에 백인이 온다는 것은 드물고 드문 일이다. 이날 모임에 참석한 사람은 그 백인 청년까지 모두 열세 명이었다. 목사는 청년을 따뜻이 맞아주었고, 행사는 진행된다. 시종 침묵하고 있던 청년이 한순간 주머니에서 무언가를 꺼낸다. 자동권총이었다. 그는 원한에 찬 사람처럼 소리를 지르며 사람들에게 총격을 가한다. "너희들은 백인 여자들을 성폭행하고, 미국을 접수하고 있다. 나는 너희들을 죽여야 한다. 이건 나의 임무다." 목사를 포함해서 이날 아홉 사람이 희생된다.

미국 남부와 남서부 백인지상주의white supremacy가 조장하는 흑백 갈등, 폭력, 흑인 억압은 악명이 높다. 마틴 루터 킹 목사의 인권운동이 시작된 1960년대부터 지금까지 남부 흑인교회에 대한 백인우월주의자들의 폭력(살해, 방화,

위협)은 끊임없이 계속되어왔다. 1990년대 중반에는 흑인교회 30개소가 불길에 휩싸였고, 찰스턴에서도 최근 흑인교회 하나가 불타올랐다. 흑인교회가 이처럼 증오의 표적이 되는 이유는? 흑인교회는 미국 역사에서 독특한 전통을 갖고 있다. 인권운동의 산실, 정의와 변화를 요구하는 사람들의 집회장, 가난하고 힘없는 흑인들이 모이는 곳이 흑인교회다. 해방, 정의, 보편적 사랑이 흑인교회의 정신이다. 이건 기독교 정신 그 자체의 알맹이가 아닌가? 백인 부유층의 다수의 타락한 교회들에 비하면 기독교 정신의 정수를 이어오는 흑인교회가 왜 증오의 대상이 되어야 하는가?

증오를 먹고 사는 사람들에게는 증오의 타당한 근거나 합리적인 이유 같은 것은 필요하지 않다. 미우니까 미운 거다. 증오가 그들의 정의다. 그들에게 필요한 것은 편견을 위한 편견, 오해를 위한 오해, 증오를 위한 증오가 전부다. 백인주의자의 눈에 흑인은 미국인이 아니다. 흑인의 뿌리는 노예다. 흑인은 인간이 부려 먹어야 하는 '동물'이고, 잘해야 '2등 시민'이며, 차별받아 마땅한 '천민'이다. 그런 흑인이 백인의 땅 남부에서 주인처럼 행세하다니, 그냥 두고 볼 수 있나? 찰스턴에서 사람들을 죽인 백인 청년(딜런 스톰 루프, 21세, 무직, 마약복용자)이 한 말—"너희들이 미국을 접수하고 있다. 너희는 죽어야 한다"는 소리의 의미도 그런 거다.

크리스트교는 자기자신을 변화시켜 새 인간으로 다

시 태어난 사람들이 시작한 종교다. 죽었다 부활한 사람처럼 자기를 재탄생시킨 사람들의 교회가 크리스트교다. 이런 재탄생에 대한 인문학적 용어가 변화transformation 또는 자기변화self-transformation다. 자기변화는 자기의 재발명이자 삶의 재발명reinvention이기도 하다. 재발명은 나를 다시 세움과 동시에 세계를 '다시 구축'하는 일이다. 개인의 재탄생이 세계의 재구축으로 나아갈 수 있게 하는 것, 거기에 기독교적 '사랑'의 핵심이 있다. 사도 바울부터 그런 재발명과 재구축의 인간이다. 기독교인들을 박해하기 위해 다마스커스로 가던 '사울'은 내면에서 들리는 강력한 소리("사울아, 너는 어째서 내 형제들을 박해하느냐?")에 놀라 자기변화를 일으키고 결국 사도 '바울'로 재탄생하게 된다. 그리고 사랑의 포교 활동(세계의 재구축)에 나선다.

오바마 대통령은 이매뉴얼 교회에서 죽은 클레멘타 핑크니 목사의 장례식에 와서 찬송가 〈놀라운 은총Amazing Grace〉을 불렀다고 한다. "나 같은 비참한 인간을 구해주신 놀라운 은혜"로 시작되는 그 찬송가는 200년 전 영국 성공회 사제 존 뉴턴이 지은 노래다. 존 뉴턴은 젊은 시절 흑인 노예무역선의 선장이었다가 나중 성공회 사제가 된 사람이다. 그도 놀라운 자기의 재발명과 재구축의 본보기다. 비폭력 저항과 인류 사랑을 강조했던 킹 목사를 비롯해서 현대 미국에 깊은 영향을 준 다수의 흑인 지도자들이 배출된 곳이 흑인교회다. 그래서 백인 인종주의자들은 흑인교

회를 더 미워하는지 모른다. "너희들 잘났구나 잉? 이제 맛
좀 봐라."

우리 속의 탈레반

"이분법二分法 사라지는 곳에 낙원 있다." 문학평론가이
자 문명비평가였던 롤랑 바르트의 말이다. 세상만사를 선
명히 두 쪽으로 나누고, 그 둘 사이에 넘나들 수 없는 절대
의 경계선을 긋는 인간 정신의 관습이 이분법이고, 이 이
분법을 사유의 방법으로 삼는 것이 이분법적 사고이다.
선/악, 백/흑, 남/여, 이성/감성, 아我/타他…… 이런 개념쌍
들은 인간이 만들어낸 수천 가지 이분법의 일부이다. 많은
경우 이분법은 배제와 분할, 억압과 소외의 논리가 되어
살인, 인종청소, 전쟁, 파괴를 정당화한다. 히틀러의 유대
인 학살, 발칸반도에서의 인종청소, 중세교회의 마녀 사냥,
남아프리카에서의 인종분리 등은 이분법이 세상을 어떻게
지옥으로 만들 수 있었던가를 보여주는 역사적 사례들이
다. 그 이분법을 무너뜨려야 낙원이 온다는 바르트의 말은
틀리지 않다.

그런데 그 이분법을 무너뜨리기는 결코 쉽지 않다. 인

간이 수만 년에 걸쳐 적응하며 살아온 자연계의 질서 자체가 이분화되어 있는 것처럼 보인다. 해와 달, 낮과 밤, 삶과 죽음, 남자와 여자…… 자연환경의 이런 이분적 질서에 적응하고, 그것을 해석하는 동안 인간의 머리 자체가 이분법을 일종의 사유구조로 고착시킨 것인지 모른다. 그러나 우리의 젊은 지성들은 이분법이 불변구조가 아니라 정신관습이 만들어낸 장치이자 이데올로기라고 생각할 필요가 있다. 이분법이 모든 경우에 악랄하고 무용한 것은 아니다. 그것은 어떤 현상을 이해하고 설명하기 위한 논리적 도구로서, 어떤 복잡성의 인식에 이르기 위한 발견적 수단으로, 혹은 갈등구조를 만드는 드라마의 방법으로 각각 유용한 때가 있다. 이분법이 악랄해지는 것은 그것을 가치의 확고한 서열구조로 바꾸어 분할과 배제의 장치로, 불관용의 근거로, 선악과 우열優劣의 절대적 판단 근거로 삼을 때이다.

지구촌 사람들은 아프가니스탄 탈레반Taliban 정권에 의한 석불 파괴행위에 깜짝 놀라고 있다. 석불들•은 무슨 공군 사격 훈련 표적처럼 기총 소사를 받아 벌집이 되었다가 지금은 다이너마이트에 날아가 먼지가 된 것으로 알려졌다. 이들 석불의 수난을 보고 있자면 지구촌이란 데가 아직도 얼마나 관용의 능력으로부터 멀리멀리 떨어져 있는

• 7세기 초 현장법사가 쓴 『대당서역기大唐西域記』에도 나오는, 높이가 38~53미터에 달하는 세계 최대의 불상들로 3세기에서 5세기에 걸쳐 조성된 인류사적 문화재.

곳인가를 절감하게 된다. 탈레반 정권으로서는 서방세계에 대해 분노할 수십 가지 정당한 이유를 갖고 있을 수 있다. 그러나 그 분노가 석불 파괴로 표현될 때 세계 공동체는 탈레반 정권의 '분노할 수 있는 자격' 자체를 불신한다. 지금 지구상에서 거의 유일하게 '경전經典으로 사는 사회'를 지키려는 귀중한 정신 자세를 유지하는 것이 이슬람문명이다. 그 문명은 배제와 불관용을 가르치지 않는다. 탈레반 지도자들이 파괴행위를 정당화할 근거를 쿠란Quran의 한 구절('우상숭배 금지')에서 찾는다고 굳이 주장한다면, 그들은 이슬람의 훨씬 큰 보편적 정신보다는 광신狂信에 더 충실하다. 경전의 문자적 해석 이상의 수준으로는 결코 올라가지 못하는 정신 상태, '나' 속에 '남'을 포함시키지 못하는 정신적 불구가 '광신'이다.

지금 지구촌은 '타자他者에 대한 존중'의 윤리적, 정신적 능력을 요구하고 있고, 성숙한 사회일수록 시민들이 그런 능력을 키울 수 있도록 언론매체, 교육, 대중문화 등 거의 모든 가용자원을 동원하고 있다. 일부 할리우드 영화와 오락게임을 제외하고는 선당善堂(이런 용어는 없지만 만들어 쓰자)과 악당을 확고한 이분법으로 갈라 "악당에게는 오직 죽음을"이라는 유치한 서사구조를 채택하는 문화생산물은 없다. 아이들을 위한 애니메이션도 이분법보다 타자의 이해와 존중을 가르치는 쪽으로 제작되고 있다. 가치의 다양성을 살리는 것이 인간의 삶을 훨씬 더 풍요롭게 하는

만인의 인문학

문화적 위상位相이며, 정의로운 사회의 길이라는 사실을 세계는 점점 더 깊게 인식해가고 있기 때문이다.

그러나 길은 아직도 멀어 보인다. 개인의 불관용보다는 조직, 국가, 체제에 의한 불관용이 더 무섭고 파괴적이다. 그렇다고 개인의 책임이 면제되는 것은 아니다. 사회를 구성하는 개인들이 결국 자기 사회의 관용의 수준을 결정하기 때문이다. 지금 우리는 탈레반(원래 페르시아어로 '쿠란 경전을 공부하는 학생'을 의미)을 손가락질하고 있지만, 사실 그 손가락은 동시에 우리 자신을 가리킨다. 우리 속의 탈레반은 얼마나 많은가!

잿더미 화요일

2001년 9월 11일의 뉴욕 참사를 보며 사람들은 말의 무력성無力性을 실감한다. 미사일이 된 여객기가 110층 건물을 케이크 자르듯 절단하고, 뛰어내리는 것으로 죽음의 방법을 선택한 사람들이 가랑잎처럼 흩날리고, 수백 년 버틸 것 같았던 건물들이 거대한 수직의 몸을 허물어 지상으로 침몰한다. 이것이 현실인가? 어떤 동사도, 형용사도, 개연성의 문법도 이 현실을 충분히 기술하지 못한다. 이 믿을 수 없고 상상할 수 없는 장면들 앞에서 사람들은 에드바르트 뭉크의 그림, 단테의 '인페르노Inferno'(『신곡』 지옥편), 히에로니무스 보쉬의 그림 같은 데서 유비類比를 얻는 것으로 이 현실의 기괴성을 간신히 머릿속에 수습한다.

테러리즘의 파괴력은 '무차별화' 전술에 있다. 그것은 민과 군, 공격할 것과 말아야 할 것, 할 수 있는 일과 할 수 없는 일 사이의 구별을 존중하지 않는다. 이 무차별의 분출과 함께 여객기는 미사일로 둔갑하고, 민간 건물은 공격

표적이 된다. 뉴욕 일각을 잿더미로 만든 이번의 테러리즘은 그동안 문명의 규칙으로 여겨져온 구분區分체계들을 '전면' 무화無化시켰다는 점에서 사상 유례가 없는 규모의 것이다. 그러므로 무너져 내린 것은 세계무역센터 건물만이 아니다. 문명의 규칙과 문법들이 한꺼번에 무너진 것이다. 질서가 구분의 체계이고, 문명이 이 체계에 의존하는 것이라면, 이번 사태를 '문명에 대한 일대 도전'이라 규정하는 데 사람들이 동의하는 것도 무리가 아니다. 9·11(이 숫자는 기묘하게도 미국 비상구급전화번호 911과 일치한다) 사건이 그 '이전'과 '이후'를 확연히 갈라놓는 역사의 한 분기점이 될 것이라는 어떤 논객의 말도 그 점에서 일리 있다.

그러나 정말 우리가 그렇게 말하고, 세계가 그런 꼴로 치달아도 될까? 지금은 희생자들을 위한 애도의 시간이다. 애도의 예절은 반성과 성찰을 잠시 뒤로 미룰 것을 요구한다. 하지만 애도는 분노와 다르고, 증오와는 더더욱 다르다. 이번 테러는 미국을 향한 어떤 거대한 증오에 뿌리를 둔 것이라는 사실이 아주 중요하다. 그러므로 애도의 시간에 우리가 생각해보아야 할 것은 "그 이상한 '증오'의 기원과 성격이 무엇인가?"라는 문제이다. 부시 대통령은 "미국은 강하다"를 거듭 확인하고, 미국은 "이 악을 응징"하고 "승리할 것"이며, 문명세계의 평화와 자유를 지킬 것이라 다짐하고 있다. 그러나 분노만이 대통령의 능사는 아니다. 중동과 이슬람권 사람들은 어째서 뉴욕 테러에 환호성을 올리며 손뼉 치고 기뻐하는가? 그들은 모두 미치광이인 가? 미국에 가해진 공격을 분노 이외의 다른 감정으로 받 아들이는 사람들이 세계 도처에 왜 그리 많은가? 이들도 모두 응징해야 할 악의 세력인가? 미국은 도대체 어떤 나 라이고, 무슨 잘못을 저질렀기에 이런 증오의 표적이 되어 야 하는가? 부시 정부의 책임은 없는가?

9·11 사태 이후 모든 정치지도자들이 크게 깨쳐야 할 것이 몇 가지는 있어 보인다. 세계의 한 지역이 불만과 증 오로 절절 끓어오르고, 그 증오를 해소할 방법이 없을 때 평화는 불가능하다. 불평등 구조가 심화되는 세계에서도 평화는 가능하지 않다. 경제, 환경, 인종, 성차, 문화에 관 한 정책은 평화정책에 연결되어야 한다. 모든 나라가 '자 국 이익'과 '자국중심주의'만을 앞세워서는 안 된다는 것도 깨침의 한 항목이어야 한다. 특히 강대국일수록 그러하다. '선과 악'이라는 판단 기준에 따라 '악'을 제거하겠다고 나 서는 것은 아메바 수준의 머리에는 옳은 일일지 몰라도 이 복잡성의 세계에 맞는 코드는 아니다. 초강대국이 힘의 논 리로 문제를 풀 수 있다고 믿는 사고방식은 박물관에나 보 내야 할 오류의 한 표본이다. 극단적 절망과 증오를 길러 내는 환경이 그대로 있을 때 테러리즘이 없어지겠는가? 미 국은 조만간 응징에 나설 것이 확실해 보이지만, 아프가니 스탄을 치고 오사마 빈 라덴을 제거하는 것으로 미국이 테 러리즘의 뿌리를 뽑을 수 있다고 믿는다면 그것도 큰 오산

이다. 얼굴 없는 제2, 제3의 무수한 빈 라덴들은 어찌할 것인가? 그들의 유령은?

이자야 벌린의 선택

유럽 지성사 연구에 탁월한 업적을 남긴 이자야 벌린 Isaiah Berlin은 러시아 태생의 유대인이면서 영국에 망명하고, 그 영국에서 평생 옥스퍼드대학교 교수로 살다가 간 사람이다. 그 벌린이 한번은 친구에게 이런 테스트를 건 적이 있다. "알라딘의 램프는 기적을 일으킬 수 있네. 지금 자네가 그 램프를 가지고 있다 치세. 그 램프를 문지르면 자넨 전 세계 유대인들을 한순간 이를테면 스칸디나비아 인으로 만들 수도 있어. 그렇게 되면 유대인은 역사, 기억, 오랜 고통, 유대인을 유대인이게 하는 모든 것들을 몽땅 잃겠지만 대신 행복한 백성이 될 수 있겠지. 자네, 그 램프를 문지를 텐가?"

이 테스트에 답하기는 쉽지 않다. '행복'이란 것을 부족의, 또는 인생살이의, 첫 번째 목표로 놓고 싶어하는 사람이라면 그 행복을 위해 부족의 기억 같은 건 포기할 수 있다고 생각할지 모른다. "고통에 무슨 의미가 있는가? 고통은 숭고하지 않고, 의미로 충전되어 있는 것도 아니다. 고통의 기억은 보물이 아니다"라고 그는 말할 것이다. 그러나 다음 순간, 자기 부족의 역사가 비록 고통스러운 기억으로 차 있다 할지라도 그 역사가 지금의 그를 '그'이게 하는 의미의 그물을 이루고 있다면, 그리고 그 의미망을 버리고 나갈 때 그의 존재 자체가 의미를 상실할지 모른다는 데 생각이 미치면, 그의 손은 얼른 램프를 문지르지 못한다. 그에게 기억의 포기는 자그만치 존재의 포기일 것이기 때문이다.

행복, 고통, 의미의 문제는 벌린 자신에게도 평생의 화두이자 딜레마였던 것으로 보인다. 그는 고통 자체에는 의미를 부여하지 않은 사람이다. "고통은 축복이 아니라 저주"라고 그는 말한 적이 있다. 유대민족의 역사적 고통이라는 문제를 해결하기 위해 유대적 사유가 고안해낸 '신의 선민選民'이라는 아이디어도 그는 받아들이지 않았다. 그런데도 그는 죽을 때까지 '유대인'이었다. 그는 자기를 받아주고 대학 교수로 살게 해준 영국에 늘 감사하면서도 영국인이 되기 위해 유대인이기를 포기한 일이 없다. 그는 고통의 의미를 인정하지 않으면서, 동시에 그 고통의 경험과 기억으로 정의되는 한 부족의 성원으로 남고자 한 것이다. 그가 친구에게 건 그 알라딘의 램프 테스트는 말하자면 그 자신이 일찍 겪어야 했던 시험이기도 하며, 그 시험 앞에서 그가 선택한 것은 "문지르지 않는다"였던 셈이다.

이른바 '세계화'의 시대가 오늘날 세계의 여러 부족 또는 민족에 제기하는 도전 가운데 가장 곤혹스러운 것은 '민족' 개념의 유지 여부라는 문제이다. 대체로 세계화주의자들은 '민족' 개념이 불가피하게 '민족주의'와 연결되어 있고, 민족주의는 세계화 시대에 역행하는 부정적 가치라 주장한다. 이들에게 민족이라는 것은 쓸모없고 악취까지 풍기는, 그러므로 마땅히 내던져야 할 낡은 망태기 같은 것이다. 조금 완곡한 세계화주의자들의 경우는 민족 개념이 반드시 민족주의와 연결되는 것은 아니라는 점을 인정하면서도, 지금의 세계가 요구하는 변화의 모든 요청들을 고려할 때 민족이라는 것은 더 이상 중요하지도 유지할 수도 없는 가치라는 생각들을 갖고 있다.

역사상 유대인은 민족 또는 종족이라는 이데올로기 때문에 가장 참혹한 희생을 강요당했던 민족이다. 수백만 유대인이 나치 독일의 손에 죽어간 것은 그들이 '유대인'이라는 단 하나의 이유 때문이다. "네가 존재한다는 사실만으로도 너는 이미 수치이다"라는 카프카의 문학적 주제를 "유대인은 존재한다는 사실만으로도 이미 죽을죄를 짓고 있다"로 바꾸어 학살의 구실로 삼은 것이 나치 독일이고, 이 학살극을 연출한 최대 악당은 나치 자신의 지배종족/민족 이데올로기이다. 이 점에서 보면 유대인은 민족 이데올로기의 최대 희생자이다. 그런데 민족 범주 때문에 수없이 죽어간 바로 그 유대인들이 어째서 민족이라는 가치를 버리기는커녕 그 가치 아래로 뭉치게 되었는가? 현대 유럽에서 민족의 이름으로 자행된 이데올로기적 폭력의 문제를

만인의 인문학

누구보다도 심사숙고했던 벌린은 왜 유대인으로 남고자
했는가?

　민족이라는 것이 문제적 범주가 된 시대에 우리가 '벌
린의 선택'을 숙고해보아야 하는 이유가 거기 있다. 요 몇
년간 우리의 젊은 지식인들 사이에 상당한 관심을 불러일
으킨 질 들뢰즈의 '유목민nomad주의'는 이를테면 민족이라
는 것의 부정적 권력영토화에 대한 한 비판이자 대안으로
읽힐 수 있다. 이 유목민주의에 따르면 인간은 그 어떤 것
에도 충성하거나 복종해서는 안 되고, 어떤 '영토화' 현상
이나 권력집단 형성에도 저항해야 한다. 그러므로 정처 없
고 영토를 갖지 않는 유목민적 탈영토주의야말로 새로운
시대의, 미래사회의, 규범이자 대안이어야 한다. 이런 관
점에서 보면 벌린의 선택은 틀린 것이다. 들뢰즈가 반드시
세계화주의자인 것은 아니지만, 그의 유목민주의는 경박
한 세계화주의에 곧잘 원용된다.
　세계화주의자들이 모르는 것이 있다. 인간의 가장 자연
스러운 감정, 그가 가진 인간적 가능성의 만개를 위한 조
건, 그의 존재에 의미를 주고, 그를 가장 편안하게 하며, 그
를 가장 인간답게 하는 것은 추상적 세계성이 아니라 집,
고향, 동네, 친구들 같은 구체적이고 특수한 그의 '국지성'
이며 국지적 관계이다. 민족이란 이 국지성, 그의 '집'에 붙
여지는 이름이다. 그의 이 국지성은 그의 세계성과 반드
시 상치-대립하는 관계에 있지 않고, 세계성 때문에 희생

되어야 하는 것도 아니다. 오히려 그의 세계성은 그의 국지성 '때문에', 그것을 근거로 해서, 가능하다. 세계화 시대의 인간에게일수록 '돌아갈 집'은 필요하다. 이 자연스러운 존재의 집, 그것이 지금 우리가 생각해보아야 하는 민족의 가치이며, 벌린이 생각한 것도 바로 그런 가치일 것이다.

레바논, 그리고 평화교육의 방법

살육과 파괴는 문명의 이상이 아니고, 교육의 목표도 아니다. 어떤 문명의 제도도 "사람을 죽여라. 그리고 파괴하라"고 말하지 않는다. 그러나 인간의 역사는 전쟁의 역사이며, 지금도 이 작은 지구촌에서 총소리, 비명, 폭탄 터지는 소리 들리지 않고 조용히 지나가는 날은 단 하루도 없다. 아이들이 눈만 뜨면 텔레비전으로 보고 듣는 것이 전쟁 뉴스이고, 살육과 파괴의 장면들이다. 그런데 그 아이들이 학교에 가서 배우는 것은 평화, 사랑, 돌봄, 이해 같은 공존의 가치들이다. 교육의 이상과 세계의 현실 사이에는 엄청난 괴리가 있다. 이 괴리를 어떻게 처리할 것인가라는 문제는 현대 교육의 딜레마이다. 교육이 전쟁을 상대로 불가능한 경주를 벌여야 한다면 교육 담당자가 할 수 있는 일은 무엇인가?

지난 2006년 7월부터 8월 초순까지의 약 한 달 동안 무더운 지구촌을 더욱 무덥게 한 것이 '레바논 사태'다. 레바논 남부를 장악하고 있는 이슬람 무장단체 헤즈볼라와 이 단체를 테러집단으로 규정해서 제거하고자 하는 이스라엘 사이의 무력충돌이 레바논 사태의 핵심이다. 지금은 유엔 안보리의 휴전 결의안에 따라 일단은 총소리가 멎은 상태지만, 그 휴전이 이 지역에 항구한 평화를 가져올 수 있을 것이라 기대하는 사람은 거의 없다. 물론 유엔은 충돌 재발을 방지하고 질서를 회복하기 위해 유엔 평화유지군을 파견한다는 계획이고, 우리나라에 대해서도 유엔 깃발 아래 파병해줄 것을 요청해놓고 있다. 그러나 이스라엘과 헤즈볼라 사이의 적대 관계에는 시리아, 이란, 팔레스타인 등 다른 이슬람세력들도 연관되어 있기 때문에 단기간에 어떤 갈등 해법이 나올 가능성은 아주 희박하다.

청소년을 포함해서 한국인들에게 세계지도를 펴놓고 레바논을 찾으라면 제대로 찍을 사람이 얼마나 될지는 의문이다. 그러나 '레바논'이라는 나라 이름을 모르는 사람은 거의 없다. 이번 사태 때문만이 아니다. 레바논은 이미 1990년대 중후반 지루하고 처절한 내전을 치르면서 온 세계 사람들에게 '맨날 싸우는 동네'의 이미지를 단단히 심어준 나라다. 그러니까 이번 사태에 대해 사람들이 "또 레바논이야?"라는 반응을 보인 것은 무리가 아니다. 싸움질도 너무 잦으면 뉴스가 아니다. 살육과 파괴의 장면들을 아침저녁 텔레비전으로 보면서도 사람들은 감각이 무디어지고, 레바논은 이제 더 이상 구경거리도 아니라는 듯 반응도 시큰둥하다. 이것 역시 폭력의 일상적 친숙화가 가져오는 무서운 결과다. 이 경우 사람들의 죽음조차도 마치 게임 속의 죽음처럼 그 고통의 무게와 실감을 상실한다.

칠판에 '레바논'이라 큰 글씨로 써놓고 이 지구촌 한구석에서 일어나고 있는 일들을 잠시라도 아이들에게 얘기해주고자 할 때, 교사가 당면하는 문제는 그래서 두 가지다. 하나는 노상 전쟁이 일어나고 있는 세계에서 교사는 아이들에게 무슨 평화를 어떻게 가르칠 것인가라는 문제이고, 또 하나는 이미 폭력에 노출될 대로 노출된 아이들의 무디어진 감각을 어떻게 일깨울 것인가라는 문제다.

평화를 위한 교육은 무작정 '평화'를 외치는 일이 아니라 '갈등의 뿌리와 원인'을 아이들이 이해할 수 있게 설명해주는 일이다. 1990년대의 레바논 사람들은 왜 그렇게 열심히 서로 싸웠는가? 레바논이 내전의 소용돌이에 빠진 이유는 무엇인가? 서로 죽이고 죽인 세력들은 누구이며, 오랜 내전은 어떻게 수습되었는가? 지난 7~8월의 레바논 사태는 레바논과 이스라엘, 곧 나라와 나라 사이의 충돌이 아니라 레바논의 남쪽 지역을 장악하고 있는 이슬람 무장세력 헤즈볼라와 이스라엘 사이의 충돌이다. 이스라엘은 왜 헤즈볼라를 제거하고자 하는가? 레바논 자체가 충돌의 당사국이 아니라면 레바논에서 헤즈볼라는 무엇이며, 그 단체를 구성하는 자들은 누구인가? '헤즈볼라Hezbollah'는 '신의 당Party of God'이라는 뜻이다. 이 이름은 무엇을 암시하는가? 레바논 정부와 헤즈볼라의 관계는? 레바논 정부는 헤즈볼라에 아무 영향력도 행사하지 못하는가? 헤즈볼라를 지원하는 외부 세력은 누구이며, 왜 지원하는가?

아이들에게 이런 질문을 던져보는 일은 아주 중요하다. 궁금증을 일으키고 호기심을 자극하는 데는 질문 이상의 것이 없기 때문이다. 모든 교육은 질문으로부터 시작된다. 평화교육도 예외가 아니다. 궁금해진 아이들은 감각이 살아나고, 제 손으로 해답을 찾기 위해 신문과 책을 뒤지고 인터넷을 검색한다. 이른바 자발적 연구·조사와 탐구가 시작되는 것이다. 물론 지금의 학교교육에서 아이들이 궁금해졌다 해서 교사가 기대하는 만큼의 자발적 '리서치'를 수행할 수는 없을지 모른다. 그러나 교사는 그런 탐구를 권장하고 격려해야 한다. 질문이 머리에 남은 아이들은 당장은 도서관으로 달려가지 못한다 하더라도 그 질문을 기억하고 언젠가 거기에 답하기 위해 책과 자료를 뒤진다. 그리고 그들을 흥미롭게 한 질문들이 모여 그들의 미래 진로에 영향을 주는 힘으로 작용한다.

교사의 질문이 인간에 대한 궁극적인 질문들로 이어진다면 더없이 좋다. 인간은 본성적으로 '싸우는 동물, 죽이는 동물'인가? '살해본능killer instinct'은 정말 본능적인 것일까? 생물학자들은 무엇이라 말하고, 인문학자들은 또 무엇이라 말하는가? "마지막 전쟁은 죽은 자에게만 마지막 전쟁"이라는 말이 있다. 이런 통찰은 인간본성 깊숙한 곳에

만인의 인문학

살육과 파괴의 충동이 자리 잡고 있어서 전쟁은 결코 끝날 수 없다는 소리인가? 전쟁이 본능적인 것이라면 평화교육은 가능할까? 인간에게는 평화와 공존, 협력과 협동을 추구하는 성향도 있다. 이런 성향도 본능일까? 싸움의 원인이나 갈등의 뿌리를 이해하게 하는 교육방식은 전쟁을 인간본성으로 설명하는 방식과는 어떻게 다를까?

레바논 사태는 이런 식으로 평화교육을 위한 좋은 자료가 된다. 물론 자료가치 이상으로 중요한 것은 '역지사지易地思之'의 상상력을 통한 동정과 연민의 촉발이다. "레바논에서 아이들은 노상 죽는다. 너희들이 레바논에 태어났다면 절반은 학교 문턱도 못 가보고 죽었을지 모른다. 레바논 아이들은 왜 죽어야 하는가? 아이들이 늘 죽어야 하는 세계를 너희들은 받아들일 수 있겠는가?"

올해의 크리스마스 캐럴

히딩크와 아드보카트의 나라 네덜란드에서는 산타클로스가 아이들에게 선물을 가져다주는 날이 크리스마스 전야가 아닌 12월 5일 밤이다. 산타클로스가 이처럼 빨리 네덜란드의 아이들을 찾아오는 이유는 12월 6일이 네덜란드에서는 '신티클라스' 축일이기 때문이다. 신티클라스는 산타클로스의 기원이 된 성 니콜라스의 네덜란드어 이름이고, 12월 6일은 그의 탄생일로 알려져 있다. 정확하게 따지면 12월 6일은 성 니콜라스가 태어난 날이 아니라 '죽은 날'이다. 가톨릭의 성인 축일은 성인의 영혼이 '하늘로 들어간 날'이지, 그가 세상에 태어난 날이 아니다. 그러나 죽은 날이 태어난 날로 뒤바뀌기도 하는 것은 민중 축제에서의 경우 흔히 있는 일이다. 가톨릭 성인 니콜라스가 지금은 프로테스탄트를 포함한 기독교 세계 일원에서 산타클로스로 다시 태어난 것이나, 그의 축일과 아무 관계없는 크리스마스가 마치 '산타클로스의 날'처럼 되어버린 것도 민중 축제의 흥미로운 조화다.

성 니콜라스이건 신티클라스이건 혹은 다른 어떤 이름에 연결되건 간에, 산타클로스는 오늘날 기독교 문화권을 넘어 세계 많은 지역에서 아이들을 위한 축제의 주인공이 되어 있다. 우리의 경우도 마찬가지다. 교인 집안이냐 아니냐에 상관없이 한국 아이들에게 산타는 '선물을 가져다 주는 할아버지'고, 크리스마스는 다른 어떤 것이기에 앞서 '선물 받는 날'이다. 산타가 나만 빼놓고 지나가면 어쩌나 싶어 아이들은 조바심친다. 산타와 비밀 교신을 시도하는 아이들도 있다. 아이들에게 산타의 선물은 그들이 이 세상에서 결코 무의미한 존재는 아니라는 것을 확인시키는 귀중한 증표와도 같다. 산타가 나를 알아줄까? 어른들은 그런 아이들을 보며 그들 자신이 산타가 되지 않고는 배길 재주가 없다. 무신론자도, 기독교 비판자도, 크리스마스 상업주의를 혐오하는 사람도, 슬그머니 산타가 되어 아이들을 위한 선물을 준비하고 잠든 아이의 머리맡에, 양말짝에 아이를 위한 존재 확인의 증물을 넣어둔다. 그리고 다음 날 아침 말한다. "야아, 너 선물 받았구나! 산타 할아버지가 너 착하다고 준 거지, 그렇지?"

4세기 적 실존 인물 니콜라스가 산타클로스로 부활한 것은 무엇보다 그의 생애가 '선물'과 깊이 연결되어 있기 때문이다. 그는 소아시아(지금의 터키) 서부 지중해 연안의 그리스인 거주지 미라에서 태어나 초기 교회의 주교를 지낸 사람이다. 그는 부유한 집안 출신이었다. 부자 니콜라스의 생애에서 가장 유명한 것은 그가 어떤 가난뱅이 집안의 세 딸을 위해 세 번씩 금화를 선물했다는 이야기다. 가난에 쪼들린 아비는 딸들을 모두 유곽에 넘기기로 하는데, 이 소식을 들은 니콜라스는 밤중에 몰래 그 집을 찾아가 굴뚝으로 금화를 떨어뜨린다. 금화는 딸들의 양말 속으로 떨어진다. 그렇게 차례로 선물을 받은 처녀들은 그 돈으로 혼수를 장만해서 좋은 곳으로 시집갈 수 있게 된다. 니콜라스는 물려받은 재산 전부를 그런 식으로 가난한 자들에게 나눠주었다고 한다.

이 나눔의 정신을 생각하면, 성 니콜라스가 산타클로스가 되고, 그의 사망일이 나자렛 예수의 탄생일인 크리스마스와 연결된 것은 그리 이상한 일이 아니다. 죽음은 도착이 아니라 떠남이기 때문에 산타가 선물을 들고 찾아오는 도착의 날은 어떤 새로운 탄생의 날과 연결되는 편이 대중적 상상력에는 훨씬 더 자연스러울지 모른다. 그리고 무엇보다, '신의 아들'이 인간의 몸으로 세상에 태어났다는 사건 자체가 '선물의 도착'이다. 그 도착으로 인해 하늘과 땅은 연결된다. 그 도착으로 인해 이 지상에는 인간의 세계가 신의 세계와 무관하지 않고, 신이 인간의 일에 무관심하지 않다는 정보가 퍼진다. 이런 정보를 가진 세계는 그것이 없는 세계보다는 훨씬 낫다. 아무리 더럽고 어지럽고 피 냄새나는 곳이라 할지라도 인간계가 어떤 신성한 것과

만인의 인문학

연결되어 있다고 생각하는 순간 그 세계가 사람들에게 갖는 의미는 달라진다.

물론 이의가 없지 않다. 자기를 보살피고 지켜주고 위로하는 신을 믿는 것은 나쁘지 않다. 그러나 누가 '거짓말'을 믿을 수 있는가, 인간이 왜 거짓말의 위로를 받아야 하는가라고 리처드 도킨스 같은 생물학자는 반문한다. 낯익은 질문이다. 하지만 믿음에 얽혀 있는 것은 거짓말의 문제가 아니라 인간이 포기하기 어려운 화해와 의미 추구의 문제다. 인간은 그 자신의 유한성, 그 자신의 죽음과 화해해야 하고, 이 지상에 사는 동안은 자기 존재의 의미를 만들고 찾아내어 자신의 삶을 어떤 정당성의 문법 위에 올려놓지 않으면 안 된다. 과학과 기술의 시대에도 종교 등의 상징적 연결체계가 사라지지 않는 것은 화해와 의미 추구가 인간적 삶의 요청이기 때문이다.

이 시대에 성탄절이 갖는 의미는 특별하다. 나자렛 예수가 태어난 곳은 여관방도, 호텔도, 산실도 아닌 말구유다. 그의 탄생은 가장 지고한 존재가 가장 미천한 곳에 내려온 사건, 말하자면 가장 높은 것과 가장 낮은 것, 가장 부유한 것과 가장 빈한한 것의 결합이고 만남이다. 무엇보다도 그는 '홈리스'이다. 그는 집이 아닌 곳에서 집 없이 태어난 존재다. 이상하지 않은가, 집 없이 홈리스로 태어난 자에게서 사람들이 되레 '집'을 발견하고 집을 얻는다는 것은? 19세기의 영국 평론가, 시인, 칼럼니스트, 저술가 G. K.

체스터턴이 「크리스마스의 시」를 썼을 때, 그를 움직인 영감도 그 말구유 아기의 '집 없음'이다. "짐승들이 여물 먹고 침 흘리는 곳 / 그 누추의 구유에서 태어난 아기 / 그가 집을 갖지 않는 곳에서만 / 그대와 나는 집을 얻네 / 우리의 손은 만들고 머리는 안다 / 그러나 우리는 잃어버렸네, 오래전에, 우리의 가슴을."

「크리스마스의 시」에 곡조를 붙이면 크리스마스 캐럴이 된다. 홈리스로 태어난 자, 홈리스였기 때문에 오히려 사람들에게 '홈'이 된 존재의 그 이상한 비밀을 노래해보는 것이 아무래도 올해 우리의 크리스마스 캐럴이었으면 싶다. 당신과 내가 선물을 사 들고, 그리고 선물 보낼 곳들을 생각해보며 집으로 들어가는 날의 저녁을 위해서.

신은 어느 때 가장 기뻐하실까

지금은 가톨릭만이 아니라 개신교를 포함한 크리스트
교 전체가 세계적으로 이런저런 도전에 직면해 있는 시대
이다. 가장 큰 도전은 두 갈래 방향에서 제기되고 있다. 하
나는 크리스트교의 종교적 믿음 그 자체에 대한 비판과 거
부라는 도전이고, 다른 하나는 인간의 삶을 지탱하는 데
필수적이라 여겨져왔던 근본적 가치들이 소위 '문명사회'
내부에서 거의 전면적인 마모와 추락을 겪고 있는 사태이
다. 진화생물학을 위시한 과학계와 지식인 사회가 촉발하
고 있는 '무신론 열풍(유일신 종교에 대한 비판도 포함해서)'이
위의 첫 번째 도전을 대표한다면, 물질적 안락과 돈의 추
구를 삶의 유일한 목표로 삼는 '풍요 이데올로기'의 세계적
편만이 두 번째 도전을 대표한다.

무신론의 도전은 물론 새로운 것은 아니다. 사상사의
관점에서 보면 서구 르네상스 이후의 세속 휴머니즘 전통
은 크게 보아 무신론에 그 뿌리를 두고 있다. 그러나 현대

의 무신론 기류는 과거의 무신론 전통이나 공산주의적 무신론과는 구별되는 특징들을 갖고 있다. 유일신 신앙에 대한 거부가 전례 없이 치열하고, 그 거부에 지적·정서적으로 동조하는 사람들의 수도 늘고 있다는 것이 그런 특징의 일부이다. 이런 거부는 공산주의 때문이 아니고, 공산주의의 영향이 아직 강하게 남아 있어서도 아니다. 공산주의라는 형태의 무신론을 지상에서 완전히 쓸어내기만 하면 크리스트교가 최종적 승리를 거두게 될 것이라 생각하거나 공산주의만이 크리스트교의 잔존 적대세력이라 믿는 사람이 있다면 그는 달나라에서 온 몽상가이다. 현대의 주요 무신론세력은 크리스트교를 토대로 해서 성장한 유럽문명의 내부로부터 나오고 있고, 그 주 세력은 공산주의가 아니다.

아브라함의 종교(3대 유일신교)들 전체가 혹독한 비판의 대상이 되고 있다는 것도 21세기 무신론 열풍이 보여주는 특징의 하나이다. 알카에다에 의한 9·11 뉴욕 테러 사건 이후 사람들은 유일신 신앙체계들이 평화를 위한 종교이기는커녕 오히려 평화의 적이 되어 세계 도처에서 갈등, 긴장, 폭력을 촉발하거나 유발하고 있다는 관점에 점점 더 많이 이끌리게 되었다는 것은 부인할 수 없는 사실이다. 사실로 따지면, 유일신 종교들이 종종 세계적 갈등의 진원이 되곤 한다는 것이 더 핵심적인 사실이고 현실이다. 뉴욕 테러 이후, 유일신체제들이야말로 '악의 3대 축'이라고까지 단정하는 가혹한 비판까지도 제기되었다는 것을 우

만인의 인문학

리는 알고 있다.

　이상의 지적들은 한국 가톨릭에는 별로 해당되지 않는다고 생각하는 사람들이 있을지 모른다. 사실 한국 가톨릭은 개신교에 비해서는 상대적으로 타종교에 대한 존중과 이해의 수준이 높은 편이며, 사회정의를 향한 관심과 기여의 정도도 아주 높다. 이런 점은 한국 가톨릭의 남다른 자랑거리이다. 그러나 한국 가톨릭도 사회를 구성하는 다양한 요소들에 대한 포용력을 더 키우고, 선/악의 단순 이분법을 넘어 사회관계의 복잡성이 일으키는 변화들에 대해서도 더 높은 관용을 보일 수 있어야 할 것 같다.

　종교는 가치의 저장고이며, 가치 있는 삶의 안내자이다. 크리스트교가 서양문명의 한 토대가 될 수 있었던 것은 평등, 정의, 사랑, 인권 같은 보편가치들을 문명사회의 지향점으로 제시했기 때문이다. "너희 중의 이방인을 너희들 중의 하나인 것처럼 대하라. 너희는 이방인의 가슴을 알고 있다. 너희도 한때 이집트의 노예들이었으므로." 모세 5경에 수없이 나오는 이 명령은 히브리 경전(구약성경)이 제시한 문명의 강력한 보편 토대 가운데 하나이다. 히브리 전통의 이 유산은 "네 이웃을 사랑하라"는 나자렛 예수의 가르침을 거쳐 "서로 사랑하라, 형제들이여. 사랑하고 또 사랑하라"는 바오로의 메시지로 이어지고, 마침내 크리스트교를 크리스트교이게 하는 강력한 매혹의 언어가 된다. "남들이 네게 해주었으면 하고 너희가 바라는 것을 너희도 남들에게 행하라"는 것은 예수가 인간의 도덕적 행동방식을 가장 간명하게 요약해서 들려준 황금률과도 같은 당부이다.

그런데 그 이방인, 그 이웃, 그 남들(타인)은 누구인가? 형제란 누구를 가리킨 것인가? 교회는 그냥 이웃을 사랑하라고만 말할 것이 아니라 그 이웃이 누구인지를 언제나 되묻고 생각해보아야 한다. 교인들의 공동체, 동족집단, 혹은 국민만이 이웃인가? '착한 사마리아인' 이야기에 나오는 사마리아인은 유대인의 동족도 친밀집단도 아니다. 예수가 말한 이웃은 인종, 국경, 계급, 재산, 종교, 이데올로기를 넘어서 있다. 그 이웃을 사랑한다는 것은 결코 쉬운 일이 아니다. 남들을 '형제처럼' '네 몸처럼' 사랑한다는 것도 절대로 손쉬운 일이 아니다. 쉬운 일이 아니기 때문에 초기 크리스트교의 그 사랑의 가르침과 당부는 문명의 목표가 되고, 역사의 지향점이 된다.

인간 역사에는 아무 목적도 목표도 없다는 주장들이 날개를 펴고 있는 것이 지금의 시대지만, 힘주어 용감히 말하면 역사에는 목적이 있다. 인간의 도덕적 진보, 그것이 역사의 목적이다. 교회는 이 의미의 역사의 목적을 망각할 수 없다. 인간 역사의 목적과 의미가 망각되고, 온갖 종류의 물질적 가치와 돈의 이해관계들이 다투어 자기를 내세우고 있는 지금, 가장 간절히 요구되는 것은 인간문명에 보편 방향을 주고 지향점을 되찾아주는 일이다. 이것이, 내가 보기엔, 한국 가톨릭을 포함해서 현대의 크리스트교가 감당해야 해야 할 가장 중요한 일이며 신이 가장 기뻐할 일이다. "하느님은 어느 때 가장 기뻐하실까?" 교회는 늘 이 질문을 기억해야 한다.

4개의 질문: 이 지구에 인간이 필요한가?

2015년 6월 18일, 프란치스코 교황은 전 세계 가톨릭 성직자들에게 보내는 장문의 회칙回勅, Encyclical 『찬미받으소서』를 발표했다. '회칙'이란 교황의 통문通文이다. 이번의 교황 통문은 가톨릭 신앙의 문제에 관한 것이기보다는, 종교가 뭐냐에 관계없이 인류 전체의 삶에 제기되고 있는 훨씬 절박하고 직접적인 어떤 위기와 위험의 문제를 다룬 것이다. 그것은 '지구환경'이라는 문제다. 교황 회칙이 환경 문제를 직접 거론한다는 것은 매우 이례적인 일이다. 그러나 회칙의 문면을 보면 환경 문제는 교회가 끼어들지 않아도 될 '강 건너 불' 같은 것이 아니라 교회가 더는 '침묵할 수 없는 문제'라는 것이 프란치스코 교황의 판단이고 시각이다. 이것은 교황이 국제사회를 향해 문제를 문제로서 볼 것을 요구하고, 책임 있게 행동할 것을 촉구하는 용기 있는 판단이다.

회칙은 교황의 의도와 문제의식을 이렇게 천명한다.

"교회는 과학적 질문을 다루거나 정치를 대신하고자 하지 않는다. 그러나 나는 특정의 이해관계나 이데올로기가 인류 전체의 공동의 선에 편견을 개입시킬 것이 아니라 솔직하고 열린 토론을 전개할 수 있도록 촉구하고자 한다." 과거 국제사회의 몇 차례 환경정상회담들은 "정치적 의지의 결여 때문에 기대에 미치지 못했고, 환경에 대한 의미 있고 효과적인 지구적 합의에 도달할 수 없었다." 기후 변화를 포함한 환경 문제는 전 세계 모든 곳에서 엄중한 사회적·경제적·정치적 결과를 초래하게 될 것이라고 회칙은 경고한다. 환경 문제는 "오늘날 인류가 직면하고 있는 가장 중대한 도전의 하나이다."

사실 이런 경고는 수없이 제기되어왔다. 그런데 이번의 교황 회칙은 자연 보호와 관련해서 국제사회의 정치·경제 영역에 '책임 있는 행동'을 주문하고 있다는 것이 특징적이다. 균형 있는 생산, 부의 분배 방식 개선, 소비주의의 성찰, 미래 세대의 권리 존중, 세계적 불평등과 빈곤, 기술과 경제지상주의의 위험성, 자원 부족, 여성과 인구 문제 등은 세계가 안고 있는 숙제들이다. 이런 숙제를 해결해나가자면 "진정한 의미에서 세계적 차원의 정치적 권위가 필요하다"고 교황은 말한다. 그는 종교적·도덕적 권위를 언급하기보다는 '정치적 권위의 필요성'을 말하고 있다. 이것은 국제 정치 사회를 향한 교황의 제안이다. 특히 다음 대목은 정치와 경제가 새겨들어야 할 부분이다. "정치가 경제에 종속되어서는 안 되며, 경제가 기술의 효율성 위주 패러다임의 명령에 종속되어서도 안 된다. 오늘날 정치와 경제는 인류의 공동선이라는 관점에서 지상의 모든 생명을 위해, 특히 인간의 삶과 생명을 위해 솔직한 대화에 돌입해야 할 절실한 필요성 앞에 놓여 있다."

교황 회칙에서 가장 인상적인 메시지는 몇 가지 질문들에 담겨 있다. 나는 그 질문들의 무게와 깊이를 강조하기 위해 임의의 숫자를 붙이고 싶다.

질문1: "우리는 지금 자라고 있는 세대, 우리 다음에 올 세대에 대체 어떤 세계를 남겨주고자 하는가?" 해마다 수천의 식물과 동물종이 지상에서 사라지고 있다. 미래세대는 그 생물종들을 볼 수 없을 것이다. 인간은 오로지 인간만이 생존하는 세계를 물려줄 것인가?

질문2: "인간은 왜 이 지구에 있는가? 이 지상에서의 인간의 삶의 목적은 무엇인가?" 애당초 인간이 지상에 있는 이유는 무엇인가?

질문3: "이 지상에서 우리가 하는 일의 목표는 무엇이며 우리가 기울이는 모든 노력의 목표는 무엇인가?"

질문4: "이 지구에 인간이 필요한가?"

이런 질문은 인간의 삶의 의미, 가치, 목적에 관한 '깊은 질문들'이다. 깊은 질문은 그 깊이 때문에 근본적인 질문이고, 근본적인 질문은 과학이 적절히 담당하기 어려운 질문이라는 점에서 인문학적 질문이다. 교황의 이번 회칙은 환경회칙이면서 동시에 이 지상에서의 인간의 삶의 의미와 가치에 관한 인문학적 질문의 회칙이기도 하다. "우리가 이런 깊은 문제들과 씨름하지 않는다면 환경에 관한 우리의 우려와 관심은 의미 있는 결과를 내지 못할 것이다." 이 지구에 인간이 필요한가? 지금 인간에게 이보다 더 섬뜩한 성찰의 질문은 없어 보인다.

3부

다시, 인간이란 무엇인가?

인간이 유전자언어·문장으로 씌어진 책이라는 새로운 패러다임
이 나오고, 인간이 그 책의 판독 방법을 알게 되었다는 사실의 중요
성은, 단순히 '인간'에 대한 과학적 지식의 확장이라는 선에만 머물
지 않는다. 우선 그 지식은 개인과 종의 미래를 유전공학적 통제와
조절의 영역으로 몰아넣는다. 특정의 유전병이나 유전적 정신질환
이 특정의 염색체와 유전자문장의 교란에서 오는 결함이라면, 인간
은 그 결함 유전자 또는 교란된 유전정보를 제거, 치료, 무력화시킴
으로써 지금까지 치유 불능의 것으로 알려진 질환들을 통제할 수 있
다. 분자생물학과 유전공학이 열어놓은 이 가능성은 유전자의학·
유전자치료법·유전약물학의 광대한 새 영역들을 열어줏힌다. 유전
자 문장을 고쳐 씀으로써 인간을 바꾸는 일이 가능해지는 것이다.
그러나 동시에 그 가능성은 치유가 불가능한 선천성 결함 인자를 가
진 태아에게는 탄생의 기회를 아예 박탈하는 우생학적 사회공학의
대두를 암시한다. 또 개인의 생물학적 미래가 적혀 있는 유전정보가
사회적으로 보유된다는 것은 그의 사회적 미래에 결정적인 영향을
줄 수 있다.

다시, 인간이란 무엇인가?

유럽 제국주의가 아프리카를 접수할 때 필요했던 것은 제국주의적 침탈 행위를 '도덕적으로' 정당화하는 작업이었다. 이 작업은 백인이 흑인보다 '우수한' 인종이며, 따라서 우수한 인종이 열등한 야만 인종을 깨우쳐 그들을 '문명'으로 이끄는 것은 도덕적으로 정당하다는 쪽으로 진행되었고, 따라서 백인 별개 인종설을 확립하는 것은 무엇보다도 이 정당화 작업의 필수적 부분이었다. 게다가 백인과 흑인이 동일한 조상을 갖고 있다는 것은 백인 사회의 정서 구조상 수용하기 어려운 부분이었다. 네안데르탈인 백인 조상설은 제국주의적 담론 구조나 백인 정서가 기다리고 기다리던 '과학적 발견'이 되어준 것이다. 따라서 현대 유전학의 인류의 일원발생설이 확고한 증거를 확보할 경우, 네안데르탈인 백인 조상설은 과학이 과학의 이름으로 어떻게 당대적 권력담론과 결탁하는가(이는 미셸 푸코의 주요 주장인 '권력/진리 불가분설'의 골자이기도 하다)를 보여주는 흥미로운 사례로 남게 될 것이다. 이미 현대 생물학자들 사이에는 네안데르탈인 백인 조상설이 과학사상 희대의 '사기극'이었다는 반성이 일고 있다.

한때 인종차별주의에 과학적 토대를 제공하는 듯이 보였던 생물학이, 지금은 인종주의적 편견의 근거를 삭제하는 데 기여하고 있는 것이다.

"태어나서 살다가 죽었다"라는 것은 인간의 공통된 생물학적 전기이다. 그러나 그가 어떻게 살았고, 무슨 고통을 겪었으며, 무엇을 행복으로 생각했는가라는 대목—그의 삶의 자서전은 생물학적 결정의 차원을 벗어난다. 우리는 그 삶의 자서전을 '문화적 자서전'이라 부를 수 있다.

인간은 그를 둘러싸고 있는 이데올로기의 우주로부터 탈출할 수 없는가? 없다면 어떻게 이데올로기의 이데올로기성이 노출되고 격파되고 변화하는가? 이데올로기를 벗어난 진리란 존재할 수 없는 것인가? 문화가 특정의 체제를 유지하는 강대한 이데올로기의 우주라면, 그 체제를 깨뜨리는 힘도 문화 영역에 있는가? 이 변화는 이데올로기에 대한 비판적 담론이 가져오는 것인가, 아니면 저항이 가져오는 것인가? 개인은 자기 담론의 이데올로기성을 '의식'하는 순간

다시, 인간이란 무엇인가?

그 이데올로기로부터 벗어나는가? 인간의 모든 사회체제가 이데올로기에 근거하고 모든 문화와 담론이 이데올로기적이라면, '똥 묻은 개가 겨 묻은 개 나무라기'식 이상의 이데올로기 비판은 가능한가? 어떻게, 무슨 기준으로? 개인의 운명이 무의식적 이데올로기 문장으로 결정된다고 말하는 것이나, 무의식적 유전자정보문장이 운명을 결정한다고 말하는 것 사이에 무슨 근본적 차이가 있는가?

과학이 지배적으로 '발견'에 관계된다면, 기술은 지배적으로 '발명'과 관계된다. 발견은 사전 목적을 갖지 않을 때가 많은 반면, 발명은 대부분 실용적 동기와 목적에 의해 시도되고 설계된다는 점에서 그 사회적 책임이 크다. 지금 우리는 기술에 대한 놀라운 맹목의 사회로 진입하고 있다. 기술맹목사회는 인간이 '천사보다 약간 못한 존재' 아닌 '천사보다 훨씬 나은 존재'로 올라서고 있다고 믿게 하는 사회이다. 그러나 그 기술의 빛과 그늘을 분간하고 거기 대응하는 일은 사회적으로 극히 중요하다. 기술 덕분에 인간은 신을 능가하기도 하지만, 동시에 '짐승보다 못한 존재'로 굴러떨어지기도 한다는 것을 기억할 필요가 있다.

문명의 맹목, 그리고 모호한 불안

지금 세계가 돌아가는 꼴은 이상하고, 사람들은 불안하다. 이 '불안함'과 '이상함'은 과거 냉전 시대처럼 핵전쟁의 위협에서 오는 것도 아니고, 초강국들 사이의 대결이 불러일으키는 어떤 위기감의 산물도 아니다. 또 그것은 딱히 분배의 불평등이나 빈곤의 문제가 발생시키는 사회적 불안의 산물도 아니다. 한때 인류를 히스테리 환자가 되게 했던 핵전쟁의 위협은 지금 상당 부분 제거된 상태이고, 초강국은 지금 미국 하나밖에 없기 때문에 극심한 긴장을 일으킬 정도의 '대결 국면'은 존재하지 않는다. 굶주림은 여전히 상존하는 세계적 문제지만, 적어도 산업사회의 경우 그것은 근원적 불안의 기원이 될 만한 심각한 위협은 아니다.

지금 사람들을 떨게 하는 불안은 기묘하게도 불안 또는 불만의 원인을 잘 알 수 없다는 데서 오는 불안이다. 도쿄 지하철 독가스 살포나 뉴욕 지하철에서의 무차별 기관

만인의 인문학

총 난사 사건이 사람들을 불안하게 하는 것은 그런 무차별적 파괴행위가 확산될 수 있다는 가능성 때문이기도 하지만, 더 근본적으로는 행위가 극히 모호한 동기, 합리적 설명이 어려운 동기의 산물이라는 사실 때문이다. 이것을 우리는 '모호성의 불안' 또는 '모호한 불안'이라 부를 수 있다. 모호한 사건은 그 자체로 불안의 분명한 기원일 수 있다. 그러나 동기를 설명할 수 없고 이해하기 어려운 사건들이 발생한다는 사실은 여전히 모호성의 불안이라는 범주를 구성한다. 현대인은 모호한 불안의 포로이다.

냉전 시대의 세계지도는 아주 간편하게 세계를 양분하고, 그 양분법에 따른 매우 선명한 '전략구도'를 제시하고 있었다. 로널드 레이건이 잘 요약했듯, 서방의 눈에는 '악의 제국' 소련으로 대표되는 공산주의가 세계를 위협하는 최대의 불안 요소였다. 또 사회주의권의 관점에서는 자본주의가 인간의 품위 있는 생존을 근원적으로 위협하는 악의 세력이었다. 이 마니키아Manichaeism적 선악구도에서 보자면 동서 두 진영은 서로 상대방에게는 없어져야 할 악이었다. 흐루쇼프는 공산주의가 언제까지 갈 것 같으냐는 어느 서방 기자의 질문에 "새우가 휘파람 불 때까지"라고 제법 운치 있는 은유법으로 답변한 적이 있다. 집단 목젖 수술을 하지 않는 한 새우 떼가 휘파람 부는 순간은 영원히 오지 않는다. 마찬가지로 흐루쇼프에게 공산주의의 소멸이란 '생각할 수 없는 일'이었다. 새우가 휘파람을 불었는지 어땠는지 알 수 없지만 공산주의는 적어도 표면상 소멸했고, 그와 함께 냉전적 대결 구도도 사실상 허물어진 상태이다. 그런데 흥미롭지 않은가. 세계를 불안하게 하는 '악의 제국'이라던 그 세력이 없어진 마당에 어째서 세계는 여전히 불안한가.

세상에 존재하는 악의 가짓수는 많고, 그 기원도 다양하다. 악의 존재는 존재론의 차원에 있는 것이 아니라 인간의 행위, 욕망, 실수, 우매의 차원에서 발생하고, 그 차원에 존재한다. 어느 한 체제를 몽땅 악으로 규정한 레이건식의 단세포적 사고는 이미 그 자체가 우매함이며, 그런 사고법 위에 냉전논리를 유지한 서방전략도 집단 우둔성에 해당한다. 그 사고법은 서방세계 자체에 도사리고 있는 내부적 악의 기원에 대해서는 완전히 눈감은 채 타방의 존재만을 악으로 보는 '맹목'이며, 맹목이기 때문에 우매이고 우둔이다. 맹목성blindness은 인간이 좀체 벗어나기 어려운 가장 강대한 나르시시즘의 한 형태이고 악의 일종이다.

그러나 좀체 벗어나기 어렵다는 이유로 인간이 '맹목 벗어나기'의 책임에서 면제되는 것은 아니다. 그는 그의 능력, 지혜, 통찰의 모든 자원을 동원하여 맹목 다스리기에 나서지 않으면 안 된다. 맹목을 다스리는 일은 곧 이 세계에서 악을 줄이는 일이기 때문이다. 유엔은 1995년을 '관용의 해'로 정해놓고 있는데, '관용tolerance'이란 "맹목이 발생시키는 편견으로부터의 자유이고, 그 편견이 일으키는 고통으로부터의 해방"이다. 더 요약하자면, 관용은 맹목으

만인의 인문학

로부터의 자유이다.

사회주의의 소멸과 함께 서방 진영이 자유주의 만세를 부르고 자본주의 만만세를 부른 것은 체제 경쟁에서의 승리를 자축한다는 차원을 넘어 서방적인 것에 대한 맹목의 정도를 심화하고 확대하는 행위라는 점에서 극히 우려할 만한 현상이었다.

지난 몇 년 동안 세계의 신중한 식자치고 이런 걱정을 해보지 않은 사람은 없었을 것이다. 이를테면 그것은 자본주의가 안고 있는 여러 고약한 모순과 병폐를 보지 않고 보지 못하게 하는 맹목을 심화하고 확산한다. 이 맹목은 동시에 자본과 결합한 기술문명-문화의 위험한 맹목성을 보지 않게 하고 보지 못하게 하는 맹목을 낳고, 이 맹목은 오늘날 인간이 경험하는 불안과 불행, 괴이한 파괴 충동과 불만의 진정한 기원이 어디에 있는가를 보지 못하게 하는 또 다른 맹목을 낳는다.

자본주의와 기술문명이 몽땅 잘못된 것이라든가, 그것들이 이미 그 자체로 악의 기원이라고 말한다면 우리는 영락없이 또 다른 형태의 단선적 맹목에 빠질 것이 확실하다. 지금 우리의 요점은 그것이 아니다. 서방적 체제, 가치, 생산 양식과 소비 양식에 의해 진행되고 있는 현대 문명 내부의 맹목성을 '보지 않는 것', 이것이 우리가 경계해야 할 맹목, 정확히 말해 '악'의 모습이다.

도쿄 독가스 사건의 설명하기 어려운 모호성도 우리를

불안하게 하지만, 아사하라 쇼코의 '옴진리교' 같은 집단을 둘러싼 모호성도 독가스 사건 못지않게 사람들을 불안하게 한다. 옴진리교가 가스 사건과 연루되어 있는지 어떤지 지금으로선 확실치 않다. 우리를 놀라게 하는 것은 아사하라 집단의 '이상한 행동'과 '이상한 매혹'이다. 그 집단은 어째서, 무슨 용도로, 다량의 가스 제조 시설과 정화 시설을 갖추고 있었는가, 왜 그 집단은 끊임없이 사린 가스에 의한 박해 위협을 추종자들에게 주입시키고 있었는가. 이성적 판단력을 가진 사람이라면 빠져들려야 들 수 없을 것 같은 그 집단의 구원논리가 어째서 다수 추종자를 끌어모을 수 있었는가.

보도에 의하년 추종자의 상당수는 명문 대학에서 이공계를 공부하고 나온 기술 엘리트들이라고 한다. 이성과 합리성의 산물이라는 자본주의 문명사회에서 옴진리교 같은 이상한 행동집단들이 번성하는 이유는 무엇인가. 이 번성의 조건은 문명의 맹목이라는 문제와 직결되어 있고, 아사하라 집단의 모호성이나 독가스 사건의 모호성도 문명의 맹목과 연결되어 있다. 이 연결 부분에 주목하는 일은 현대 시민의, 그리고 무엇보다도 젊은 세대의 교육을 담당하고 있는 사람들의, 의무와도 같은 사색거리이다. 무엇이 어떻게 연결되어 있는가.

현대 생물학의 '인간' 발견

1. "인간을 읽는다"

인간은 거울을 들여다보며 자기를 인지하는 유일한 동물이다. 인지할 뿐 아니라 그는 거울 속의 자기 이미지에 매혹된다. 인간이 자기를 '대상화'하는 내성적 동물로 발전하게 된 것은 이 인지와 매혹의 능력 때문이다. 인간의 이 자기대상화를 학문적으로 추구하는 것이 인문학Humanities이다. "인간은 무엇인가?"라거나 "나는 누구인가?"라는 질문에 대한 해답의 학문적 추구가 인문학의 기원을 이루기 때문이다. 학문의 역사는 '질문 발견의 역사'이다. 인문학은 말하자면 인간이 자기자신을 거울 속에 던져 넣고 "인간은 무엇인가?"라는 질문을 던지기 시작한 그 순간부터 시작된 것이다. 그리고 그 시점 이후 '인간'은 인간의 집중적인 지적 탐구 대상이 된다. 사자는 자기를 알기 위해 '사자학'을 시작하지 않고, 침팬지는 거울 속의 자기 이미지에 매혹되지 않는다. 인간만이 자기자신을 연구 대상으로 삼는 동물이다.

그러나 "인간은 무엇인가?"라는 질문 자체의 역사—
그 인문학적 질문의 역사는 그리 오래지 않다. 서양의 경우 '학문'은 인간 그 자체보다는 인간을 둘러싼 '외부 세계'에 대한 호기심으로부터 먼저 발원하고, 이것이 서양 '과학'의 시초를 이룬다. 이 과학적 호기심의 대상은 인간 그자체가 아니라 외부 세계이며, 이때 의미 있는 질문은 "세계는 어떻게 만들어져 있는가?"라거나 "물질은 무엇이며, 어떻게 구성되어 있는가?" 같은 것이다. 이런 질문들을 던지기 시작한 것은 기원전 6세기 탈레스Thales가 일으킨 그리스의 이오니아학파이다. 이 학파가 서양 과학의 조상으로 대접받는 이유는 외부 세계에 대한 진지한 탐색이 그학파에서부터 시작되었기 때문이다. 그로부터 200년쯤 지나서 인간의 눈을 외부 세계로부터 인간 그 자체에게로 돌려놓는 시점 이동 또는 사고의 전환이 발생하는데, 이것이 '소크라테스 철학의 혁명'이다. 이 전환적 사고의 요점은 "인간이 자기자신에 대해 아무것도 모르면서 외부를 알려는 것은 무의미하다"라는 것이었다. 질문자 자신을 질문의 '대상'으로 돌려놓게 했다는 점에서 소크라테스 철학은 서양 인문학의 조직적 출발점이 된다. 인간의 자기 발견이 가장 화려한 방식으로 '서사화'된 것은 물론 그리스 신화와 호메로스로 대표되는 서사문학에서이다. 그러나 인간을

만인의 인문학

반성적 질문의 대상, 다시 말해 "나는 무엇인가?"라는 질문 형식 속에 대상화함으로써 인문학적 탐구의 길을 연 것은 소크라테스로 대표되는 고전철학이다.

그 이후 2,500년 동안 '인간'은 인간의 진지한 연구 대상이 되었고, "인간은 이런 것이다"를 내용으로 하는 여러 장의 그림과 이미지들이 제시된다. 이 그림과 이미지들을 우리는 '인간에 대한 패러다임'이라 부를 수 있다. 철학을 위시한 인문학만이 이런 패러다임을 제시한 것은 아니다. 사회과학도 인간의 사회관계나 권력 현상의 연구를 통해 인간에 대한 일정한 정의와 그림, 다시 말해 인간에 대한 패러다임을 제시한다. '인간은 정치적 동물zoon politikon'이라는 오래된 아리스토텔레스적 정의는 정치학적 정의이면서 동시에 고전철학의 인문학적 인간관과 불가분의 관계로 연결되어 있다. 준과학의 영역이라 할 인류학, 언어학, 심리학, 정신분석학, 고고인류학 등도 인간 연구와 직결되어 있다. 예컨대 언어학적 인간 패러다임은 말할 것도 없이 "인간은 상징기호를 사용하는 동물"이라는 것이다. 인간의 기호체계에 대한 현대 언어학의 연구는 이미 그 자체로 인간 연구에서 핵심적 지위를 차지한다. 천문학, 물리학, 화학 등의 근대 과학도 인간 발견과 결코 무관하지 않다. 여기서 흥미로운 질문 하나가 제기된다. 인간을 탐색하는 노력이 이처럼 오래 지속하고, 그로부터 여러 개의 흥미로운 발견들이 이루어졌음에도 불구하고, 인간은 여전히 '발견'의 대상인가? 우리는 아직도 인간이 무엇인지 잘 모르고 있단 말인가? 인간이 도대체 뭐길래?

　현대 생물학이 인문학도와 사회과학도들의 비상한 관심을 끌게 된 것은 바로 그 인간 발견에 관계된 새롭고 중대한 정보들이 20세기 생물학의 분야에서 속속 터져 나왔기 때문이다. 그 정보들은 단순히 새롭기 때문에 '중대한' 것이 아니라 인간에 대한 기존의 그림, 지식, 패러다임을 흔들기 때문에 중대하고, 인문학이 큰 관심을 갖는 것도 그 발견들이 인문학적 지평의 확대 내지 수정을 요구하기 때문이다. 인간이 하등 생명체로부터의 진화의 결과이고 침팬지가 인간과는 '사촌' 관계에 있다는 식의 정보는, 이미 현대 인문학의 관심거리는 아니다. 그러나 인간의 직계 조상으로 알려졌던 직립원인Homo erectus과 현생인류Homo sapiens가 서로 별개 존재이고 양자 사이의 생물학적 차이는 0.6퍼센트에 불과하지만 바로 그 차이 때문에 직립원인은 절멸한 반면 인류는 지구의 지배자가 될 수 있었다는 주장, 그 미세하면서도 결정적인 차이가 '언어능력'에 있다는 생물학/유전학 쪽의 발견은 인문학의 관심을 끌기 충분하다. 또 인간의 유전을 지배하는 법칙과 콩의 유전법칙이 동일하다는 멘델의 발견은 그 자체로는 중대한 유전학적 업적이었지만, 진화론 이후의 위축된 인간 초상을 더 찌그러뜨릴 정도의 충격을 주지는 않았다. 그러나 1953년 데옥시리보핵산DNA의 구조 발견과 함께 인간이 '유전자언어로 씌어진 책'이라는 분자생물학적 관점이 대두한 것은 인간에 대한 지금까지의 모든 패러다임을 한바탕 뒤흔들어 놓을 정도의 중대한 함의를 갖는다.

생물학이 인문사회과학의 인간관에 중대한 영향을 줄 수 있는 일련의 발견들을 내놓게 된 것은 무엇보다도 분자생물학molecular biology에서 진행된 인간 읽기의 방법 개발 때문이다. 이 경우 '인간'은 물론 생물학적 육체, 더 정확히는 개체 인간을 결정하는 유전정보체계이다. 현대 분자생물학의 대두 이전까지는 개인의 특성, 자질, 능력, 질환이 유전적으로 결정된다는 것 이외에는 어떤 유전자가 어떻게 특정의 유전정보를 보존하고 전달하는가를 알 수 없었다. 유전정보체계는 인간이 끝내 알 수 없는 자연의, 또는 신의 비밀장부로 남아 있었다. 그러나 제임스 왓슨과 프랜시스 크릭에 의한 DNA 구조 발견 이후 이 비밀의 텍스트를 읽어내기 위한 방법들이 차례로 발견되고, 마침내 인체의 전체 유전자지도genome map를 그리기 위한 대대적인 사업이 지금 진행되고 있다. 이른바 '인간 게놈 프로젝트 Human Genome Project'로 알려진 이 연구는 향후 10년 이내에 완성될 것으로 예측되고 있는데, 이 유전자지도가 만들어질 경우, 21세기 사회는 한 인간이 태어나는 순간부터, 아니 이미 태아 단계에서부터 그의 '생물학적 미래'를 들여다보는 놀라운 지식을 보유하게 된다. 말하자면 21세기 인간은 자신이 어떤 유전적 특성과 자질을 갖고 있는가에서부터 언제 어떤 질병을 일으킬 것인가에 이르기까지 자신의 '미래 일기'를 사전에 공개당하게 된다. 인간의 운명에 관한 사전 지식의 사회적 보유가 어떤 놀라운 신세계를 가져올 것인가는 지금으로선 상상하기 어렵다. 확실한 것은 생물학의 인간 읽기가 개인의 운명에 결정적 영향을 주면서 동시에 상당한 사회변화를 유도할 것이라는 점이다.

2. 유전자, 미래로 열린 창

자연을 '책'이라는 은유로 표현했던 최초의 과학자는 갈릴레오이다. 자기 작업의 정치적 동기를 의심하는 박해자들에게 그가 "나는 단지 자연의 책the book of nature을 읽고자 했을 따름이다"라고 대답한 것은 과학사의 일화로 남아 있다. 책은 특정 언어의 문법질서로 씌어진다. 그러므로 그 책을 읽기 위해서는 해당 언어의 문법체계를 알아야 한다. 갈릴레오의 '책' 은유는 자연과 우주도 문법에 비유할 만한 '질서'를 갖고 있고, 따라서 우리가 그 질서를 안다면 자연이라는 책을 읽어낼 수 있다는 관점을 표현한다.

인문학의 궁극적 과제는 인간의 이해, 다시 말해 '인간 읽기'이다. 그러나 인간을 읽기 위해서는 인간이라는 이름의 책이 어떤 문법, 어떤 언어로 씌어 있는가를 알아야 한다. 프로이트의 정신분석학이 현대 인문학에 큰 영향을 준 것은 그가 '무의식 읽기'라는 방법으로 인간을 '읽어내려' 했다는 점 때문이다. 그의 발상은 아주 간단하다. "인간을

만인의 인문학

결정적으로 지배하는 것은 이성과 의식이 아니라 무의식이며, 따라서 무의식을 읽을 수 있다면 우리는 인간을 알수 있다." 2,500년 넘게 유지되어온 서양의 이성중심적 또는 의식중심적 인간관을 뒤흔든 '프로이트의 혁명'은 이처럼 간단한 명제에 입각해 있다. 그러나 명제는 대체로 어떤 발견에 이르기 위한 가설이지, 그 자체가 반드시 발견인 것은 아니다. 자기 명제를 입증하기 위해 프로이트는 우선 무의식의 존재를 증명해야 했고, 그 증명방식으로 그가 채택한 것이 '무의식을 지배하는 문법'의 제시였다. 그 문법에 따라 읽으면 인간의 행위나 정신질환 중에 그때까지 설명되지 않았던 것이 설명된다, 따라서 이 설명력은 역으로 무의식의 존재를 입증한다는 식이었다. 말하자면 프로이트가 발견한 인간은 '무의식이라는 이름의 책'이었고, 그의 업적은 이 무의식의 텍스트를 읽어낼 수 있는 문법의 발견에 있었다.

분자생물학의 인간 발견은 물론 정신분석학의 인간 발견과는 근본적으로 다르다. 정신분석학의 읽기 대상이 무의식이라면, 분자생물학의 판독 대상은 인간의 유전정보망이고, 이 읽기가 제시하는 인간관은 인간이 유전자언어로 씌어진 책이라는 것이다. 양자가 모두 인간을 모종의 텍스트 개념으로 파악하고 있는 것은 흥미로운 일이지만, 생물학과 정신분석학의 관심 및 방법은 상호 비교하기 어려운 차원에 있다. 그러나 서양의 오래된 인문주의적 인간관에 차례로 충격을 주고 있다는 점에서는 양자를 서로 비교할 만하다.

플라톤에서부터 데카르트, 르네상스와 근대 계몽이성 시대, 정치적 자유주의 시대를 거치는 사이에 형성된 서양의 인문주의적 인간관은 시대에 따른 조금씩의 차이에도 불구하고 인간을 기억, 이성, 의식의 주체로 파악하고 있었다. 플라톤의 유명한 이분법에 따르면 인간은 영혼과 육체라는 완전히 상호 이질적인 두 부분으로 구성된 복합체이다. 영혼은 진리를 기억하고 진리를 알 수 있는 이성적 존재이고, 육체는 비이성적이고 감성적인 차원, 다시 말해 인간이 지닌 동물적 차원이다. 그러므로 인간을 인간이게 하는 것은 이성적 차원의 영혼이며, 육체는 아무것도 기억하지 않는 동물적 '망각의 자루'이다. 영혼은 이 망각의 자루를 벗어날 때만 진리의 본향으로 되돌아갈 수 있다. 플라톤의 이 이분법은 영혼과 육체, 이성과 감성, 진리와 비진리, 기억과 망각, 의식과 무의식 등의 서열질서로 양분되는 서양적 이분법의 토대를 이루고, 이 분할 구도는 데카르트에 와서 확인·강화된 다음 근대의 이성적 '자율주체' 사상을 거쳐 확고한 인식의 틀로 굳어진다. 이 인식구도에서 특징적인 것은 '육체'의 비하이다. 육체는 유한성, 타락, 부패, 오염, 망각, 무의식, 비진리의 범주로 인식되어온 것이다.

프로이트의 무의식이론이 이 인문주의적 인간관에 준 타격은 인간이 명징한 이성의 주체도, 명료한 의식주체도 아니라는 관점의 제시에 있었다. 인간은 오히려 그가 의식하지 못하는 무의식의 조종을 받고 있고, 따라서 그는 의

만인의 인문학

식주체가 아니라 무의식주체이다. 그의 유명한 언술을 빌면 "인간은 자기 집의 주인이 아니다." 무의식은 이성이 지배하지 못하는 '비논리의 왕국'이다. 그러나 이 비논리의 영역을 캐고 들어갔을 때만 인간은 자기의 주인을 만난다. 프로이트의 이 관점이 의식주체론을 뒤엎고 있다면, 현대 생물학의 인간관은 또 다른 각도에서 영혼/육체의 이분법과 의식주체론을 전복한다. 분자생물학의 발견에 따르면 인체의 유전자는 다량의 정보를 수집·보존·기억하고 그 자체의 언어문법에 따라 그 기억정보들을 복사·전달한다. 그러므로 육체는 플라톤이 생각한 것처럼 망각의 자루가 아니라 엄청난 기억용량을 가진 정보체계이다. 뇌세포의 기억만이 기억이 아니다. 인간은 오히려 그가 의식하지 못하고 의식적으로 통제할 수 없는 이 유전정보체계에 종속되고, 그 체계에 의해 결정된다. 그의 운명을 지배하는 것은 의식이 아니라 지금까지 판독되지 않았던 그 '유전자언어'이다.

인간이 유전자언어·문장으로 씌어진 책이라는 새로운 패러다임이 나오고, 인간이 그 책의 판독방법을 알게 되었다는 사실의 중요성은, 단순히 '인간'에 대한 과학적 지식의 확장이라는 선에만 머물지 않는다. 우선 그 지식은 개인과 종의 미래를 유전공학적 통제와 조절의 영역으로 몰아넣는다. 특정의 유전병이나 유전적 정신질환이 특정의 염색체와 유전자문장의 교란에서 오는 결함이라면, 인간은 그 결함 유전자 또는 교란된 유전정보를 제거·치료·무력화시킴으로써 지금까지 치유 불능의 것으로 알려진 질환들을 통제할 수 있다. 분자생물학과 유전공학이 열어놓은 이 가능성은 유전자 의학, 유전자 치료법, 유전약물학의 광대한 새 영역들을 열어젖힌다. 유전자 문장을 고쳐 씀으로써 인간을 바꾸는 일이 가능해지는 것이다. 그러나 동시에 그 가능성은 치유가 불가능한 선천성 결함 인자를 가진 태아에게는 탄생의 기회를 아예 박탈하는 우생학적 사회공학의 대두를 암시한다. 또 개인의 생물학적 미래가 적혀 있는 유전정보가 사회적으로 보유된다는 것은 그의 사회적 미래에 결정적인 영향을 줄 수 있다. 보험회사는 보험가입자들의 유전정보에 입각하여 요율을 책정할 수 있고, 이 유사한 선택, 배제, 불평등 조건 부과 등등의 가능성이 결혼과 취업의 영역으로 확대될 수 있다. 21세기 청춘남녀들에게는 궁합, 사랑, 연애 아닌 각자의 유전정보 교환이 가장 중요한 일이 될 수 있다. 먼저 유전자문장으로 된 그 결정적 텍스트를 서로 검증해본 다음 '이상 없음'의 판정이 있고 나서야 결혼이 가능해질지 모른다. 또 개인 유전정보에의 접근이 허용되고, 그것의 사회적 사용이 보편화할 경우 미래의 고용주에게는 취업 희망자의 유전정보를 검토하는 일이 이력서 심사 이상으로 중요해질 수 있다. 알 수 없는 비밀의 영역, 신과 운명의 영역으로 여겨져온 개인의 미래는 21세기 인간에게 더 이상 비밀이 아닐 것이다. 그는 자신의 운명이 적힌 생물학적 자서전을 미리 검토받은 다음에야 세상에 태어날 수 있을 것이기 때문이다.

3. 과거의 재구성

유전자언어의 판독은 인간의 미래에만 영향을 주는 것이 아니다. 유전자는 미래를 보여주는 창이면서 동시에 인간의 '과거'에 관한 결정적 정보를 담고 있는 시낭(타임캡슐)이자 '살아 있는 화석'이다. 특수한 유전정보나 유전적 특성이 왜 특정의 종족에게서만 발견되는가를 안다는 것은, 그 종족의 과거를 아는 데 결정적인 단서가 될 수 있다. 이를테면 세계의 타 지역 인구들에서는 극히 적은 '리서스 네거티브rhesus negative(통칭 RH 마이너스)' 혈액형이 스페인의 바스크족에서는 20퍼센트 이상의 높은 분포를 보이고 있는데, 이 사실은 바스크족의 과거를 해명하는 데 결정적인 정보이며 농업문화의 확산 경로를 아는 데에도 중요한 정보이다. 말하자면 생물학은 지금까지 역사학, 인류학, 고고학, 고고인류학, 언어학 등에서 얻어진 인류의 과거나 특정 종족의 과거에 대한 지식을 확대하거나 수정케 하는 유용하고 결정적인 정보들을 제공함으로써 인류의 '과거 재구성'에 기여하고 있는 것이다. 언어학상 한국어와 일본어는 알타이어족의 특성을 가지면서 동시에 이 정보만으로는 해명되지 않는 다른 요소들도 갖고 있다. 이 때문에 이들 언어를 어느 어족에도 포함시키기 어려운 '고아 언어'로 분류하는 학자들도 있다. 종족적 유전 특성 연구 분야의 권위자인 루이기 루카 카발리-스포르차의 연구에 따르면 한국인의 유전적 특성은 인근 인종 집단인 중국인이나 티베트인들보다도 오히려 유럽계에 더 가까운 것으로 되어 있다. 이는 앞으로 한국 측 연구자들의 손에서 더 정밀하게 확인되어야 할 사항이지만, 우리에게는 매우 흥미로운 정보가 아닐 수 없다.

현대 유전학이 유전자 연구를 통해 내놓은 현생인류 Homo sapiens의 기원에 관한 새로운 발견은 매우 극적인 것의 하나이다. 1987년 캘리포니아대학교 유전학자 앨런 윌슨이 인류의 일원 발생설을 내놓기 전까지는 인류의 다지역 진화설이 대체로 받아들여지고 있었다. 다지역 진화설에 따르면 각 대륙에 분포해 있었던 직립원인Homo erectus으로부터 현생인류가 진화한 것으로 되어 있다. 예컨대 유럽인은 유럽 대륙에 살았던 직립원인인 네안데르탈인으로부터 진화해서 오늘의 백인종을 이루게 되고, 아시아 쪽의 황인종은 베이징원인으로 알려진 직립원인을 조상으로 하며, 동남아-호주계 인종은 자바원인을 조상으로 한다는 것이다. 그러나 윌슨은 인체 세포에 들어 있는 두 유전자 가운데 하나인 미토콘드리아 유전자[이 유전자는 여자(어머니)를 통해서만 자식에게 전달된다]의 돌연변이 과정을 추적한 결과 현생인류의 모계 뿌리가 20만 년 전 아프리카에 살았던 어떤 여성(집단)에 있다는 사실을 찾아낼 수 있었다.

만인의 인문학

이 발견은 인류의 발생과 진화, 6개 대륙으로의 분포 과정에 대해 지금까지 알려진 것과는 전혀 다른 지도를 그리게 한다. 일원 발생설이 그리는 진화도에 따르면 20만 년 전 '아프리카의 이브African Eve'에서 발원한 현생인류의 한 줄기는 아프리카에 남고 한 줄기는 약 10만 년 전쯤 중동 아시아로 진출했는데, 인류의 5개 대륙으로의 분산이 시작된 것은 거기서부터이다. 아시아 내륙을 향한 이 신인류의 이동은 6~7만 년 전에 시작되고, 동남아를 거쳐 호주로의 이동은 약 4만 년 전, 베링해협을 거쳐 북미대륙으로 진출한 것은 3만 5,000년에서 1만 5,000년 전이다. 유럽 대륙을 향한 신인류의 서진은 약 4만 년 전의 사건이다. 신인류가 유럽으로 진출했을 당시 그 대륙에는 직립원인 네안네르탈인들이 살고 있었으나 이들과 신인류는 뒤섞인 것이 아니라 신인류가 네안데르탈인들을 완전히 대체했다는 것이 유전학 쪽의 설명이다. 인류일원설은 아직 더 확실한 증거를 필요로 하지만, 유전학이 내놓은 증거들 자체의 상당한 과학성 때문에 이미 이 학설은 구학설(다지역 진화설)을 대체하고 있다.

이 발견은 왜 인문사회과학에 특별히 흥미로운가? 그것은 생물학과 유전학이 인류의 과거에 대한 지식을 정밀화하는 데 기여하면서 동시에 제국주의와 인종주의, 과학과 권력의 결탁 등에 관한 비판적 안목을 유지하는 데 극히 중요한 단서를 제공하기 때문이다. 유럽 백인종이 흑인을 위시한 여타 인종들과는 다른 '별개 조상'을 가진 별개 인종임을 '과학적'으로 입증하는 일은 19세기 생물학의 중요한 관심사 가운데 하나였다. 이는 19세기 생물학이 유럽의 당대 제국주의 담론에 밀착해 있었기 때문이다. 유럽 제국주의가 아프리카를 접수할 때 필요했던 것은 제국주의적 침탈 행위를 '도덕적으로' 정당화하는 작업이었다. 이 작업은 백인이 흑인보다 '우수한' 인종이며, 따라서 우수한 인종이 열등한 야만 인종을 깨우쳐 그들을 '문명'으로 이끄는 것은 도덕적으로 정당하다는 쪽으로 진행되었고, 따라서 '백인 별개 인종설'을 확립하는 것은 무엇보다도 이 정당화 작업의 필수적 부분이었다. 게다가 백인과 흑인이 동일한 조상을 갖고 있다는 것은 백인사회의 정서구조상 수용하기 어려운 부분이었다. 쉽게 말하면, 네안데르탈인 백인 조상설은 제국주의적 담론구조나 백인 정서가 기다리고 기다리던 '과학적 발견'이 되어준 것이다. 따라서 현대 유전학의 인류의 일원 발생설이 확고한 증거를 확보할 경우, 네안데르탈인 백인 조상설은 과학이 과학의 이름으로 어떻게 당대적 권력담론과 결탁하는가(이는 미셸 푸코의 주요 주장인 '권력/진리 불가분설'의 골자이기도 하다)를 보여주는 흥미로운 사례로 남게 될 것이다. 이미 현대 생물학자들 사이에는 네안데르탈인 백인 조상설이 과학사상 희대의 '사기극'이었다는 반성이 일고 있다. 한때 인종차별주의에 과학적 토대를 제공하는 듯이 보였던 생물학이, 지금은 인종주의적 편견의 근거를 삭제하는 데 기여하고 있는

것이다. 그러나 현대 생물학과 그 연관 분야로부터의 발견
이 인간의 지식체계와 미래사회에 던지는 함의는 이 정도
에서 그치지 않는다. 생물학의 근래 동향들 중에는 인문학,
특히 문화론과의 심각한 충돌을 야기하는 것들이 많고, 이
대목은 21세기 초반의 지적 토론이 어떤 이슈를 중심으로
전개될 것인지를 짐작하게 한다.

문화론과 생물학의 충돌

1. 근친상간의 금지, 문화인가 자연인가

한 언론매체[•]는 한국 출신의 한 여성 생물학자가 쓴 논문이 과학 저널《네이처Nature》지에 소개되고 표지에까지 올랐다는 기사를 내보낸 적이 있다. 화제의 인물은 한국과학기술원 생물공학과를 졸업하고 미국으로 건너가 코넬대학교에서 박사학위를 받은 뒤 펜실베이니아 주립대학교에 머물며 연구생활(분자세포생물학)을 하던 배현숙 씨이다.《네이처》표지 기사로 오를 정도였다면 배씨의 연구가 지닌 중요성은 상당한 것이었음에 틀림없다. 신문 기사에 따르면 그의 논문 제목은 「식물의 자가수정 거부 현상에 대한 연구」라는 것이고, 그 내용은 피튜니아꽃의 암술 튜브(동물로 치면 수정관)가 자기 꽃가루를 받아들이지 않는 '자

• 《중앙일보》, 1994.4.4.

만인의 인문학

가수분 거부'의 메커니즘을 연구한 것으로 되어 있다. 암술과 수술을 함께 가지고 있는 피튜니아 꽃 암술이 자기 수술의 꽃가루는 받아들이지 않는다는 것은 동물의 경우로 치면 '근친상간의 거부'에 해당한다. 그러니까 배씨의 연구는 근친상간 거부 경향을 '식물의 세계에서도 발견'하고, 그 거부기제를 밝혀낸 것이다.

국내 신문이 외국 학계 정보를 기사로 다룬 것은 무엇보다도 젊은 한국인 생물학자가 쓴 논문 한 편이 국제 학계의 관심을 끌었다는 사실에 우선적 보도 가치를 두었기 때문일 것이다. 또 그 기사를 읽은 일반 독자들의 반응도 "응, 그랬구나, 대단한 일을 했구먼" 정도의 '흥미' 차원에서 끝났을 수 있다. 학부 수준의 생물학도들로서도 왜 그 연구가 주목받게 되었을까를 짐작하기가 쉽지 않을 것이다. 더구나 학부 인문학/사회과학도들에게는 피튜니아꽃이 어떤 수분 행태를 보이건 그게 특별히 흥미로운 주제로 비쳤을 리 만무하다. 인접 학문 분야에서의 연구성과나 연구 동향에 대해 거의 관심을 갖지 않는 것이 우리의 대학 풍토인데다가, 생물학이라면 인문/사회과학과는 인접성이 멀어도 한참 먼 것으로 인식되는 것이 또 우리 사정이라는 점을 감안하면, 피튜니아의 자가수분 거부에 관한 연구 결과가 인문/사회과학에 어떤 함의를 지니는가라는 문제까지를 생각해보는 일이 흔치 않을 것은 당연하다.

그러나 지금 사정은 달라지고 있다. 자기 '코너'에만 매달리는 협소하고 옹졸한 동네 개구리식 식견으로는 (그 개구리가 자기 동네에서 제아무리 왕개구리 노릇을 한다 해도) 미래 세계가 요구하는 '지식인'에의 요청을 만족시킬 수 없다. 현대 생물학이 인문학과 사회과학에 제기하는 도전은 강대하다. 현재 국제학계에서 진행되고 있거나 잠복해 있는 여러 뜨거운 이슈들의 상당수가 바로 그 도전으로부터 촉발된 것이라는 사실을 우리 학부생들은 알아둘 필요가 있다. 국제학계의 관심 방향과 논쟁적 이슈들을 추적해온 사람이라면 배현숙 씨의 논문을 꼭 읽어보지 않아도 그 논문이 주목받게 된 배후 사정을 단번에 짐작했을 것이다. 그의 연구는 지금 생물학계가 최대의 관심을 기울이고 있는 어떤 문제— 생물학이 인문/사회과학, 특히 문화론에 제기해온 핵심적 이슈와 직결되어 있기 때문이다.

식물의 세계에도 근친상간incest을 기피하는 성향이 있음을 발견한 것은 아닌 게 아니라 놀라운 성과이다. 왜 놀라운가? 문화인류학을 포함한 광의의 문화론적 관점에서 보면 근친상간 금지는 '자연의 명령' 아닌 '문화적 금지명령'인 것으로 되어 있다. 근친상간을 문제 삼지 않는 것은 인간을 제외한 동물계의 자연질서지만, 인간의 사회질서는 바로 그 자연질서로부터의 문화적 이탈이고, 따라서 근친상간 '금지'는 자연의 명령 아닌 '문화적 명령'이라 보는 것이 문화론의 입장이다. 이 입장은 문화론 전반에 널리 채택되어 있다. 구조인류학은 물론 정신분석학의 영역에서도 근친상간 금지는 곧 '문화의 출발점'이다. 프로이트의 경우, 근친상간의 욕망은 인간이 가지고 있는 자연적·

만인의 인문학

본능적 '충동'인 반면, 이 충동을 제어하여 상간을 금지하는 것이 문화적 '명령'이다. 상간의 욕망은 말하자면 '길들여지지 않는 자연'이며, 상간금지명령으로 그 자연을 길들이는 것이 프로이트가 본 '문화'이다. 이 때문에 문화는 상간욕망을 포함한 인간의 본능적 충동을 통제·조절·억압한다. 구조언어학으로부터 인류학의 방법적 모델을 원용한 클로드 레비스트로스는 근친상간을 '틀린 문법'이라 규정했는데, 까닭은 근친상간이 마치 잘못 씌어진 문장처럼 문화문법으로부터의 이탈이기 때문이다.

근친상간 금지를 인간의 문화적 산물로 보는 것은 학문 영역에만 국한된 관점이 아니다. 근친상간은 '금수(짐승)의 행태'이고, 인간은 이 짐승의 질서(또는 무질서)에서 벗어나 있기 때문에 특별히 인간이라는 생각은 인류사회를 지배해온 아주 오래된 도덕관이자 인간관이기도 하다. 이를테면 중국 오경五經의 하나인 『예기禮記』에는 "금수에게는 대체로 예가 없다. 그러므로 아비와 자식이 한 암컷을 데리고 산다. 이에 성인이 일어나 예를 만들고, 사람을 가르쳐 예를 가지게 하고, 스스로 금수와 다르다는 것을 알게 했다夫惟禽獸無禮, 故父子聚麀, 是故聖人作, 爲禮以敎人, 使人以有禮, 知自別於禽獸"는 구절이 나온다. '사람을 가르쳐 예를 가지게' 한 것이라면, 이 '가르침'은 자연nature 아닌 문화nurture의 것이고, 그 가르침에서 나온 질서는 문화적 질서cultural order이다. 문화인류학은 어떤 부족사회에서도 근친상간이 허용되는 경우가 발견되지 않는다는 조사 결과를 내놓고 있다.

지금 문제의 초점은 근친상간이 허용되는 사회가 있는가 없는가 하는 것이 아니다. 중심 이슈는 근친상간을 금지하는 '명령'이 문화의 것인가, 아니면 문화 이전에 이미 자연 그 자체가 내려놓은 명령이고 프로그램인가라는 것이다. 그것이 자연의 명령이라면 문화론의 입장은 무너진다. 여기서 우리는 배씨의 연구 결과가 지니는 중요성과 함의가 무엇인지를 알 수 있다. 근친상간을 기피하는 경향이 자연계인 식물의 세계에서도 발견된다면, 근친상간 금지명령은 유독 인간만의 문화적 금제일 수 없지 않은가? 그것은 문화 이전에 이미 자연이 설계하고 유전자 속에 입력해놓은 정보가 아닐 것인가? 그렇다면 근친상간 금지명령은 인간이 생후에 가르침을 받고 '배워서' 아는 문화적 질서·규범·준칙이 아니라 배우지 않아도 따르게 되어 있는 생래의 질서일 것이다. 근친상간의 거부 또는 금지가 문화적 질서 아닌 자연의 프로그램이라는 이 주장—이것이 바로 근년의 생물학과 사회생물학sociobiology 쪽에서 줄기차게 내놓고 있는 입장이다. 배현숙 씨의 연구 결과는 이런 주장을 뒷받침함으로써 생물학적 입장을 강화하는 데 크게 기여한다.

2. 동성애, 도덕성, 폭력

이 대목에서 우리는 생물학과 문화론 사이의 핵심적

만인의 인문학

'쟁점'이 무엇인가를 쉽게 알 수 있다. 인간의 행위와 행태에 결정적 영향을 행사하는 것은 자연인가 문화인가? 자연nature이냐 문화nurture냐를 둘러싼 논쟁은 사실 현대 생물학의 대두 이후 지금까지 줄곧 계속되어온 것이어서 그 논쟁 자체가 새로운 것은 아니다. 그러나 이것을 '해묵은 논쟁'으로 제쳐버릴 수 없는 데는 두 가지 중요한 이유가 있다. 첫째는 근년의 생물학이 유전학, 분자생물학 등의 연구 결과를 바탕으로 과거 어느 때보다도 강한 '과학적' 논거를 제시하면서 자연 결정설에 가까운 환원론reductionism의 입장을 강화해오고 있다는 점이다. 지난 30년간 인문/사회과학 분야에서는 어떤 결정론이나 환원론도 거부하는 쪽으로의 학문방법과 패러다임이 지배적으로 부상한 반면, 생물학 쪽에서의 동향은 매우 환원론적이다. 따라서 이 경향에 인문/사회과학이 어떻게 대응하는가라는 문제는 향후 학문과 지성사의 전개에 상당한 영향을 줄 것으로 보인다. 둘째, 문화론/생물학 사이의 충돌은 학문 차원을 넘어 사회질서와 조직, 운영, 가치, 태도에 영향을 줄 수 있는 새롭고 넓은 사회적 적용 차원을 암시하고 있다. 이 두 번째 차원에서 생물학의 새로운 발견은 인간의 일상적 생활세계에 직접 관계되고, 어쩌면 미구에 도래할지도 모를 모종의 사회변화 가능성까지 시사한다.

미래의 학문과 사회라는 두 층위에서 생물학이 장차 어떤 영향을 행사하게 될지를 생각해보게 하는 사례들은 수 없이 많다. 이를테면 동성애homosexuality 성향에 대한 생물학적 연구도 그런 것의 하나이다. 지금까지 동성애나 동성연애자는 자연질서에도 어긋나고 사회질서에도 반하는 '비정상성'으로 여겨져 사회적 기피, 차별, 모욕, 금지, 처벌 또는 격리의 대상이 되어왔다. 서구에서는 동성애 성향이 '발각'되어 공직 사퇴를 강요당한 사람들이 상당히 많다. 발각disclosure이라는 용어 자체가 그 성향을 비정상적 일탈로 보는 사회적 시각을 담고 있다. 동성연애자들은 사회적 금지(외적 억압) 때문에 그 성향을 스스로 감추거나(내적 억압), 내적 억압이 불가능할 경우("아무리 참아도 안 돼")에는 동성애 성향을 가진 사람들끼리만 만나는 비밀스러운 하부문화subculture의 지하 층위로 잠입한다.

동성애 성향에 대한 문화론, 특히 비판적 문화론과 일부 페미니즘의 입장은 그 성향이 후천적 조건, 환경, 취향, 입장에 따른 '문화적 선택'이라는 것이다. 예컨대 사르트르는 1960년대 프랑스를 매혹했던 장 주네Jean Genet ― '도둑'이었던 그는 감방을 들락거리다가 사르트르 등의 발굴로 저명 작가가 되었다)를 논한 저술 『성聖 주네』에서 주네의 동성애가 '냄새나는 부르주아 사회질서'를 교란하기 위한 그의 '선택'이라고 썼다. 후기구조주의 문학이론가이자 문화비평가였던 롤랑 바르트는 그 자신이 동성애 성향 보유자이기도 했지만 '남/녀'라는 이분법의 구도를 해체하는 이론적 전략으로서 '중간자' 또는 '중성명사neuter'를 개념화했는데, 이 중간자는 물론 동성애적 개념이다. "이분법이 무너지는 곳에서 천국이 시작된다"는 것은 그의 유명한 발언이다. 다수의 페미니스트도 남/녀의 본질론적 이분화 ("여성은 본질적으로 열등하다"), 생물학적 차등("여성적 특성은 생물학적으로 결정되어 있다"), 가부장제적 위계서열의 부여 (남성적 권력질서에 의한 여성 억압과 차등화)를 격파하기 위해 동성애를 선택하거나 지지했다. 특히 생물학적 결정론은 페미니스트들의 집중적 공격 대상이 되었고, 동성애는 이 형태의 결정론이나 본질론을 격파하기 위해 페미니스트들 이 '선택'하는 이론적 전략이 되기에 이른다.

그런데 동성애 문제에 관한 생물학의 최근 연구는 이 같은 문화론적 선택설을 뒤엎는 발견을 제시함과 동시에 의외의 방향에서 동성애에 대한 사회적 관용의 필요성을 권고한다. 선택설을 뒤엎는 새로운 발견이란 동성애 성향 이 자연질서에 어긋나는 것이 아니라 이미 그 자체가 '생 래적'인 것이며, 이 생래적 성향은 인체 염색체의 특수한 결합 방식 내지 결함에 연유한다는 것이다. 그 성향이 특 수하고 예외적인 염색체 교란에 의한 것이라 하더라도 이 미 그 교란 자체가 개체로서는 어쩔 수 없고 책임질 수 없 는 생래적 결정사항이고, '자연'이라면 그것을 사회적으로 억압·기피·처벌하는 것은 마치 여섯 손가락, 왼손잡이, 또 는 난쟁이를 처벌하는 것과 마찬가지 성질의 사회적 폭력 이 된다. 여기서 흥미로운 것은 생물학이 동성애 성향의 자연결정설을 내놓음으로써 선택설의 입장을 보여온 문 화론과 다시 충돌하면서도 동시에 동성애에 대한 사회적 편견을 수정하는 데 기여할 과학적 근거들을 제시한다는 점이다. 말하자면 동성애에 대한 사회적 인식변화와 관용 tolerance(유엔은 1995년을 '관용의 해'로 정해놓고 있다)의 확대가 필요하다는 문화론적 여론은 생물학으로부터 의외의 지원을 받게 된 것이다(여성의 소위 '열등성'을 과학적으로 입증해 보이려던 19세기적 생물학과는 달리, 여성의 두뇌 기능이 남성의 경우보다 더 종합적이며 언어능력도 더 우수하다는 최근의 생물학적 연구 역시 뜻밖의 방향에서 일부 페미니즘의 주장을 지원한다). 물론 이런 사태 발전에도 불구하고 생물학/문화론 사이의 근본적 충돌이 소멸한 것은 아니다.

생물학의 동성애 성향 연구가 행사하는 사회적 영향은 미국 같은 나라의 경우 벌써 여러 층위에서 상당히 확대되고 있다. 동성애에 대한 사회적 편견이 수정되어야 한다는 여론은 새로운 활기를 얻게 되고, 입대한 아들이 군대에서 동성연애자로 처벌받는 데 대한 부모들의 항의가 잇따르고, 동성애 행위자에게 차별과 불평등을 부과하지 못하도록 하는 법률적 평등 보장론, 심지어 동성연애의 자유를 명문화하는 헌법 개정안까지도 제기되었다. 미국인의 약 12퍼센트가 동성애 성향 보유자라는 인구조사를 들고 나와 동성애 인구의 정치적 영향력을 높이려는 시도도 있다(믿을 만한 다른 조사에 따르면 미국의 동성애 인구는 전체 인구의 2.5퍼센트 정도인 것으로 되어 있다). 미래사회가 동성애에 대한 허용의 수준을 높일 경우 예상되는 것은 무엇보다도 제도로서의 구애courtship와 가족구조에서 발생할 수 있는 변화이다. 남녀의 결합이라는 이성 간 결혼제도만이 허용되어온 사회에서 남남 결합 또는 여여 결합에 의한 새로운 동성가족 형태가 대두(이미 이런 결합은 미국에 나타나고 있다)할 것은 물론 새로운 입양제도, 사교문화(남남 또는 여여부부가 팔짱 끼고 참석하는 파티, 그리고 아무도 그것을 이상한 눈으로 바라보아서는 안 되는 상황을 상상해보라), 상속제도, 신형 구애문화와 대중문화, 예술, 화장술과 패션 등이 나타날 것은 얼마든지 예상 가능한 일이다. 이에는 언어생활의 변화 전망도 포함된다.

인간의 도덕적 능력이 후천적·문화적 요인(이를테면 '교육')에 의해 얼마나 강화될 수 있는가라는 문제에서도 생물학의 도전이 있다. 세계 각국의 현행 형법이 개인에게서 행위의 형사적·도덕적 책임을 면제시켜주는 것은 원칙적으로 그가 정신이상자일 경우로 한정된다. 살인, 사기, 파렴치 행위, 사회적 파괴행위 등등의 범죄를 다룰 때 법정은 행위자가 모종의 정신적 결함을 가지고 있다고 판단될 경우에만 '정신감정'을 실시한다. 그러나 행위자가 선천적으로 도덕성 결핍 또는 도덕적 판단력 부재의 성향을 '타고났다면' 어쩔 것인가? 신경생물학 쪽의 최근 주장에 따르면 인간의 도덕적 능력을 관장하는 것은 두뇌의 앞부분에 있는 신경세포망인데, 이 세포망에 선천적 결함이나 손상이 있을 경우 그 개인은 다른 모든 행위에서 정상인 반면 '도덕적 판단력'은 결정적으로 훼손되어 있다. 말하자면 그는 '도덕 비타민'의 함량 부족을 그 자신이 어쩔 수 없고 책임질 수 없는 생래적 결정 상태로 받아 나온 것이다. 이 경우 법이 그를 처벌한다면 그것은 개인이 책임질 수 없는 행위에 대한 부당한 처벌, 다시 말해 법과 재판이 정의의 이름으로 정의에 반하는 제도적 폭력을 가하는 일이 되지 않는가? 생물학은 또 두뇌 화학물질 중에 세로토닌serotonin 이 부족한 사람은 현저히 강한 폭력 성향을 보인다는 발견 도 내놓고 있다. 이 화학물질의 함량 부족이 개개인의 책 임이 아닌 한 범죄성 폭력 행위자는 처벌 대상이 아니라 치료의 대상이어야 하지 않는가? 그는 범죄자 아닌 '환자' 로 분류되어야 하고, 법정은 그를 병원에 보내 머리에다 다량의 세로토닌 주사부터 찔러넣어야 할 것이다.

이것은 희극적 상황이 아니다. 생물학은 미래의 사회가 고려하지 않으면 안 될 사회조직상의 어떤 변화 필요성이 라는 문제를 제기하고 있는 것이다. 일련의 생물학적 발견 이 그 과학성을 강화할 경우 사회는 범법자의 '정신감정' 외에 유전자 감정을 포함한 '생물학적 감정'이라는 새로운 제도를 도입해야 할 것이고, 지금까지 정신의학만이 담당 했던 이상성 유무에 대한 판정의 권리는 당연히 생물학에 도 확대되어야 할 것이다. 이것은 사회적 권력관계의 변화 가능성을 암시한다. 미래사회의 정치문화에서 유권자들은 모든 후보의 생물학적 '도덕성 감정'을 요구하게 되지는 않 을까? 히틀러의 도덕성을 생물학적으로 감정하고 그 감정 결과가 위력을 발휘할 수 있었다면 제2차 세계대전은 막을 수 있었을 것이라는, 소용없지만 흥미로운 역사적 가설도 나와 있다. 정치지도자만이 아니라 모든 공직자, 결혼 상대자, 취업 희망자의 도덕 비타민 및 세로토닌 물질의 함량 검사 가능성은?

3. 종합을 향하여

문화론의 입장에서 보면 인간은 세상에 두 번 태어난다. 모태에서 떨어져 나오는 생물학적 탄생이 그의 첫 번째 태어남이다. 그러나 이 출생과 함께 그가 사회적 인간, 요즘 용어로는 '사회적 주체'가 되는 것은 아니다. 그는 자신이 태어난 사회의 문화질서(규범·명령·금제·인정의 질서)를 배우고 받아들여 그 질서에의 복종자로 '편입'되는 순간에만 '의미 있는' 사회적 주체가 된다. 이것이 그의 두 번째 탄생이다. 인간은 생물학적 탄생으로 생명을 부여받아 세상에 나오지만 그를 사회적으로 의미 있는 존재, 곧 '인간'이 되게 하고 '주체'가 되게 하는 것은 문화질서, 자크 라캉의 용어로는 '상징질서'이다. 이 질서를 떠나 그의 세계는 존재하지 않는다. 생물학적 존재가 사회적 존재로 재탄생하는 과정은 종이가 화폐가 되는 과정과도 같다. 백지는 그 자체로 화폐가 아니다. 백지에 어떤 상징이 찍혔을 때만 그것은 화폐로 인정되고 사회적 유통체계 속으로 들어갈 수 있다. 생물학적 존재는 말하자면 화폐 이전의 백지와도 같고, 이 백지를 화폐(사회적 주체)로 탄생시키는 것은 상징질서이다. 화폐가 유통체계를 떠나 존재할 수 없듯, 사회적 주체는 그의 우주인 상징질서를 떠나 존재할 수 없다. 아프리카나 남미 부족사회에서 미성년 아이들은 얼굴이나 몸에 문양이 그려지지 않은 공백 상태로 있다가 성년이 되어서야 특정의 문양을 받게 되는데, 이는 백지가 화폐로 탄생하는 과정—다시 말해 '사회적 무존재'가 상징질서에 편입됨으로써 '사회적 존재'로 바뀌는 과정을 시각적으로 보여준다.

생물학적 존재로서의 인간과 사회적 존재로서의 인간에 대한 이 문화론적 구분의 역사는 오래된 것이다. 인문학의 기원이 되는 고전철학은, "무엇이 인간을 인간이게 하는가?"라는 질문을 탐구의 중심부에 두고 있다. 이 질문은 "인간을 동물(자연)의 차원에서 인간의 차원으로 들어올리는 것이 무엇인가?"라는 질문과 같다. 현대 생물학은 생물학 자체의 고유 관심과 학문 성질 때문에 인간을 결정하는 유전정보는 무엇이고, 그 전달의 메커니즘은 어떤 것인가를 연구하는 데 몰두한다. 그로부터의 발견들은 중요하지만, 그러나 인간이 전적으로 '생물학적 결정'이라는 관점은 성립하지 않는다. 왜냐면 생물학적 결정처럼 보이는 유전정보 자체가 이미 인간의 오랜 적응 및 진화 과정에서 역공급feedback된 문화적 정보들을 담고 있기 때문이다. 또 인간의 생물학적 자질들은 인종, 국경, 문화를 뛰어넘는

　　　　　　　　　　만인의 인문학

공통성과 보편성을 크게 지니는 반면, 문화는 많은 부분에서 차이와 특수성의 영역이다. 예컨대 조선 시대에 태어난 여성과 현대 한국에 태어난 여성이 생물학적 자질 면에서 큰 차이를 갖는다고 말하기는 어렵다. 그러나 그들의 사회적 삶, 선천적 자질의 후천적 전개와 억압, 생각과 가치는 같지 않다. "태어나서 살다가 죽었다"라는 것은 인간의 공통된 생물학적 전기이다. 그러나 그가 어떻게 살았고, 무슨 고통을 겪었으며, 무엇을 행복으로 생각했는가라는 대목—그의 삶의 자서전은 생물학적 결정의 차원을 벗어난다. 우리는 그 삶의 자서전을 '문화적 자서전'이라 부를 수 있다. 특수한 생물학적 자질을 갖고 태어난 사람도 그의 문화환경이 어떤 것이냐에 따라 아주 다른 삶의 전기를 남긴다. 인간이 어떻게 태어나느냐에 못지않게, 혹은 그 이상으로, 어디서 어떤 문화 속에 태어나는가가 중요해지는 까닭은 거기에 있다.

'인간'과 '문화' 개념에 대한 현대이론의 도전

1. 문화론의 세 우주

'문화론'이란 용어는 아직 우리 독자들에게는 친숙하지 않다. 우리의 대학 학부 가운데 문화론 강좌랄 만한 것을 개설하고 있는 곳은 없고, 대학원 차원에서도 '문화연구 프로그램'은 존재하지 않는다. 문화연구는 한두 개의 문화연구 집단과 이론 연구모임이 제도권 대학 바깥에서 이제 간신히 활동을 시작한 정도이고, 간행물의 숫자도 아직은 극히 미미하다. 특히 '현대 문화론'이라면 대부분의 독자들은 그게 뭐 하는 것이며, 그런 이름으로 지칭될 만한 이론, 연구방법, 연구 성과가 있는가 등의 궁금증부터 발동시킬 것이 확실하다. 외국, 특히 서방권에서 지난 30~40년간 문화론이 축적해온 연구 성과나 연구 열기의 대대적 확산을 참고한다면, 문화론에 대한 우리의 무관심은 아주 놀라울 정도이다. 이 말은 외국 학계가 열심히 하고 있으니까 우리

만인의 인문학

도 덩달아 쫓아가야 한다는 추종성 발언이 아니다. 우리
가 문화론에 관심을 가져야 하는 것은 새뮤얼 헌팅턴 등이
21세기를 '문화충돌의 세기'로 예견했다든가 오늘날 문화
가 국제정치와 경제영역에서 지니게 된 중요성의 급격한
증대(이른바 '문화정치학으로의 관심 이동')가 주목된다는 등
의 이유 때문만은 아니다. 문화연구의 중요성은 무엇보다
도 그것이 한 사회의 '자기 이해self-understanding'와 '자기 지식self-
knowledge'의 획득 방법이라는 데 있다. 이렇다 할 문화론적 연
구에 착수하지 못하고 있는 사회는 자기자신을 알기 위한
노력을 방기하고 있는 사회이다.

　그러나 이 발언도 '현대 문화론'에 대한 독자의 궁금증
을 당장 풀어주지 않는다. 문화에 대한 연구라면 역사학,
사회학, 신문방송학 등의 학문분과에 이미 그 영역이 포함
되어 있고, 문화인류학은 문화연구의 전문 분야이며, 민속
학, 지역연구, 전통적 인문학도 문화연구에 관계되는 학문
영역들이다. 현대 문화론은 이미 확립되어 있는 이 다수의
문화연구 방법 및 영역들과 어떻게 구분되는가? 무엇이 어
떻게 다르기에 '문화론'이라는 별개 명칭이 성립하고, 더구
나 '현대'라는 형용사가 정당화되는가? 여기 사용되는 '현
대contemporary'라는 말은 주로 1960년대 이후, 그러니까 우
리 시대 또는 당대에 해당하는 지난 30~40년간의 시기를
지칭한다. 이 기간은 언어학, 철학, 정신분석학, 인류학, 문
학비평 등의 영역에서 매우 새롭고 현란한 이론들이 폭발
적으로 터져 나와 인문/사회과학 연구방법에 심대한 영향

을 주고 변화를 일으켜온 시기이다. 구조주의와 후기구조주의, 탈구조론, 정신분석, 기호학, 수정 마르크시즘, 페미니즘 등이 이 시기를 대표하는 새로운 이론들이고, 우리는 그것들을 포괄해서 '현대이론'이라 부를 수 있다. 이 일련의 현대이론이 문화연구에도 큰 영향을 주었음은 물론이다. 그것들이 문화연구 영역에도 원용되고 확대 적용되면서부터 이론, 방법, 연구 대상, 목표 등의 층위에서 전통적 문화연구와는 확연히 구별되는 새로운 문화담론들이 나오게 되는데, 이 문화담론들이 말하자면 '현대 문화론 contemporary cultural theories'이다. 그러니까 현대 문화론은 지난 약 40년의 기간 동안 주로 서구 일원에서 현대이론들의 원용 아래 개발되어 나온 다수의 문화이론과 문화연구 cultural studies를 총칭한다.

현대 문화론을 '현대적'이게 하는 변별적 성질은 무엇인가? 위에서 잠시 언급했듯 현대 문화론은 이론, 방법, 연구 대상, 목표의 네 차원에서 그 이전의 문화론들과는 매우 선명하게 구별된다. 예컨대 영국 비평가 매슈 아놀드 등이 논의하기 시작한 19세기 인문주의적 문화론에서 '문화'는 속물근성philistinism을 벗어나기 위한 '고급 교양'의 개념이었고, 문화연구(특히 토착부족문화)를 인류학적 학문 영역으로 분화·발전시킨 문화인류학에서 문화는 대체로 '삶의 양식'을 의미한다. 문화에 대한 이들 전통적 접근법의 어느 것도 이를테면 문화를 '기호sign의 우주'로 혹은 이데올로기의 우주로 본다는 식의 시각은 갖고 있지 않았다. 이를테면 인간의 삶을 의미 있게 하는 모든 문화현상과 문화단위들을 '기호'로 보고, 이 기호들을 상호연결하는 의미망(문화)을 '기호체계'로 파악하는 관점은 아주 새로운 것이다. 이런 접근법에 따르면 기저귀에서부터 무덤에 이르기까지 인간의 삶을 지배하는 모든 문화 단위들은 빠짐없이 기호이고 기호적 성질의 의미 단위들이다. 문화에 대한 이런 새로운 관점이 가능하게 된 것은 '현대이론'으로서의 기호학semiotics이 출현했기 때문이다. 그 공과에 대한 논의를 일단 차치한다면, 기호학의 출현과 확산은 20세기 지성사의 한 사건이다. 기호학 등장 이후 문화현상을 기호학의 이론과 방법으로 분석/기술하려는 '기호학적 문화론'이 빠른 속도로 확산되고, 마침내 "이제 기호학이 문화인류학을 대체하게 되었다"는 움베르토 에코의 과감한 선언(1976)까지 나오기에 이른다.

에코의 이 선언은 물론 과장법이다. 기호학의 득세에도 불구하고 문화인류학은 여전히 건재하며, 문화인류학의 연구방법 역시 여전히 중요하다. 그러나 그 선언은 기호학이 적어도 문화인류학의 전통적 연구 대상에 포함되지 않았던 연구영역(특히 현대 문화)을 열어 보임으로써 '문화연구'라는 새로운 학문 분과(아직 분과라기 어렵다면 적어도 프로그램과 그 실천)를 탄생시키는 데 기여하고, 기존의 문화론들과는 다른 분석/기술의 방법을 제시하게 되었다는 사실의 강조로서는 충분히 타당하다. 새로운 문제, 쟁점, 개념을 생산하는 일은 이론의 한 가지 중요한 기능이다. 새로운 이론은 그 이론이 나오기까지 문제로 인지되지 않고 쟁점화되지 않았던 것을 의미 있는 '문제'로 제기함으로써 '인식되지 않은 어떤 영역terra incognita'을 새로운 탐구의 대상이 되게 한다. 마르크스가 문제 삼을 때까지 '노동'과 '상품'이 중요한 문제가 아니었듯이, 상품의 기호적 성질은 기호학이 문제 삼기까지는 의미 있는 연구 대상이 아니었다. 상품만이 그런 것이 아니다. 기호학의 왕성한 기술 능력은 사회제도, 제의, 유행, 소비, 광고, 텍스트, 연극, 사진, 영화, 서사 등 문화현실 전반을 자신의 분석 대상으로 삼는다. 기호학적 문화론이 현대 문화론을 대표하는 것은 결코 아니지만, 강조를 위해 말한다면 현대 문화현상의 분석치고서 기호학의 방법과 통찰을 전면 외면할 수 있는 것은 없다.

기호학적 문화론만이 현대 문화론의 전부가 아니라면 우리 시대의 문화담론으로는 또 어떤 것들이 있을까? 문화에 관한 현대 담론은 어떤 손쉬운 단순화도 불가능하게 할 정도로 그 이론과 방법이 다양하다. 그러나 우리의 젊은 지성들에게 지금 필요한 것은 아무래도 비교적 간명한 안내와 명료한 쟁점 부각일 것이다. 이 점을 고려한다면 다양성의 고른 기술보다는 약간의 단순화를 무릅쓰고라도 현대 문화론의 특징적 접근법들을 적출해내어 그 접근법들이 무엇을 문제 삼는가, 무엇에 도전하고, 그 도전의 함의는 무엇인가 등등의 질문을 추적해보는 편이 훨씬 생산적이다. 현대 문화론의 문화 접근법은 대표적으로 세 갈래 패러다임을 갖고 있다. 문화를 '기호의 우주'로 보는 기호학의 관점은 그중의 하나이고, 또 하나는 '이데올로기의 우주'로, 다른 하나는 '욕망의 우주'로 보는 접근법이다. 이 세 가지 접근법은 그 이전까지의 어떤 문화론에서도 체계적으로 제시되지 않은 관점들이라는 점에서 특별히 '현대적'이며, 오늘날 문화에 관한 모든 담론은 그게 어떤 이론 계보에 속한 것이건 간에 기호, 이데올로기, 욕망의 패러다임을 어떤 식으로든 고려하지 않을 수 없다는 점에서 그것들은 '대표적'이다. 우리가 먼저 다룰 것은 '이데올로기의 우주로서의 문화'라는 관점이다.

2. 이데올로기·인식틀·텍스트

현대 문화론이 차용하는 이데올로기론은 몇 개의 특성을 갖지만, 그중에서 가장 특징적인 부분은 이데올로기를 '무의식적인 것'으로 본다는 점이다. 이데올로기 연구가 본격적으로 시작된 것은 마르크시즘에서부터이다. 그러나 마르크스에서 루카치에 이르기까지 이데올로기(허위의식이건 세계관이건)는 '의식consciousness'과 불가분으로 연결되어 있다. 마르크시즘의 문맥 밖에서도, 이를테면 '신념체계'라는 의미에서의 이데올로기 역시 '의식적'인 것이다. 그것은 의식주체가 스스로 알고 있는 의식 내용이며, 알고 있기 때문에 발화주체는 "나는 이렇게 믿는다"라거나 "나는 이것을 가치라고 생각한다" 등등의 명료한 표현으로 자신의 의식 내용을 객관화할 수 있다. 그렇다면 이데올로기가 무의식적이라는 말은 무슨 뜻인가. 다소의 정신 에너지를 투입해서라도 우리의 젊은 지성은 이 부분을 명쾌하게 이해하고 있어야 한다. 그러지 않는 한 그는 자기 삶이 어떤 문화적 힘의 작동법에 종속되어 있는가를 '환갑이 될 때까지도' 알 수 없을 것이기 때문이다.

구조언어학이 내놓은 통찰 중에 "모국어 사용자들은 자기 국어의 문법에 대해서는 무의식이다"라는 것이 있다. 특정의 언어를 가장 잘 사용하여 명료한 진술문장을 만들어낼 수 있는 것은 그 언어를 자연어(모국어)로 가진 사람들이다. 그러나 모국어 사용자일수록 자기 국어로 무한수의 새로운 문장을 만들어내게 하는 조건, 그 새로운 문장들이 단어의 무질서한 집합이 아니라 명료한 의미를 가진 문장이 되게 하는 '조건(이것을 '가능성의 조건'이라 하고, 문법은 그 조건의 하나이다)' 자체에 대해서는 의식적이지 않다. 경험적으로도, 예컨대 "나는 지금 배가 고프다"라고 말하는 한국인은 그 진술의 품사와 어순 등등의 문법질서와 구조적 원칙 들을 분명하게 의식한 상태에서 그런 진술을 내고 있는 것이 아니다. 그는 자기 진술의 의미에 대해서는 의식적이지만, 그 의미 생산을 가능하게 하는 조건에 대해서는 무의식적이다. 말하자면 모국어의 구조적 조건에 대해 그는 무의식적이고, 그 조건이 무의식적이기 때문에 모국어는 그에게 정확히 '자연어'이다. 여기서 우리는 "의식

만인의 인문학

적 발화가 반드시 그 발화의 조건에 대한 의식성을 의미하지는 않는다"는 사실을 알 수 있다. 의식적 발화는 '그 발화를 가능하게 하는 조건의 무의식성'에 의존한다.

구조언어학의 이 관찰은 '무의식으로서의 이데올로기론'을 이해하는 데 매우 요긴하다. 이데올로기적 진술을 내놓는 사람은 언어 사용자의 경우와 비슷하게, 그 진술을 가능하게 하는 어떤 구조적 조건들에 대해서는 무의식이다. 언어의 경우 의미 생산을 가능하게 하는 문법적/언어 구조적 조건이 있음과 마찬가지로 이데올로기의 경우에도 특정의 이데올로기적 진술을 가능하게 하는 '어떤 문법'이 있고, 이데올로기적 진술을 내놓는 사람은 바로 그 '어떤 문법'에 대해서 무의식 상태이다. 따라서 그 문법의 차이에만 주의한다면 언어와 이데올로기 사이에는 납득할 만한 유비類比 관계가 성립한다.

다음 예를 보자. "인간은 우주의 중심이다"(a)라거나 "남편은 하늘이다"(b)라고 말하는 사람은 "나는 지금 배가 고프다"(c)의 발화자와 마찬가지로 그 진술들의 언어적 의미를 가능하게 하는 언어구조적 조건들을 의식하지 않는다는 점에서는 차이가 없다. 그러나 진술 (a) (b)와 진술 (c) 사이에는 한 가지 중요한 차이가 있다. 진술 (c)는 이데올로기적 발언이 아닌 반면, 진술 (a)와 (b)는 이데올로기이다. 왜 그런가 생각해보는 일은 이 글을 읽는 사람의 의무이다("공짜는 없다"). 단, 그 의무 수행을 돕기 위해 힌트를 준다면, 배고픈 사람이 배고프다고 말하는 것은 (거짓말이 아닌 한) 인간의 보편적인 생물학적 상태 보고이다. 밥통의 상태에 관한 이 생물학적 리포트는 문화에 의존하지 않고 문화에 구속되지 않으며, 따라서 문화 초월적이고 보편적이다. 그러나 진술 (a)와 (b)는 그것들을 의미 있는 진술 또는 진리 진술이 되게 하는 특정 사회와 문화권 안에서만 유효하며, 이 유효성의 한계 때문에 보편적이지 않다. 영어식으로 표현하면 그것들은 '문화에 묶여culture-bound' 있다. 그렇다면 예의 그 진술들은 그것들을 의미 있는 발화이게 하는 언어문법 이외의 또 다른 문법체계 안에 있고, 그 체계 때문에 가능하다. 그러나 발화자는 이 체계를 의식하지 않는다. 그는 자신의 발화를 가능하게 하는 조건에 대해 무의식이기 때문이다.

이데올로기적 진술의 생산을 가능하게 하는 이 별개의 문법체계가 '이데올로기의 우주'이다. 모든 이데올로기적 발화들은 특정의 '이데올로기의 우주' 안에서 생산·유통되고, 의미를 획득하며, 유효성을 보장받는다. 그런데 이데올로기가 표현되고 작동하는 곳은 문화영역이다. 달리 말하면 문화는 이데올로기의 우주와 많은 부분에서 겹치고, 한계와 테두리를 공유한다. 위에서 보았듯 이데올로기 진술은 유효성의 한계에 종속되고, 이 한계는 대부분 문화적 한계이다. 이데올로기의 우주가 문화영역과 겹치고 양자가 상호 구분하기 어려운 작동법을 갖고 있다면, 문화를 이데올로기의 우주로 보려는 현대 문화론의 한 시도는

만인의 인문학

충분히 근거 있는 것이라 말할 수 있다. 이데올로기를 생산·유지하고 재생산하는 문법체계는 문화의 문법이자 질서이기도 하다. 특정의 문화질서 속에 태어난 개체는 모국어 사용자의 경우처럼 자신의 이데올로기적 발언이 지니는 언어적 의미를 알고 내용을 의식하면서도 그 발언 생산을 가능케 하는 문화문법의 한계—그 이데올로기성에 대해서는 맹목이고 무의식이다. 그 결과 그는 자신의 발언이 이데올로기라는 사실 자체를 의식하지 않는다. 모국어가 그에게 자연어이듯이, 그가 태어나 성장하고 사회적 주체로 인정받게 한 그 이데올로기의 우주는 그에게 늘 자연스럽고 정당하다. 물고기가 물을 의식하지 않듯, 그는 그 우주의 이데올로기성을 망각한다. 망각 혹은 '의식하지 않기'는 그러므로 그의 사회적 의무이자 존재 조건이다.

문화론이 인간 개체의 운명 결정권을 유전자 혹은 기타의 생물학적 조건으로 환원시키려는 생물학계 일각의 기도를 수용하지 않는 것은 이처럼 개체(집단도 마찬가지다)의 삶을 지배하고 그의 운명에 영향을 주는 강력한 세력들이 생물학적 조건의 영역 너머에 있기 때문이다. 지난번 이 칼럼에서 잠시 언급했듯 개인과 집단은 어떤 문화질서 속에 태어나는가에 따라 상이한 삶의 자서전을 남긴다. 제국주의의 전성기인 19세기 서양에 태어난 개체는 정치/경제적 차원에서만 제국주의체제 속에 던져진 것이 아니라, 문화적으로 '제국주의 문화질서' 속으로 나포된 존재이다. 그 문화질서 안에서 그는 백인종 우월론이 '진리'임을 교육받고, 백인에 의한 '진보의 불가피성'과 아프리카 (혹은 여타의 비서구 지역) 야만인종을 문명세계로 인도하는 것이 백인의 '정당하고 신성한 의무'임을 믿어 의심치 않는 '제국주의 체제의 애국적 주체'로 성장한다. 그는 제국체제가 그에게 부여하고 요구하는 사명을 수행하며, 이것이 그의 운명을 결정한다. 그는 백인종 우월론이 백색신화이고 이데올로기라는 사실을 인식하지 않으며, 백인 의무론이 제국주의의 부도덕성을 감추고 정당화하는 이데올로기임도 의식하지 않는다. 그가 태어나 자란 세계의 문화문법 속에서는 그것들이 모두 진리이기 때문이다. 이것이 정치/경제 영역 못지않게 문화가 지니는 강대한 힘이다. 루이 알튀세의 주장처럼 문화는 사회적 주체를 생산하고, 체제(사회관계와 권력)를 정당화하며, 이 방식으로 특정 체제를 재생산하고 영속화한다. 그람시의 주장대로, 문화의 힘이 아니라면 체제는 유지되지 않는다. 그리고 이 경우의 문화는 인문주의적 고급 교양도, 탈이데올로기적 삶의 양식도 아니다.

이런 얘기는 서양에만 적용되는가? 물론 아니다. 인간의 모든 사회체제와 권력질서는 역사적으로 언제나 이데올로기의 우주 속에서 유지되고 재생산되어왔다. 조선 시대 '교육'의 기능은 남녀를 불문하고 왕조의 권력질서와 사회관계를 유지하고 정당화하고 재생산하는 일이었다.『명심보감』에서부터『내훈』에 이르기까지 그 시대의 사회적 주체를 길러낸 주요 텍스트들은 예외 없이 왕조의 '인식틀

만인의 인문학

episteme' 속에서 생산되고 읽히고 진리의 책으로 유통되었다. 그 인식틀은 왕조의 진리와 지식의 생산 조건, 다시 말해 모든 진리 진술을 지배하고 규정하고 가능하게 한 당대적 문법체계이다. 그러나 그 문법체계 속에서 생산된 진리 진술, 규범, 가치들(예컨대 군사부일체, 여필종부, 삼종지도, 칠거지악)은 권력질서와 분리되지 않고 분리할 수 없다. 미셸 푸코의 주장대로 권력과 지식, 권력과 진리는 불가분리의 관계에 있다. 왕조의 인식틀 속에 태어나 성장한 주체가 그 틀의 이데올로기성에 대해서는 무의식이란다면, 푸코의 '인식틀' 개념은 무의식으로서의 진리 생산체계—곧 이데올로기의 우주에 붙여지는 다른 이름이라 이해해도 된다. 자크 데리다의 해체론적 '텍스트'론도 이데올로기와 무관하지 않다. 그가 말하는 텍스트는 '책'의 개념이 아니라 인간이 탈출할 수 없는 '담론의 우주'를 의미하며, 담론은 언제나 이데올로기적이다. 그러므로 "텍스트 너머에는 아무것도 없다"라는 데리다의 언명은, 문화론의 관점에서 "이데올로기 너머에는 아무것도 없다"로 바꿔 쓸 수 있다.

3. 도전적 문제들

문화를 이데올로기의 우주로 보는 이 문화론의 접근법은 동시에 다수의 도전적 문제들을 제기한다. 이데올로기의 우주가 주체를 만들고 그의 운명을 결정한다면, 그리고 그 우주가 개인의 창조물도 아니고 그가 임의로 변개할 수 있는 것도 아니라면 근대 이후의 자율적 개인 혹은 '자율 인간'의 개념은 어찌 되는가? 주체subject가 이데올로기의 우주에 복속되어 있는 한 그는 그 우주의 신하subject이며, 그에게 자율성은 없다. 제국체제하의 한 개인이 "백인은 모든 인종 중에 가장 우월하다"고 말하고, 가부장제 하의 여성이 "남편은 하늘이다"고 말할 때, 이 발화는 그 개인들의 것인가 이데올로기의 것인가. 이데올로기론에 따르면 그것은 말할 것도 없이 후자의 것이다. 자크 라캉의 '대타 자the Other' 개념을 빌린다면 이 경우 개인은 자기 말을 하고 있다고 생각(착각)하지만, 사실 그는 자기 말을 하는 것이 아니라 이데올로기(대타자)의 말을 하고 있다. 그를 복속시키고 있는 대주인의 언어가 개체의 입을 통해 말하고 있는 것이다. "개인주체가 말하는 것이 아니라 이데올로기(대주체)가 말한다." 그렇다면 자율적 개인 혹은 자율적 주체라는 근대적인 자유주의적 인간(관)은 이 이데올로기 문화론에서는 설 자리가 없다. 이 계열의 문화론은 말하자면 자율인간의 개념에 도전하고, 그 개념을 격파한다.

도전적 문제제기는 거기서 끝나지 않는다. 인간은 그를 둘러싸고 있는 이데올로기의 우주로부터 탈출할 수 없는가? 없다면 어떻게 이데올로기의 이데올로기성이 노출되고 격파되고 변화하는가? 이데올로기를 벗어난 진리란 존재할 수 없는 것인가? 문화가 특정의 체제를 유지하는 강

만인의 인문학

대한 이데올로기의 우주라면, 그 체제를 깨뜨리는 힘도 문화영역에 있는가? 이 변화는 이데올로기에 대한 비판적 담론이 가져오는 것인가, 아니면 저항이 가져오는 것인가? 개인은 자기 담론의 이데올로기성을 '의식'하는 순간 그 이데올로기로부터 벗어나는가? 인간의 모든 사회체제가 이데올로기에 근거하고 모든 문화와 담론이 이데올로기적이라면, '똥 묻은 개가 겨 묻은 개 나무라기'식 이상의 이데올로기 비판은 가능한가? 어떻게, 무슨 기준으로? 개인의 운명이 무의식적 이데올로기 문장으로 결정된다고 말하는 것이나, 무의식적 유전자정보문장이 운명을 결정한다고 말하는 것 사이에 무슨 근본적 차이가 있는가?

지금 이 글은 이데올로기 문화론이 제기하는 이 많은 문제와 질문들을 시시콜콜 다루고 있을 역량도 시간도 공간도 없다. 그것들은 무엇보다도 우리의 젊은 지성들을 향해 던져지는 질문들이며, 그들이 땀 흘려 해답을 추구해야 할 문제들이다. 스스로의 모색과 문제제기 없이 편안하게, '패스트푸드'처럼 주어지는 해답을 가만히 앉아 받아먹기만 하려는 사람은 지성인도 지식인도 아니다. 힘든 모색과정을 거칠 때만 우리의 젊은 지식인들은 지난 40년간 국제적으로 진행되어온 지적 토론과 논쟁의 성질, 쟁점, 이해관계들을 만나게 될 것이다. 또 현대 문화론의 이데올로기 관련 부분, 이데올로기에 관한 논의 내용은 여기 제시된 것 같은 간략한 구도만으로 모두 담아낼 수 있는 것이 아니다. 앞으로 보게 될 '욕망(권력)의 우주'로서의 문화라는 관점이나 '기호의 우주'라는 문화론 역시 각각의 차원에서 이데올로기 문제와 연결되어 있다.

과학기술과 인간의 상승

　자연계의 다른 동물들이 들으면 피식 웃을 얘기일지 모르지만, 이 지상에서 자기자신의 존재방식과 활동상을 스스로 돌아보고 성찰하는 유일한 동물이 인간이다. 의식이 자기를 의식하고, 정신이 자기를 향해 회귀하는 것이 성찰이다. '인간은 거울 앞에 서는 동물'이라는 말은 이런 성찰, 혹은 정신의 자기회귀 능력에 대한 가장 흔한 비유의 하나다. 이때 거울을 들여다보는 인간은 "이거 내 눈이 너무 작군. 수술을 좀 받아야겠어"라고 말하는 동물이 아니라 "나는 뭐지?" "내가 이렇게 살아도 되는 건가?"라고 자기를 향해 질문하는 동물이다. 거울 앞에 세웠을 때 거기 비친 인간은 무엇일까? 이 질문은 너무 무거운 것이어서 사람들은 곧잘 가볍게, 농담 비슷한 두어 가지 답변으로, 그 질문의 하중을 처리한다. 하나는 인간이 '천사보다 약간 못한 존재'라는 것이고, 다른 하나는 인간이 '짐승보다 조금 나은 존재'라는 것이다. 사뭇 우울한 세 번째 평가도 있다. 인간은 짐승보다 약간 나은 존재가 아니라, 사실은 '짐승보다 훨씬 못한 존재'라고 말해야 오히려 진실에 가까워진다는 평가가 그것이다.

농담 비슷하다고 말했지만, 사실 이런 평가들은 인간이 인간 자신에 대해 형성해온 이미지의 오랜 변천사를 반영한다. 그리고 그 이미지들과 인간의 과학-기술 사이에는 깊은 관계가 있다. 문명사적 관점에서 보면 고대 그리스 인문주의는 이 세계에서의 인간의 위치에 대한 문명의 초기 사유를 대표한다. 인간은 신과 동물 사이의 중간 존재라는 것이 고대 그리스인들이 파악한 인간의 위치다. 인간은 신에 미치지 못하지만 동물보다는 훨씬 웃길이라는 것이 말하자면 그 위치 좌표의 내용이다. 그러나 그리스 인문주의가 '인문주의humanism'인 것은 인간이 비록 신들의 지배를 받는 세계에 살고 있긴 하지만, 신들을 떨게 하고 신들과 경쟁할 수 있는 놀라운 능력이 인간에게 있다는 생각을 그 인문적 사유의 중심부에 잔뜩 담고 있었기 때문이다.

이 경쟁력을 대표하는 것은 '기술techne'이다. 그리스 신화에는 기술로 신들과 맞짱 뜨고 신들과 겨루는 '기술영웅'이 다수 등장한다. 직녀 아라크네는 아테나 여신을 상대로 누가 베를 더 잘 짜는가 겨루고, 의사 아스클레피우스는 죽은 인간을 살려내어 신들의 금지령을 어기고, 악사 마르시아스는 누가 악기를 더 잘 타는가 시합하기 위해 아폴로 신에게 도전한다. 물론 신화의 이 기술영웅들은 신들과의 경쟁에서 모두 패배한다. 하지만 신화의 숨겨진 이야기를 잘 읽어보면, 그들은 기술이 모자라서 패배하는 것이 아니라 "인간이 신을 넘어서는 안 된다"는 세계의 질서 때문에 패퇴한다. "그들은 이겼으나 상대가 신이었기 때문에 지는 것으로 끝났다"는 것이 그 알짜 메시지다. 이것이 그리스 신화에 담긴 '인간의 영광'이다. 비록 지긴 했지만 신들을 떨게 할 탁월한 능력을 갖고 있다는 것은 인간의 영광 아닌가 하는 얘기다.

지금은 누가 뭐라 그래도 과학기술의 시대이다. 인간의 문명을 진전시켜온 동력의 바탕이 기술이고 과학이었다는 것은 아무도 부정할 수 없는 역사의 진실이다. 바퀴에서 자동차에 이르기까지, 점토판 서고에서 디지털 도서관에 이르기까지, 인간의 '상승'을 주도한 것은 기술이고 기술적 발명들이다. '상승'이라는 말은 '진화'라는 말로 바꿔도 된다. 인간의 진화는 그냥 '생물학적' 진화가 아니라 '문화적 진화'이며, 이 문화적 진화의 핵심부에 기술이 있다. 주어진 환경을 바꾸고, 그 바뀐 환경에 적응하면서 동시에 적응을 넘어, 그리고 (참으로 중요하게도) 적응과 안주를 거부하면서 또 다른 변화를 시도해온 것이 인간의 역사이고 문명이다. 역설적이게도, 인간은 적응의 천재가 아니라 적응 거부의 천재이다. 그가 주어진 환경에 적응하는 데만 몰두했더라면 지금의 인간은 예컨대 대나무숲에 적응한 판다곰이나 유칼립투스나무에 적응한 코알라 이상의 존재일 수 없었을 것이다. 하나의 환경에 완벽히 적응하기를 거부했기 때문에 인간은 판다나 코알라와는 달리 대나무숲이 없어지고 유칼립투스가 없어지는 것 같은 환경변화가 발생해도 거뜬히 살아남는다. 인간은 기술이 만들어온 존재이며, 기술로 자기를 진화시켜온 동물이다. 그 '기술인간'은 인간 자신의 발명품이다. 그리스 신화가 이미 오래전에 기술영웅에게서 인간의 탁월성을 본 것은 전혀 이상한 일이 아니다.

기술인간의 등장이 역사시대 이상으로 오래된 것이라면, '과학인간'의 등장은 엄밀히 말해 근대 이후의 사건이다. 케플러, 코페르니쿠스, 갈릴레이 같은 이들이 과학혁명을 일으키고 과학의 시대를 연 것은 근대의 사건이다. 그들의 손에서 과학사의 위대한 발견들이 나오기 시작한 이후부터의 세계는 이미 그 이전의 세계가 아니고, 문명은 이전의 문명이 아니다. 근대 이후 세계는 과학이 만드는 세계가 되고, 문명은 과학이 만드는 문명이 된다. 과학에 의하지 않고는 그 세계가 돌지 않고, 그 문명이 지탱되지 않는다. 인류사에서 이보다 더 획기적인 변화는 없다. 로마 시대의 키케로는 '문명을 만드는 인간'을 지칭하기 위해 '후마니타스humanitas'라는 말을 만들어냈는데, 그가 지금 살아 있다면 그 후마니타스의 패러다임 속에 필시 과학인간과 기술인간을 포함시킬 것이다. 철학자 앨프리드 노스 화이트헤드가 문명을 지탱하는 네 가지 토대 속에 과학과 기술을 넣은 것은 당연하다면 너무도 당연한 일이다(다른 두 개는 종교와 예술).

내가 지금 이런 얘기를 해보는 것은 편집진의 두 가지 요청과 관련해서이다. 하나는 한국의 과학기술인들을 좀 격려해주었으면 좋겠다는 요청이고, 다른 하나는 과학기술인의 책임도 언급해달라는 요청이다. 과학과 기술이 인간의 문화적 진화를 이끌고 문명을 만들어왔다고 말하는 것 이상으로 과학기술인들을 더 잘 격려할 말이 있겠는가. 물론 우리 사회는 아직도 과학의 중요성에 대한 인식이 그리 깊은 편은 아니다. 그러나 과거에 비하면 지금은 한국도 이미 과학기술의 시대로 돌아섰고, 특히 기술에 관한 한 한국은 단연 실용기술의 한 시대를 맞고 있다. 세계 전체가 지식경제시대로 돌입하면서 국가 경쟁력이 과학과 기술의 어깨에 달려 있다는 사회적 인식은 깊어지고 있다. 그러나 국가 경쟁력 운운하는 것으로 과학기술인들을 격려할 수 있을까? 그동안 어려운 사정도 많았겠지만 더 잘해서 국가경제와 산업의 선봉장이 되어달라—이런 천박한 당부로 우리의 과학기술인들이 격려받을 수 있을 것이라 생각해도 될까?

과학기술인의 '책임' 문제와 관련지어서는 사실 할 말이 많다. 첫째, 과학의 대중화를 위한 과학인의 더 많은 시도가 필요하다. 대중화는 과학 그 자체보다는 과학의 사회적 의미에 더 관계된 것이지만, 과학문화의 사회적 확산은 과학 발전의 밑거름이 된다는 점에서 중요하다. 둘째, 과학 정신의 확장이 필요하다. 틀린 것을 틀리다 말하고, 잘못된 것을 지적하고 오류를 바로잡는 것이 과학정신의 요체다. 근대 과학을 가능하게 한 것은 진리 또는 진실을 향한 이런 정신자세와 지적 정직성이며, 기존의 설명방식에 회의, 반론, 비판을 제기할 수 있었던 '비판적 사고'이다. 이 비판적 사고는 과학과 인문학이 서로 공유하는 부분이며, 합리적 사회를 만들고, 민주주의를 지키고, 일국의 이익을 넘어 인류 전체의 이익을 고려하는 일과도 직결되는 사안이다. '교학분리(종교와 과학의 분리)'는 근대 과학을 가능하게 한 조건이 되었는데, 그 조건은 정교분리라는 민주적 세속주의와도 연결되어 있고, 그 양자의 밑바탕에는 비판적 사고의 힘이 깔려 있다. 비판적 사고의 함양 없이 과학은 발전하지 않는다.

과학이 지배적으로 '발견'에 관계된다면, 기술은 지배적으로 '발명'과 관계된다. 발견은 사전 목적을 갖지 않을 때가 많은 반면, 발명은 대부분 실용적 동기와 목적에 의해 시도되고 설계된다는 점에서 그 사회적 책임이 크다. 지금 우리는 기술에 대한 놀라운 맹목의 사회로 진입하고 있다. 기술맹목사회는 인간이 '천사보다 약간 못한 존재' 아닌 '천사보다 훨씬 나은 존재'로 올라서고 있다고 믿게 하는 사회이다. 그러나 그 기술의 빛과 그늘을 분간하고 거기 대응하는 일은 사회적으로 극히 중요하다. 기술 덕분에 인간은 신을 능가하기도 하지만 동시에 '짐승보다 못한 존재'로 굴러떨어지기도 한다는 것을 기억할 필요가 있다.

문화 또는 '욕망이라는 이름의 우주'

1. '행복공식'과 욕망

인간의 행복을 계량적 수치로 산출해낼 방법이 있을까? 미국 경제학자 폴 새뮤얼슨Paul Samuelson은 한때 그의 경제학 교재 텍스트에서 바로 그 '행복의 공식'이란 걸 제시한 적이 있다. 그에 따르면 행복의 양을 계산해내는 방법은 어렵지 않다. '욕망 충족'이 결국 인간의 행복이란다면, 행복의 양은 '욕망 충족의 정도'로 결정된다고 말해도 된다. 충족의 정도는 '소유의 양'으로 계량화할 수 있고, 따라서 욕망하는 것을 얼마만큼 소유했는가를 따져보면 행복의 양이 계산되어 나올 수 있다. 이 계산법으로부터 '행복Happiness은 욕망 나누기 소유'(H=소유/욕망)라는 새뮤얼슨의 공식이 나온다. 예컨대 누가 돈 100원(수천억 원 비자금 시대에 딱해라, 돈 100원을 예로 들다니)을 갖고 싶은데 실제로 가진 것은 20원뿐이라면 그의 욕망 충족의 정도, 곧 그의

만인의 인문학

'행복의 양'은 100(욕망)분의 20(소유)이다. 그는 자신이 얻고 싶은 행복의 5분의 1만을 성취한 셈이고, 백분율로 따지면 그는 겨우 20퍼센트만 행복하다. 쉽게 말하면 그의 행복의 양은 20퍼센트이고 행복결손량은 80퍼센트이다. 행복의 결핍을 불행 또는 불만이란다면 이 경우 불만의 크기는 80퍼센트이며, 이 결핍량을 모두 소유로 채울 때만 행복은 100퍼센트가 된다.

분석적 머리를 가진 독자라면 새뮤얼슨의 행복공식에 숨겨져 있는 함정을 금방 지적할 수 있을 것이다. 그 공식은 우리가 분모항인 '욕망의 크기'를 정할 수 있다고 가정할 때만 성립하는 계산법이다. 그러나 현대인치고서 누가 자기 욕망의 크기term를 정할 수 있는가? 자기 욕망의 덩치를 알지 못하고 정할 수 없다는 것이야말로 현대인의 특수한 곤궁이다. 욕망의 크기를 정할 수 없는 까닭은 그의 욕망이 충족을 모르기 때문이다. 아니, 충족되는가 싶은 순간에 이미 충족선을 훨씬 넘어 더 크게 불어나는 것이 욕망이다. 100을 얻으면 행복할 것 같았는데 얻는 순간 욕망은 200, 300으로 커지고, 충족을 기다리는 결핍의 크기는 두 배, 세 배로 늘어난다. 헤겔은 인간 욕망의 이 괴이한 성질을 지적하기 위해 "욕망은 언제나 충족을 한발 앞서 간다"라고 말한 적이 있다. 충족 불능성이라는 욕망의 이 이상한 구조를 헤겔보다도 훨씬 먼저 정식화한 것은 물론 플라톤이다(우리의 젊은 지성들이 할리우드산 쓰레기 영화 보러 다니기보다는 '고전'을 읽어야 하는 이유가 이런 데 있다. 플라톤『향연

Symposium』의 소크라테스 연설에 나오는 유명한 '디오티마의 가르침'을 보라). 이처럼 인간이 자기 욕망의 크기를 정할 수 없다면 새뮤얼슨의 행복공식은 결국 계산 불가능한 공식, 혹은 계산하는 순간 허물어지는 공식이 되고 만다.

새뮤얼슨의 계산법은 그러나 적어도 자본주의체제에 명운을 걸고 살아가는 현대인의 행복 추구 방식을 잘 요약하고 있다는 점에서 충분히 흥미롭다. "소유하라, 그러면 행복해질 것이다"라는 것은 자본주의적 삶의 양식 속에서 현대인이 추종하는 행복추구법이다. 행복에 대한 우리의 태도를 지배하는 명제는 "소유한다, 그러므로 나는 행복하다"이며, 이는 곧 존재 확인의 명제——"나는 소유한다, 고로 존재한다"이기도 하다. 멕시코 사상가 과달루페 로아에사는 이 명제를 "나는 구매한다, 고로 존재한다Compro, Luego Existo"로 바꿔 표현한다. 구매행위가 존재 확인의 유일한 방법일 때, 그 행위의 결과인 소유는 행복의 성취 정도를 나타내는 가장 확실한 지수일 것이다. 이 경우 '모든 것을 가진 남자'와 '없는 것이 없는 여자'는 행복의 최고 범형이 된다. 1960~1970년대 미국 대중잡지 광고를 지배한 전형적인 남성상은 '모든 것을 가진 남자'의 이미지이다. 모든 것을 갖고 있는 '대소유자'로서의 남자는 그 자신 행복한 남자이면서 동시에 여자가 원하는 것이면 무엇이건 사줄 수 있는 '대공급자The Great Provider'이고, 여자는 이 '대공급자를 남편으로 소유'함으로써 '없는 것이 없는 행복한 여자'가 된다. 이 광고 형식은 믿을 만한 남성상만 보여주는 것이 아니라 '여성이 행복해질 수 있는 가장 확실한 방법'까지도 제시한다. 이것은 지금도 여전히 광고의 기본 문법이 되어 있다.

헤겔의 말처럼 인간 욕망이 늘 충족을 한발 앞서가는 것이고, 게다가 그 '늘always'이라는 부사가 욕망의 항구적 성질을 지시하는 것이라면, 욕망현상을 반드시 특정의 역사적 사회경제체제(이를테면 자본주의)에 연결짓는 일은 타당한가? 인간이 자본주의 시대에 들어오면서 특별히 '소유하는' 존재가 되었다고 말할 수 있는가? 우리 젊은 지성들의 머리에는 지금쯤 이런 질문이 의문으로, 또는 찜찜한 불만으로 고개를 쳐들고 있을 것이 확실하다. 역사는 탐욕스러운 개인, 폭군, 큰 도둑, 전제군주들의 이야기로 가득하지 않은가? 플라톤이 욕망의 구조로서 충족불능성을 제시했다는 것은 그의 시대에도 인간 욕망의 형태는 지금이나 마찬가지였다는 얘기가 아닌가? 이런 의문에 대한 우리의 1차적 답변은 "그렇다"이다. 그러나 이 답변만으로 만족한다면 지성인은 지성의 발휘에 가장 긴요한 '차이' 인식의 노력을 포기해야 한다.

역사상 존재했던 많은 사회들이 어떤 문화와 자원공급 체제를 가지고 있었는가에 따라 욕망의 처리방식에도 '차이'를 보인다는 사실은 욕망의 성질 못지않게 중요하다. 신과 동물 사이의 '중간존재'가 인간이라는 관점을 가지고 있었던 고대 그리스 사회는 인간의 근원적 '한계'(신의 지위로 오를 수도 없고, 동물의 수준으로 추락할 수도 없는)에 대한 인식을 문화적으로 발전시키고 지탱했는데, 이 한계 인식은 욕망의 무한계적 발동과 충족이 인간의 길이 아니라는 그리스적 욕망관과 직결된다. 이 욕망관에 따르면 욕망은 '통제되어야' 한다. 통제되지 아니한 무한욕망은 그리스 문화가 경계한 인간 '오만hubris'의 일종이며 이 오만은 신들의 노여움을 사 '징벌'로 귀결한다. 물질적 풍요가 반드시 인간을 행복하게 하지는 않는다는 그리스의 사회적 사고는 이런 욕망관의 결과이다. 북미 인디언 일부 부족들의 경우에도 자연은 소유의 대상이 아니다. 그들에게는 개인적 '소유'의 관념이 없었기 때문에 소유를 통한 욕망 충족이라는 행복관도 존재하지 않는다. 이런 차이들은 욕망의 성질이 사회체제, 생산양식, 소비행태와 관계없는 무시간적이고 무역사적인 보편성을 갖고 있다는 생각을 수정하게 한다. 여기서 우리는 욕망의 무한분출과 무한추구가 근현대 사회변화(그리고 '인간관'의 변화)에 관련된 특수한 역사적 현상이지 욕망 일반의 보편성에서 나온 결과가 아니라는 인식을 가질 수 있다. 이것이 '욕망의 역사성'이라는 인식이다.

현대 문화론이 욕망현상에 집중적 관심을 갖고 그 현상의 분석에 나서는 것은 이런 인식의 한 결과이다. 욕망은 본능적이고 원초적인 것이기만 한가, 아니면 본능성 못지않게 강력한 사회적 요인들로부터도 발생하는 것인가? 욕망이 사회적으로 만들어지고 전염되고 결정되는 것이기

만인의 인문학

도 하다면, 우리가 '나의 욕망'이라 여기는 그 욕망은 전적으로 '나의' 욕망이 아니지 않은가? 이 경우 욕망의 사회적 결정 요인과 세력은 무엇인가? 현대 소비문화와 욕망의 관계는? 욕망과 인간 언어 사이에는 관계가 없을까? 문화를 '욕망의 우주'로 보는 관점은 바로 이런 문제들을 제기하고 해답을 모색한다.

2. 욕망 우주로서의 문화

구조적 측면에서, 욕망은 욕망하는 행위주체subject와 이 주체가 추구하는 대상으로서의 객체object를 갖고 있다. 분석적으로 들여다보면 욕망의 이 주/객 구조는 젊은 지성들의 흥미를 끄는 데가 있다. 우선 주체는 '자기에게 없는 것'을 욕망의 객체, 곧 추구 대상으로 삼는다. 이 '없는 것'은 주체가 '갖고 있지 않은 것'이므로 '결핍lack'이라 부를 수 있다. 예컨대 배고픔은 밥통이 비었다는 결핍의 결과이고, 이 결핍이 '먹을 것'을 요구한다(영어의 욕망동사 'want'는 '원한다'와 '없다'의 두 의미를 갖고 있다). 둘째, 욕망의 주체와 객체는 서로 다르거나 '이질적인 것'이다. 주체는 자기를 욕망하는 것이 아니라 '자기 아닌 것'을 욕망한다. 이 '자기 아닌 것'의 성질을 타자성otherness이라 부른다면, 욕망의 객체는 그 주체에게 타자other이거나 최소한 '타자적인 것'이다. 이 같은 분석적 관점에서 보면 고전 신화에 나오는 나르키소스의 자기애autoeroticism는 자기가 자기를 욕망하는 형식, 말하자면 욕망의 일반 구조로부터 이탈하는 '위반문법'이며, 이 위반의 결과는 죽음이다.

욕망의 주/객 구조에서 욕망 대상인 객체가 결핍과 타자성으로 규정될 수 있다는 것은 여러 가지 흥미로운 관찰들을 가능하게 한다. 주체가 어떤 대상을 가지려는 욕망 행위는 불가피하게 그 대상의 객체화objectification를 수반하며, 이 객체화 과정은 대상의 복종, 평정, 수동화, 물건화를 요구한다. 인간이 생존을 위해 자연물을 흡수–동화하는 것은 가장 대표적인 객체화 행위이다. 그러나 여기서 한 가지 문제부터 먼저 짚고 넘어갈 필요가 있다. 인간 욕망의 특이성은 무엇인가라는 문제가 그것이다. 생존을 위한 자연물의 흡수–동화는 인간만의 행위가 아니라 자연계의 모든 생존물들에게 공통된 것이며, 따라서 그것을 특별히 '인간의 욕망행위'라 부를 근거는 없다. 그렇다면 인간 욕망이 동물의 욕망과 구별되는 지점은 어디이며, 어떻게 구별되는가? 사자가 얼룩말을 사냥하는 것은 인간의 자연물 흡수 행위와 어떻게 다른가?

이 질문은 "인간이란 무엇인가?"라는 물음과 사실상 동일하다. 인간이 동물이면서도 동물과 구별되는 존재라면 그 차별성을 드러내는 것이 곧 인간에 대한 규정이고 정의定義일 것이기 때문이다. 이를테면 "인간은 먹는 존재이다"라는 말은 그냥 '진술'이지 종species의 특징을 드러내는 '정의'는 아니다. 지렁이에서부터 얼룩말, 인간에 이르기까지 생존물들은 모두 '먹는 존재'이며, 따라서 이 진술은 인간의 특성을 규정하지 않는다. 인간과 여타 동물 사이의 종적 차이differentia specifica를 정의하는 데 가장 근본적인 것은 인간 욕망의 특이성, 더 정확히 말하면 인간 욕망의 성질 차이와 욕망 충족을 위한 행위(실천)의 차이를 드러내는 일이다. 플라톤에서 헤겔, 마르크스, 프로이트, 현대이론가들에 이르는 2,500년의 세계 지성사가 '인간 욕망'의 변별성을 규정함으로써 인간을 이해하려 한 것은 그러므로 놀라운 일이 아니다. 플라톤은 육체의 욕망과 혼의 욕망을 나누어 후자가 인간을 인간이게 하는 인간의 특별한 욕망행위라고 생각했고, 헤겔은 타자로부터 자신의 '주체성'을 인정받으려는 '인정의 욕망'을 특별히 인간학적 욕망이라 규정했다(이 부분에 대한 더 자세한 논의는 다른 기회로 미루어두자). 프로이트는 본능적 충동과 문화적 명령 사이의 갈등에 주목함으로써 욕망의 역동성을 밝혀내려 했고, 마르크스는 '노동'이라는 범주로 이 문제에 접근했다. 노동은 인간이 자기 목적에 맞게 자연물을 변형시키는 행위, 다시 말해 욕망 충족을 위한 실천이다. 충족을 위해 자연물에 노동을 가함으로써 그것을 변형시키는 동물은 인간뿐이다. 이 일련의 사색들이 드러내려는 것은 궁극적으로 인간과 동물 사이의 욕망의 차이, 그리고 그 충족 행위의 차이이다. 자크 라캉에 이르면 동물적 욕망은 욕망 아닌 '욕구need'라는 용어로 표현되고, 인간 욕망을 지칭할 경우에만

'욕망desire'이라는 용어가 사용되기에 이른다.

문화론의 관점에서 보면 동물적 욕망은 인간이 다른 모든 동물들과 공유하는 '생물학적 욕망'이고, 인간을 특별히 인간이게 하는 것은 이 생물학적 욕망과 구별되는 '문화적 욕망'이다. 문화적 욕망이라 함은 '문화를 향한 욕망'이라는 의미가 아니다. 자연상태로부터의 이탈이 문화라고 할 때, 자연적·생물학적 욕망으로부터 이탈하는 욕망은 문화적 욕망이다. 우리가 언젠가 논한 바 있는 근친상간incest의 경우를 예로 든다면 근친상간 욕망은 생물학적 욕망일 수 있는 반면, 근친상간을 금지하는 명령은 자연적 욕망을 억압하고 그로부터 이탈하는 욕망, 다시 말해 문화적으로 생성된 욕망이다. 강한 생존본능을 가지면서도 동시에 생존의 요구를 본능 아닌 다른 명령체계(예컨대 윤리, 계율, 명분)에 종속시킬 수 있다는 것은 인간의 특징이다. 굶주린 사람이 먹을 것을 찾는 것은 극히 자연스러운 생물학적 욕망 (라캉의 '욕구')의 발동이다. 그러나 죽기로 작정하고 '단식' 하는 것은 생물학적 행위는 아니다. 이 관점에서, 자연적 욕망을 적극적으로 차단하는 불교 승려들을 '가장 문화적인 인간'이라 생각하는 사람도 있다.

지금 우리의 관심은 전통적 문화론이 말해온 욕망론이 아니라 '현대 문화론'이 제시하는 욕망의 이해방식이다. 인간 욕망을 생물학적 욕망과 구별한다는 점에서는 전통적 문화론이나 현대 문화론 사이에 큰 차이는 없다. 가장 현저한 차이는 욕망의 주체와 객체에 대한 관점의 변화이다. 근대에 들어와 '인간'이라는 범주가 '신'을 밀어내고 모든 논의의 중심부를 차지하게 되면서부터 정치철학적으로는 개인을 핵심에 두는 자유주의가, 경제적으로는 '합리적 경제행위의 주체'로서의 개체 인간이, 인문학 영역에서는 인본주의가 지적·사회적 담론을 지배한다. 이 삼자의 대합창(이 합창에 불협화음이 아주 없었던 것은 아니지만)이 크게 말해 근대 담론을 특징짓는다. 자본주의 경제학의 토대를 마련한 고전 경제학의 시조 애덤 스미스는 "개인이 자기 행복을 스스로 관리할 때만 인간은 가장 행복하다"라는 말로 '행복 관리의 효율성'을 개인에게 두었는데, 이 관점은 "내버려두어도 개인은 결코 자기를 불행하게 할 일은 하지 않는다"라는 생각과 '인간 경제행위의 합리성'("손해볼 짓은 하지 않는다")이라는 생각을 깔고 있다. 이 인간관 또는 개인관은 약간의 우여곡절 끝에 자유주의 정치철학 및 인본주의와 결합하여 이른바 '부르주아 개인주의' 또는 '자유주의적 개인주의'라는 근대 서구 이데올로기를 출현시키기에 이른다. 지성사의 측면에서 보면 이 이데올로기는 '인간' 또는 '개인'의 탄생 모태이다. 미셸 푸코가 "'인간'은 근대적 출현물이다"라고 말하는 까닭도 거기 있다.

이 근대적 인간관에서 보면 개체 인간은 합리적 행위주체, 욕망의 주체, 행복 관리의 주체이다. 이 개인주체를 특징짓는 것은 '자율성autonomy'이다. 욕망론에 연결했을 때 이 자율성은 당연히 '욕망의 자율성'——다시 말해 개인은 누가 시켜서 무엇을 욕망하는 것이 아니라 스스로 자기 욕망의 대상을 선택하고 결정하는 욕망주체의 자율성이다. 자율적 욕망주체는 자기 욕망의 '주인'이며, 행복의 '책임자'이다. 외부 간섭과 개입의 배제가 그의 행복의 조건이다. 욕망주체가 자기 욕망을 '안다'는 것은 자기에게 무엇이 '결핍'되어 있는가를 가장 잘 안다는 뜻이기도 하다. 그러므로 욕망주체는 동시에 '결핍인식의 주체'이다. 그는 자기에게 무엇이 '없는가'를 알고, 그 없는 것을 메워(욕망 충족) 행복을 성취한다. 결핍인식의 주체는 당연히 자기 욕망의 대상이 무엇인가를 안다. 그는 그 대상을 정하고 명명하며, 그것을 복종시키고 소유하는 객체화 작업에 돌입한다.

현대 문화론이 근대적 자율 욕망론에 개입하는 것은 이 대목에서이다. 근대 이데올로기 속의 이 개인주체, 자율적 욕망주체는 도대체 얼마나 '자율적'인가? 그의 욕망은 그 자신만이 결정하고 선택·추구한다고 말해도 될 만큼 자율적인 것인가? 그 자율성은 환상이 아닐 것인가? 욕망의 자율 주체론에 대해 현대 문화론이 던지는 핵심적 질문은 이런 것이다. 이 계열의 사색을 비교적 일찍 제시한 것은 대중사회의 행태론적 특성을 개인 주체성보다는 '남 따라 하기'라는 의미에서의 '타자지향성other-directedness'에서 발견한 1950년대의 명저 『고독한 군중The Lonely Crowd』의 저자들(데이비드 리스만 외 2인)이다. 1960년대에 들어오면 사회학 이외의 분야들에서 개인자율성론에 대한 비판이 치열

만인의 인문학

하게 전개되고, 이 다학문적 논의들이 이른바 '현대 문화론적' 욕망론의 큰 줄기들을 이루게 된다. 그 줄기의 하나로서 맨 먼저 언급해야 할 이론가는 인류학, 심리학, 신학, 문학론의 경계를 넘나들며 중요한 문화론적 통찰을 낸 르네 지라르Rene Girard이다.

지라르의 욕망론은 간명하게 말해서 '모방욕망mimetic desire'론이다. 모방욕망론은 개인을 욕망의 자율 주체로 보지 않는다. 주체가 '나의 욕망'이라 생각하는 욕망은 그 개인의 것이 아니라 그가 사회적으로 모방한 욕망, 쉽게 말하면 타인에게서 전염되고 전파되어 그가 '모방'하게 된 욕망이다. 이 '타인'은 개인주체가 경쟁자, 모델, 맞수(또는 적수)로 여기는 어떤 사회적 존재이다. 욕망이 이처럼 모방된 것이라면 개인주체는 욕망의 '자율적 기원'이 아니며, 따라서 '욕망의 자율성'은 부정된다. 그 '타인'도 욕망의 기원은 아니다. 왜냐면 그 역시 그가 경쟁자, 모델, 맞수로 여기는 어떤 타자의 욕망을 모방하고 있기 때문이다. 쉽게 정리하면 욕망의 개인주체는 욕망 대상을 곧바로 추구하는 것이 아니라 그의 경쟁자가 추구하거나 가치를 두는 대상을 그도 추구한다. 그의 욕망은 '이미 타인이 욕망한 것을 모방적으로 전유하려는 욕망', 곧 모방욕망이다.

지라르의 이 모방욕망론에서 주목되는 통찰은 두 가지이다. 우선은, 이미 지적한 대로 인간 욕망의 '성질'에서 모방성을 발견한 것은 중요한 이론적 성취이다. 욕망이 자율적이지도 창조적이지도 않다는 이 관점은 욕망의 '사회성'

에 주목할 수 있게 함으로써 욕망에 대한 지금까지의 이해를 확장한다. 둘째, 모방욕망론은 앞서 우리가 본 '욕망의 구조'를 수정하게 한다. 주체의 욕망이 모방된 것이고, 그가 추구하는 대상은 이미 타인이 욕망하고 있는 대상이라면, 주체는 욕망 대상을 직선적으로 추구하는 것이 아니라 경쟁자/적수라는 제3 존재의 매개를 통해 우회적으로 추구하는 셈이 된다. 그가 결핍이라고 생각하는 것은 그에게 기원을 두는 결핍이 아니라 모방된 결핍이다. 여기서 주체-객체로만 구성되는 이원적 욕망구조는 주체-맞수-대상이라는 형식의 삼각구조triangle로 바뀌어야 한다. 이것이 지라르 이론에 의한 '욕망구조의 수정'이다. 이것도 욕망이론에 가해진 중요한 이론적 공헌이다. 결국 지라르는 욕망의 모방성과 삼각구조를 제시함으로써 자율성론을 비판함과 동시에 서구의 개인주의적 욕망기원론이 안고 있는 '욕망의 허위'를 노출시킨다. 욕망의 자율성과 창조성을 신봉하는 이 '허위'를 그는 '낭만적 허위romantic lie'라 부른다.

지라르 이론의 이 같은 이론적 성취가 현대 문화론에서 지니는 중요성은 '욕망우주로서의 문화'를 말할 수 있게 하는 비판적 통찰의 제공에 있다. 이 통찰을 원용할 경우 문화, 특히 현대 자본주의 문화에서 개인들은 경쟁적 모방관계 혹은 모방적 적수관계mimetic rivalry의 과정 속에 있다. 개인들은 서로가 서로에 대해 경쟁자이고 맞수double이며, 서로 모방의 대상이자 모델이다. 물론 지라르 자신은 이 모방적 경쟁관계를 자본주의 문화에만 적용하고 있지는 않

만인의 인문학

다. 그러나 그의 욕망론이 문화론적 의미를 갖자면 그것은 당연히 현대 문화에도 적용되어야 하고 그 적용의 결과는 매우 흥미로운 설명력과 설득력을 산출한다. 욕망의 사회적 전염과 모방은, 아주 쉽게 풀면, "옆집에 있는 신형 세탁기는 우리 집에도 있어야 한다"라는 소유·평등의 욕망, "그 녀석이 갖고 있는데 나는 없어? 말도 안 돼"라는 경쟁심리에 의한 소비/소유의 충동, 경쟁자를 이기고 넘어서려는 모방욕망이 궁극적으로 초래하는 폭력과 비윤리성("무슨 수를 써서라도 가져야 해") 등의 현상에서 우선 경험적으로도 관찰되고 확인된다. 문화는 욕망의 우주이며, 이 우주에서 폭력을 제거하기 위해서는 우선 모방욕망의 과정에 주목하는 일이 필요하다. 자본주의 문화는 역사상 어떤 문화보다도 모방적 욕망의 문화이기 때문이다. 욕망이 모방된 것이라면 새뮤얼슨의 행복공식에 나오는 '욕망'의 주인은 이미 주인이 아니며, 행복의 관리자도 아니다.

현대이론이 욕망과의 관계에서 내놓은 유용한 발견들은 물론 지라르의 선에서 머물지 않는다. 정신분석학의 경우에도, 이를테면 라캉은 '개인'에게서 전前사회적 자아ego와 사회적 주체subject를 분리하고, 자아의 욕망이 어떻게 나르시시즘적 이기주의의 우주를 만들고 지탱하는가에 대한 중요한 관찰을 내놓고 있다.

무엇이 인간을 인간이게 했는가

최근의 생물학적 발견에 따르면, 호모 사피엔스 사피엔스Homo sapiens sapiens라 불리는 지금의 인류가 아프리카에서 발원한 것은 20만 년 전의 일이다. 다른 직립원인과 구분되는 이 '신인류'의 한 줄기는 아프리카에 남고, 한 줄기는 지금부터 약 10만 년 전에 중동 아시아 지방으로 진출하는데, 현생인류의 5개 대륙 분산이 시작된 것은 이때부터이다. 아시아 내륙 쪽으로의 이동은 6~7만 년 전에, 동남아를 거쳐 호주에 이르는 남진은 4~5만 년 전에, 베링해협을 건너 북미대륙으로의 이동은 3만 5,000년 내지 1만 5,000년 전에 각각 이루어졌다고 보는 것이 현대 생물학 쪽의 추정이다. 유럽 대륙을 향한 신인류의 서진은 약 4만 년 전에 시작된 사건인 것으로 알려지고 있다.

진화생물학의 흥미로운 발견들 가운데 하나는 '네안데르탈인 백인 조상설'이 과학사상 희대의 '사기극'이었음을 밝혀냈다는 점이다. 백인 별개 조상설의 허위가 판명되었

만인의 인문학

다는 사실은 왜 흥미로운가? 간단하다. 19세기 유럽 제국
주의가 아프리카를 점거할 때 그 무단점거 행위를 도덕적
으로 정당화하는 데는 '흑인 열등인종설'이 필요했고, 백인
과 흑인은 서로 '조상'이 다른 별개 인종이라는 믿음이 필
요했다. 우수한 인종이 열등한 인종을 깨우쳐 '문명'으로
인도하는 것은 도덕적으로 정당한 행위이며, 따라서 우수
한 문명의 백인이 야만 흑인종의 땅을 접수하여 거기에 문
명을 심어주는 일은 강도짓이 아니라 '이타적 행위'라고 주
장될 수 있었다. 네안데르탈인 백인 조상설은 이 같은 제
국주의 정당화 작업이 기다리고 기다리던 '과학적 발견'이
자 '별개인종설'의 확증으로 여겨졌던 것이다. 게다가 백인
이 흑인과 동일 조상을 갖고 있을지도 모른다는 생각은 백
인사회의 정서구조상 도저히 받아들일 수 없는 것이었기
때문에 네안데르탈인의 신화는 이 정서적 요구까지도 완
벽하게 만족시켜줄 수 있었다.

　네안데르탈인 백인 조상설이 '신화'로 밝혀지고, 인류
가 20만 년 전의 어떤 '아프리카 이브African Eve'에 공통의
기원을 두고 있다는 현대적 발견은 세계 지성사의 관점에
서도 매우 흥미로운 사건이다. 네안데르탈인의 신화는 과
학적 발견(진리 주장)이 한 시대의 지배적 권력담론(이 경우
서양 제국주의 담론)으로부터 동떨어져 있지 않다는 미셸 푸
코의 주장을 뒷받침한다. 그러나 동시에 과학적 발견의 '신
화성'이나 진리와 권력의 '결탁관계'를 궁극적으로 밝혀내

는 것도 과학의 힘이자 기능이다. 한때 인종차별주의racism에 학문적 토대를 제공하는 듯이 보였던 생물학은 지금 인종 간의 생물학적 차이는 사실상 존재하지 않는다는 발견을 제시함으로써 백인사회의 인종주의 신화와 편견을 수정하는 데 기여하고 있다.

현대 생물학의 발견 가운데 또 하나 우리를 흥미롭게 하는 것은 "무엇이 인간을 인간이게 했는가?"라는 질문의 생물학적 추구와 해답이다. 인간을 지구의 주인이 되게 한 결정적 '무기'는 무엇인가? 인간과 가장 가까운 동물, 그래서 인간과는 '밀림의 사촌' 관계에 있다는 침팬지와 인간 사이의 생물학적 '차이'는 1.6퍼센트에 불과하다. 그러나 이 근소한 차이는 동시에 결정적 차이이다. 신인류가 유럽 대륙으로 진출했을 당시 이 대륙에는 직립원인 네안데르탈인들이 살고 있었고, 이들과 신인류는 상당 기간 공존한 것으로 생물학은 보고 있다. 그러나 그 네안데르탈인들은 그 나름으로 진화해서 유럽 백인의 조상이 된 것이 아니라 신인류와의 경쟁에서 패배하고, 그 결과 지상에서 절멸한다. 생물학이 내놓은 발견에 따르면 그 네안데르탈인과 인간의 생물학적 차이는 0.6퍼센트이다. 거리로 따지면 이는 100미터 중 겨우 60센티미터에 해당하는 거리이다. 하지만 그 미세한 차이 때문에 네안데르탈인들은 절멸하고 인간은 지구를 장악할 수 있었다. 인간을 인간이게 한 이 작은, 그러나 결정적인 비교우위적 차이는 무엇인가?

만인의 인문학

생물학자들은 놀랍게도 그 결정적 차이가 인간의 '언어능력'이라는 결론을 내놓고 있다. 네안데르탈인들도 현생인류처럼 직립보행에 도구 사용의 능력을 갖추고 있었고, 그들 나름의 소통수단(일종의 언어)을 갖고 있었다는 것도 해부학적으로 밝혀져 있다. 언어가 결정적 차이였다면 그 결정성은 네안데르탈인의 언어능력과 신인류의 언어능력 사이에 존재했던 차이의 폭으로 좁혀진다. 언어학과 생물학 쪽의 결론은 네안데르탈인들이 '외마디' 언어 또는 극히 단순한 기호구성력을 가졌던 반면, 신인류는 복합적이고 복잡한 언어를 구사할 줄 알았다는 것이다. 전자가 낱말로 소통했다면, 후자는 그 낱말들을 꿰어 '문장'을 만들고, 그것도 복잡한 문장을 만들 줄 알았다는 얘기다. 이를테면 사냥을 나간 네안데르탈인들은 사냥감이 나타났을 때만 소리를 질러 그것의 출현을 알릴 수 있었다. 그러나 신인류의 사냥방식은 다른 것이었다. "저 나무 뒤에 숨어 있다가 멧돼지가 나타나면 이쪽으로 몰아라. 우리가 이 바위 뒤에 숨었다가 몽둥이로 때려잡겠다." 이 사냥방식은 '계획'과 '전술'을 동원하고 있다는 점에서 네안데르탈인의 방식과는 비교가 되지 않을 정도로 우수하고, 이 우수성은 생존경쟁의 승자를 결정한다. 그러나 그 우수한 계획, 전술, 음모를 가능하게 한 것은 복잡한 언어 구사능력이다.

현대 생물학의 이 인간 발견이 교육과 문화에 던지는 함의는 크다. 우선 그것은 인간에게 정교한 언어교육이 왜 중요하며, 정확한 언어구사력 훈련이 왜 필요한가를 새삼 깨우치게 하고, 문학교육의 중요성에 대해서도 무언가 다시 생각하게 한다. 또 그것은 지금의 영상문화적 '단순 문장의 시대'가 문화적으로 인간 퇴보의 가능성을 안고 있다는 사실에 주목하게 한다.

요즘 구미 지역 매체들은 프랑스 아비뇽 지방에서 최근 발견된 2만 년 전의 구석기 동굴벽화 때문에 흥분을 감추지 못하고 있다. 한 인류학자는 그 벽화 앞에 주저앉아 평평 울었다고 한다. "꼭 레오나르도 다 빈치의 그림을 보는 것 같았다. 그러나 그 구석기 시대의 거장은 자기 이름을 남기지 않았다." 알타미라 벽화와 라스코 벽화에 이은 '세기적 발견'으로 불리는 이 아비뇽 동굴벽화 앞에서 그러나 우리가 궁극적으로 던지게 되는 질문은 "인간은 왜 그림을 그리기 시작했는가?"라는 것이다. 이것은 예술의 기원에 관한 질문이면서 동시에 '그림 그리기'도 인간을 인간이게 한 종적 특성의 하나인가라는 질문이다.

1부 만인의 시학

나는 시를 어떻게 읽는가
—《현대시학》1993년 11월호

사람은 누구나 작가
— (시와함께》1999년 봄호

둘러서 말하기
—《시와함께》1998년 겨울호(창간호)

행복의 왕 크로이소스 이야기
—《시와함께》1999년 여름호

이야기의 교역, 전승, 활용
— 아시아 이야기 전승과 활용 국제워크숍 인사말

은유의 에로스
— 월간《행복이 가득한 집》게재

한국인의 '마음먹기'
—《공간》2011년 2월호

인간은 왜 그림을 그리기 시작했는가?
—《중등 우리교육》1995년 4월호

우리 시대의 신화 읽기
—《지성과 패기》게재

신화란 무엇인가
—《한겨레》게재

신화의 현대적 효용
— 연세대 인문학 연구원《인문과학》게재

2부 만인의 인문학

엿보기, 그 유혹의 응시: 엿보기
—《한겨레21》1994.05.20

근원적 질문 던지기: 질문
—《서울경제신문》1995.02.18

애덤 스미스의 행복론: 자기애
—《행복이 가득한 집》게재

출세하라, 그러나 부끄럽지 않게: 부끄러움
—《삶과꿈》1993.12.07

마크 트웨인의 어머니: 상상력
—《행복이 가득한 집》게재

폐하는 인간이십니다: 인간 조건
—《행복이 가득한 집》게재

가슴에 이는 파도 소리: 감동
— 《샘터》1990년 8월호

환대의 식탁: 환대
—《중앙일보》2014.08.09

몰 플란더즈의 사회사: 불감증
— 《경향신문》 1998.09.23

여행자의 이야기: 여행
— 《씨네21》 2001.03.17

문화여, 거울 앞에 서라: 문화
— 《한겨레21》 1997.10.06

행복의 경제학: 행복
— 《경향신문》 2007.08.23

천사가 그대에게 묻기를: 소망
— 《씨네21》 2002.01.16

패션의 철학: 패션
— 《호텔신라 사보》 2000.04.15

폴 고갱의 질문과 합장의 디자인: 디자인
— 《디자인》 게재

텍스트 없는 사회의 고전교육: 텍스트
— 《한겨레》 1995.02.10

질책의 예술: 질책
— 《샘터》 1992년 11월호

왜 인문학인가?: 인문학1
— 《부산발전포럼》 2011년 5월호

인문학이 철학과 비슷하나요?: 인문학2
— 《한국일보》 2012.03.21

신매체 시대의 사회적 문제: 매체
—《주간조선》1995.02.04

'통섭'이란 무엇인가: 통섭
—《사이언스타임스》2007.12.16일

빅뱅 우주와 인간: 무의미성
—《한겨레》2014.3.27

삶의 재발명: 삶
—《행복이 가득한 집》게재

우리 속의 탈레반: 이분법
—《씨네21》2001.3.27

잿더미 화요일: 테러리즘
—《한겨레21》2001.9.14

이자야 벌린의 선택: 민족
—《환경운동연합》1998.6.20

레바논, 그리고 평화교육의 방법: 평화
—《중등 우리교육》2006년 9월호

올해의 크리스마스 캐럴: 크리스마스
—《한겨레》2005.12.22

신은 어느 때 가장 기뻐하실까: 이웃 사랑
—《경향잡지》2009년 4월호

4개의 질문: 이 지구에 인간이 필요한가?: 근본질문
—《행복이 가득한 집》게재

3부 다시, 인간이란 무엇인가?

문명의 맹목, 그리고 모호한 불안
―《중등 우리교육》1995년 5월호

현대 생물학의 '인간' 발견
―《지성과패기》1995년 3·4월호

문화론과 생물학의 충돌
―《지성과패기》1995년 5·6월호

'인간'과 '문화' 개념에 대한 현대이론의 도전
―《지성과패기》1995년 9·10월호

과학기술과 인간의 상승
―《과학과기술》2011년 1월호

문화 또는 '욕망이라는 이름의 우주'
―《지성과패기》1995년 11·12월호

무엇이 인간을 인간이게 했는가
―《중등 우리교육》1995년 3월호

"

삶은 이야기처럼 짜여지고,
이야기처럼 진행된다. 삶의 시학은 '산다는 것의
예술The Art of Livung'에 주목한다. '산다는 것의 예술'은
예술을 하면서 사는 삶을 의미하는 것이 아니라,
삶 자체—행복하고 아름다운 예술적인 삶뿐만
아니라, 아니 보다 고통스럽고 추한 비예술적인
삶까지 그 모든 것을 포함한 인생살이 자체—를
예술로 보는 것을 의미한다.

관용이란 강자가 약자에게 베푸는
자비나 허용이 아닌 '차이에 대한 존중'이다.
아직도 계급, 성차, 인종, 민족, 국가 등 수많은 인간
분할의 도구들이 허다한 고통과 희생을 강요하는
시대에 '타자 존중의 태도로서의 관용'은 참으로
중요한 윤리적 가치가 아닐 수 없다.

"

만인의 인문학

삶의 예술The Art of Living로서의 인문학

초판 1쇄 인쇄 2021.03.03
초판 1쇄 발행 2021.03.15

지은이 도정일
펴낸이 김선식

경영총괄 김은영
편집주간 김지환
디자인 choi design studio
마케팅본부장 이주화
채널마케팅팀 최혜령, 권장규, 이고운, 박태준, 박지수, 기명리
미디어홍보팀 정명찬, 최두영, 허지호, 김은지, 박재연, 임유나, 배한진
저작권팀 한승빈, 김재원
경영관리본부 허대우, 하미선, 박상민, 김형준, 윤이경, 권송이, 이소희, 김재경,
　　　　　　최완규, 이우철

펴낸곳 다산북스 출판등록 2005년 12월 23일 제313-2005-00277호
주소 경기도 파주시 회동길 490
전화 02-704-1724
홈페이지 www.dasanbooks.com
이메일 samusa@samusa.kr
종이 · 인쇄 · 제본 · 후가공 ㈜갑우문화사

ISBN 979-11-306-3552-1　03300